How to Make
the World Add Up

拼凑真相

认清纷繁世界的十大数据法则

［英］蒂姆·哈福德（Tim Harford）
著

郑晓云
译

中信出版集团｜北京

图书在版编目（CIP）数据

拼凑真相：认清纷繁世界的十大数据法则／（英）蒂姆·哈福德著；郑晓云译. -- 北京：中信出版社，2022.7
书名原文：How to Make the World Add Up: Ten Rules for Thinking Differently About Numbers
ISBN 978-7-5217-4315-9

Ⅰ.①拼… Ⅱ.①蒂…②郑… Ⅲ.①经济学－通俗读物 Ⅳ.①F0-49

中国版本图书馆 CIP 数据核字（2022）第 067453 号

How to Make the World Add Up: Ten Rules for Thinking Differently About Numbers by Tim Harford
Copyright © Tim Harford, 2020
This edition arranged with Felicity Bryan Associates Ltd.
through Andrew Nurnberg Associates International Limited
Simplified Chinese translation copyright © 2022 by CITIC Press Corporation
ALL RIGHTS RESERVED
本书仅限中国大陆地区发行销售

拼凑真相——认清纷繁世界的十大数据法则

著者：[英]蒂姆·哈福德
译者：郑晓云
出版发行：中信出版集团股份有限公司
（北京市朝阳区惠新东街甲 4 号富盛大厦 2 座　邮编 100029）
承印者：北京盛通印刷股份有限公司

开本：880mm×1230mm 1/32　印张：9.5　字数：266 千字
版次：2022 年 7 月第 1 版　印次：2022 年 7 月第 1 次印刷
京权图字：01-2020-6565　书号：ISBN 978-7-5217-4315-9
定价：65.00 元

版权所有·侵权必究
如有印刷、装订问题，本公司负责调换。
服务热线：400-600-8099
投稿邮箱：author@citicpub.com

蒂姆·哈福德

《混乱》

《卧底经济学》

《谁赚走了你的薪水》

《亲爱的卧底经济学家》

《试错力》

《卧底经济学家反击战》

《塑造现代经济的100大发明（上）》

《塑造现代经济的100大发明（下）》

前言	法则一
V	不乱于心，不困于情
	001

法则四	法则五
欲穷千里目，更上一层楼	看看硬币的另一面
066	082

法则八	法则九
统计数据来之不易	不要被漂亮的信息图迷了眼
160	186

致　谢　251

目录

法则二
对标个人经验
029

法则三
看清楚统计的数据是如何定义的
046

法则六
查看统计样本是否覆盖全面
112

法则七
要求用算法统计透明
129

法则十
适时而变，识势而变
211

黄金法则
保持好奇心
235

注　释　255

谨以本书献给全天下所有的老师,
尤其是我的老师。
怀念彼得·辛克莱先生。

前 言
如何用数据说谎

> 问题的重点不是去伪,而是鉴真。
> ——安伯托·艾柯 [1]

你听说过鹳鸟送子的故事吗?我告诉你这事千真万确。我可以用数据证明给你看。

我们先看看每个国家鹳鸟的大概数量,再比对每年的婴儿出生数量。在整个欧洲,这两个数字的关联性很强。统计的某年鹳鸟数量多,婴儿出生率也高;相反,某年鹳鸟数量少的话,婴儿出生率也低。

用数据论证十分符合学术期刊对论文的科学严谨要求,而且还有人真的发表过一篇题为《鹳鸟与生育率($p=0.008$)》的论文,光是题目里那些精确到小数点后面好几位的零就已经足以让读者买账。[2]

但也许聪明的你已经看出问题。德国、波兰和土耳其这样的欧洲大国,自然是家中婴儿多,房顶鹳鸟多。同理,阿尔巴尼亚和丹麦这样的小国,婴儿和鹳鸟的数量都少得多。虽然论文中的数据明确表明婴儿和鹳鸟呈正比关系,但事实上,这种正比关系并不能说明家有鹳鸟就会让这家人丁兴旺。

既然任何东西都可以用数据来证明,那数据也可以用来证明鹳鸟送子这样的故事是骗人的。

你如果读过《统计数据会说谎》这本书，就知道我说的是什么意思。1954 年，一位名叫达莱尔·哈夫的美国自由撰稿人写了一本妙语连珠、针砭时弊的小册子。这本小册子出版后立即受到《纽约时报》的好评，并成为有史以来在数据统计方面最受欢迎的书，销量超过 100 万册。

这样的赞誉和喜爱并不为过。这本书简直就是数据统计领域里的一部神作，也让哈夫这样一位名不见经传的学者成为传奇人物。流行病学家，同时也是畅销书《科学弊病》的作者本·戈尔达克曾不无赞赏地说"愤青"哈夫"揭开了一块遮羞布"。美国作家查尔斯·惠兰更是将他的书《数字裸奔》形容为对哈夫"经典"的"致敬"。权威期刊《统计科学》在哈夫的书出版 50 年后组织了一次声势浩大的回顾展。

我以前对这本书也是顶礼膜拜。我十几岁时就开始阅读《统计数据会说谎》。我对这本书的印象是精辟、犀利，还有很多搞笑的插画，最大的亮点还在于内容：揭秘如何在幕后操纵数据，怎么做局。我读后大呼过瘾，如开天眼。

哈夫的书里举了很多例子。他说他最早是好奇"耶鲁大学毕业生一年能赚多少钱"这个问题。根据 1950 年的一项调查，耶鲁大学 1924 届毕业生的平均年收入相当于今天的 50 万美元。这听起来很有道理，毕竟是耶鲁毕业的，但每年 50 万美元也不是个小数目啊！他就开始怀疑他们是否能赚这么多。

这当然不可能是真的。哈夫解释说，这个"看上去很美"的数字都是人们自己报的，未经核实，也就是说，会有人为了面子而夸大收入。此外，这项调查也只找到了能找到的和愿意填写调查问卷的那些耶鲁校友。哪种人找得到，还愿意发声呢？当然是富人和名人，换句话说是那些达则兼济天下的人。那些"地址不详"的独善其身者又能赚多少呢？哈夫也很想知道。耶鲁大学一向追踪杰出校友的情况，但那些混得不怎么样的毕业生可能就不在被追踪者之列了。所以这一切都意味着，这项调查得出的结论注了水。

哈夫爆料了各个领域的数据造假情况，例如，为了牙膏广告而做的数据漂亮的证明实验，又如随意上色的图表。正如哈夫所写，"骗子们见人说人话，见鬼说鬼话，老实人千万要小心"。

如果你读过《统计数据会说谎》，一定会对数据产生警惕，这本书的确为人们拉响了数据骗局的警报。

十多年来，我一直在和数据打交道，知道真实反映事实是数据的诉求。所以这些年来，我开始重新审视《统计数据会说谎》这本书，渐渐地对书中的观点产生了怀疑。这本在数据统计方面卖得最火的书，到底想给我们灌输什么观点呢？从头到尾，它都只是在提醒大家警惕虚假数据的误导吗？

哈夫于 1954 年出版了《统计数据会说谎》。同年，还发生了一件事：两位英国研究人员理查德·多尔和奥斯汀·布拉德福德·希尔发表了第一份确凿的调查研究，证明吸烟会导致肺癌。[3]

没有统计数据，多尔和希尔是不可能得出这一结论的。英国的肺癌发病率在短短 15 年内增加了 6 倍；到 1950 年，英国成为世界上肺癌死亡人数最高的国家，该数目首次超过肺结核的死亡人数。要让人们认识到这个变化，只有统计做得到，尽管个别医生似乎也感觉到肺癌病人多了起来。

指证吸烟是罪魁祸首，是统计数据的功劳，因为当时很多人并不同意这个观点，他们认为汽车尾气才是肺癌发病率上升的元凶。这也不无道理。20世纪上半叶，汽车普及开来，新铺的沥青道路上，汽车尾气交织着沥青散发出的难闻气味，让人作呕。人们觉得这种气味绝对会影响人的健康，与此同时，肺癌发病率上升，所以人们自然而然地将肺癌归咎于汽车。汽车尾气引起人的不适，这是可以看到、感觉到的，但要证明香烟对肺部有致命作用就不是那么容易了。研究人员开始收集数据，并进行各种比较。简而言之，他们必须用数据证明。

吸烟致癌不是什么新观点，但一直以来，许多人对此持怀疑态度。所以，为了证明吸烟是危险的，德国在纳粹执政期间曾进行过一次大规模的研究，当然，这也是极其厌恶吸烟的元首阿道夫·希特勒授意的。当德国医生证明了吸烟致癌时，希特勒很满意。不过，后来大家都知道，香烟并没有因为它是"纳粹憎恨的"就销声匿迹。

所以多尔和希尔决定亲自进行统计调查。多尔是个英俊、文静、彬彬有礼的年轻人，参加过第二次世界大战。从战争经历中，他萌发了用数据统计来改进医疗的想法。希尔是多尔的导师，在第一次世界大战时当过飞行员，后来得了肺结核，差点死掉。[①] 希尔风度翩翩，才思敏捷，据说是20世纪最优秀的医学统计学家。[4] 他俩珠联璧合，进行数据调查，挽救了许多人的生命。

1948年新年，两人的首次吸烟与癌症研究开始了。多尔负责调查伦敦西北地区的20家医院。调查方法就是，每当一个癌症患者被送进来，护士们就会在同一家医院找到同一性别、年龄相同的

[①] 希尔后来成功治愈自己的结核病，他对自己的成功治疗被公认为世界上第一个严格的随机临床试验。

另一个病人；然后多尔对癌症患者和他的比对病人进行深入调查，比如他们在哪里生活和工作，他们的生活方式和饮食习惯，以及他们的吸烟史。一周又一周，一月复一月，数据就慢慢积累起来了。

1949年10月，实验开始还不到两年，37岁的多尔吃惊于数据呈现的证据，马上戒了抽了9年的烟。他和希尔发现，大量吸烟会使患肺癌的风险增大不止两倍，甚至是三到四倍，患肺癌的概率因此增加了16倍。[5]

多尔和希尔于1950年9月公布了他们的研究成果，并迅速展开了一项规模更大、时间更长、目标更宏伟的调查。希尔写信给英国的所有医生——共59600人——要求他们完成一份关于自我健康和吸烟习惯的调查问卷。两人认为医生是记述自己吸烟及身体状况最合适的人群。他们的记录会存档，查找起来也容易。一旦一位医生死了，那些记录方便其他医生对他的死因进行诊断。希尔和多尔现在要做的就是等着真相慢慢显现。

虽然有4万多名医生填写了希尔的调查问卷，但其中不少医生是不太情愿的。要知道，吸烟在当时极为普遍，所以在两人的最初样本中，85%的男性医生自述是吸烟者不足为奇，没人喜欢被告知他们可能正在慢性自杀，尤其这种自杀方式还很容易让人上瘾。

在伦敦的一个聚会上，就有一位医生拦住希尔，不客气地问道："你就是那个要我们戒烟的人吧？"

"我可没想让你戒烟。"希尔回答说（那时他还是个抽烟的烟民），"你可以继续开心地抽，我很有兴趣见证你的死亡。或者因为你不想让我如愿，就不抽了，然后寿终正寝。所以你抽不抽，我都无所谓。但不管你因何去世，我都会对你的死亡做记录。"[6]

前面提到希尔一开始学的是经济学，所以他反应快，很会说话。

尽管这项针对医生的调查研究进行了几十年，但多尔和希尔没花多长时间就有了足够的数据，可以得出明确的结论：吸烟会导致肺癌，吸烟越多，风险越高。更重要的是，吸烟也会导致心脏病。

医生不是傻瓜。1954 年，当这项研究发表在专业杂志《英国医学杂志》上时，医生一下子就心里有数了。当年，希尔就戒了烟，他的许多医生同事也戒了。医生成为英国第一个大量明确戒烟的社会群体。

于是在 1954 年，对统计数据的两种不同观点同时出现。对于达莱尔·哈夫的《统计数据会说谎》的许多信众来说，统计数据就是一个游戏，都是些坑蒙拐骗的把戏，我们的任务就是识破它们的伎俩。但对于多尔和希尔来说，统计数据可不是儿戏，真实的数据是可以拯救生命的，不是说救人一命，善莫大焉吗？

到了 2020 年春天，当我对本书进行最后润色的时候，严谨、及时和真实的统计数据的重要性一下子凸显出来。新冠病毒正在全球肆虐，各国政要不得不迅速做出几十年来最重要的决策。其中许多决定都有赖于流行病学家、医学统计学家和经济学家竞相进行的数据调查工作。新冠病毒威胁着千万人的生命，几十亿人的生活受到严重影响。

当我写下这些文字的时候，已经是 2020 年 4 月初。世界各地也已封城、封国好几个星期，全球新冠肺炎导致的死亡人数刚刚超过 6 万，疾病的未来走向还很不明朗。也许，当本书到你手中的时候，我们将陷入自 20 世纪 30 年代以来最严重的经济萧条，死亡人数将激增。也许，由于人类的聪明才智或命运眷顾，我们侥幸逃脱末日的诅咒。种种猜测似乎都有道理。这就是问题所在，我们很被动，因为我们没有可靠的数据，所以根本没有办法预估情况并采取对策。

流行病学家约翰·约安尼迪斯在2020年3月中旬写道，新冠"可能是百年一遇的数据滑铁卢"。[7]统计人员本希望能用数据为领导人的决策助一臂之力，但他们手头的数据要么不完整，要么对不上，要么样本不够，无法在这生死攸关的时刻让它们发挥应有的作用。

毫无疑问，后人一定会对这场数据惨败的原因进行追查。但有些事情似乎已经很清楚。例如，在危机开始时，真实数据似乎成了政治的牺牲品，我们将在第八章中讨论这个问题。

由于病例每两三天翻一番，我们永远不知道如果警告早发出几周，事情会不会完全不一样。显然，许多领导人总是不慌不忙，缺乏危机意识。例如，特朗普总统在2020年2月底还宣称"新冠会走的。有一天，它会神奇地消失"。但事实并非如此，四个星期后，1300名美国人死于新冠，确诊病例也高于其他国家，但特朗普仍在兴致勃勃地怂恿大家在复活节时去教堂聚会。[8]

我写本书时，大家还在争论。有人问快速检测、隔离和追踪接触者能不能一劳永逸地遏制疫情，还是只能延缓疫情的传播？家庭室内聚集和大型户外聚会，哪个风险更大？关闭学校的确可以防止病毒的传播，但孩子和年迈的爷爷奶奶待在家里就没有弊端吗？戴口罩到底有多大作用？诸如此类的问题只有等待关于新冠病例感染人数和时间等具体数据出来了才能有答案。

但是，由于缺乏检测，大量感染病例并没有包含在官方的统计中。而报道中的检测正在进行也并非真实情况，因为报道关注的都是医务人员、危重病人，以及有头有脸的人。在写这些文字的时候，我们仍然不知道轻微症状或无症状的患者的人数，也就是说，我们还无从得知这种病毒的致命性到底有多大。由于2020年3月死亡人数呈指数上升，每两天翻一番，我们其实是没有时间观望的。结果，美国领导人的反应迟钝连累经济产生休克：3月下旬，一周内就有超过300万美国人申请失业救济，是之前人数的5倍。接下来的一周更糟，又有650万人申请救济。有人问："新冠这种传染病真的有那么严重，以致让这么多人失去工作、坐吃山空吗？"十有八九会是这样的，这是流行病学家依靠现在非常有限的信息尽可能准确预测得出的结果。真是没有什么情况能比新冠更生动地说明数据的重要性了。人们平时对准确、系统地收集来的数据太不以为意了。在新型冠状病毒出现之前，多年来，勤勉的统计学家辛辛苦苦地收集了大量重要问题的统计数据，供人们随时随地免费下载。但是，人们被这种免费惯坏了，往往不以为意地随口说一句"假的，都是些骗人的话"。现在好了，新冠的例子给我们上了生动的一课：没有统计数据我们会面临怎样的绝境。

达莱尔·哈夫把统计学说得跟舞台上的魔术师耍把戏似的：看看就好，不必当真。早在冠状病毒出现之前，我就开始担心这种心态会让人类自食恶果。我们已经失去一种认知，那就是统计数据可以帮助我们把世界真相拼凑起来。失去这种信念不是因为我们认出了数据的假，而是因为我们难以找到世界的真。所以你到底对这个数据拼图拼出来的世界愿意相信多少是你的选择（下一章会继续讨论），或者你也可以用哈夫的方法：冷笑一声，耸一耸肩，任凭你说什么，反正我就是不信。

这种对统计学的不屑一顾现在已经不仅仅是一种统计的耻辱，

而是一种悲剧。如果我们真的因为觉得我们不可能再找到真相而不做挣扎，就此放弃，那就等于自动放弃了一个至关重要的工具。这个工具曾让我们知道吸烟可致命，所以也可以提供给我们唯一的解决新冠病毒危机的机会，或者往大了说，这个工具可以帮助我们了解复杂的世界。但是，如果我们对任何统计数据都不屑一顾，习惯性排斥，那么这个工具就无用武之地。诚然，我们不能轻信，但不轻信不意味着矫枉过正，变得什么都不相信了，而是要有信心，用探究心和合理的怀疑态度去评估信息。

真正的数据统计不是一种儿戏，它的作用往往让人啧啧称奇。真正的数据统计不是空穴来风，事实上，它让我们看到事物的本质。真正的统计学就像天文学家的望远镜、细菌学家的显微镜、放射科医生的X射线。只要我们愿意，真正的统计数据可以帮助我们见天地、见自我——无论是微观的还是宏观的——而且非此不可，别无他法。

写作本书的主要目的就是希望你能接受多尔和希尔对统计数据的观点，而不是像哈夫一样抱着嗤之以鼻的态度。我要让你相信，统计数据是可以清晰、真实地反映事实的。要做到这一点，我要告诉你，你可以自己辨别数据，来判断你身边的报纸电视、社交媒体和日常谈话内容的真真假假。我会教你学习如何辨别真假，知道去哪儿找可以信赖的帮助。

我保证这学起来一点都不无聊。这里讲的都是让你弄清楚统计真相的干货，你会越学越自信，越学越明白。你会因洞悉某个真相而会心微笑，不会一脸困惑地傻笑。达莱尔·哈夫的态度就像快餐食品：一开始看起来很好吃，时间一长就食之无甚滋味了，所以学他的否定态度对我们是没什么好处的。但不吃垃圾食品并不意味着只能吃发面馍馍就萝卜这么难以下咽的饭菜，让人健康、开心的饮食有很多，所以擦亮我们的眼睛也可以是件很愉快的事情。

我在本书记录了 2007 年以来我学到的东西，当时 BBC（英国广播公司）让我接手一档名为《或多或少》的广播节目，因为节目的创始人记者迈克尔·布拉斯特兰和经济学家安德鲁·迪尔诺爵士做别的项目去了。《或多或少》是一档讲述新闻和生活中的各种数据的节目。BBC 当时有点高估了我的能力，因为我学的是经济学，而不是统计学。虽说经济学让我谈数据还有些许自信，但也仅限于应付场面：我知道怎么找数据的漏洞，仅此而已。

就是这个经历让我与达莱尔·哈夫的观点分道扬镳了。

一周又一周，我和同事们评估着那些从政客口中冒出来或在报纸上用大字印出来的统计数据。很多言辞往往会夸大事实，虽然每每就"此话当真？"进行核查不是什么大事，但我们发现，在每个数据的背后，不管其是真是假，还是半真半真，都藏着一个个意味深长、需要抽丝剥茧的目的。无论我们是评估中风的发病率，还是债务影响经济增长的证据，抑或霍比特人使用"她"这个词的次数，这些数字既可以照亮事实，也可以模糊真相。

正如新冠疫情所凸显的，无论是个人、组织，还是社会，我们都必须依赖可靠的数据来做决定。也正如在面对新型冠状病毒时的表现一样，统计数据往往是我们在面临危机时才去临时抱的佛脚。以衡量有多少人想要工作却没有工作的失业率为例，现在，任何政府要了解经济状况，失业率都是一个基本信息，但是早在 1920 年，没人告诉你有多少人在找工作。[9] 只有当经济严重衰退，民生艰难到要动摇政权基础时，政府才开始着急地收集相关的数据。

我们这个庞大而令人困惑的世界问题很多，只有仔细辨别那些数据才能回答以下这些问题：使用脸书让我们更快乐还是更悲伤？我们能搞懂为什么同一件事情不同的人会有不同的反应吗？有多少物种濒临灭绝，这些物种是不是已经占到物种总数的相当比例了？这是气候变化的原因，还是因为人类农耕的扩张，或者完全是其他原因造成的？人类创新是在加速，还是在减速？阿片危机对中美洲人的健康影响有多严重？酗酒的青少年越来越少了吗？如果是，是什么原因造成的？

当《或多或少》的听众粉丝称赞我们"揭穿假数据"时，我却越来越不安。当然，我们做到了打假，打假也的确很有意思，但慢慢地，在工作中，我开始意识到真正的快乐不是揭露谎言，而是努力理解谎言背后的真相。

在《或多或少》节目组工作期间，我领悟到所谓常识会成为你变成数字慧眼达人的绊脚石。我将在本书中将这些所谓常识一一总结出来。大多数节目调研员和制作人和我一样，缺乏数字认知的严谨培训。即使是在技术含量很高的领域，问一些简单的问题——那种在网上随便一搜就能搜出答案的问题，大腕们的回答也千奇百怪，让人脑洞大开。是的，有时候统计学的高学历会派上用场，但我们不需要有高学历才能问对问题，对吧？

1953年圣诞节前夕，烟草公司高管在纽约广场酒店会面。多尔和希尔的重大研究要到第二年才能发表，但烟草公司高管已经意识到，这项科研结论对他们不利。他们聚在一起讨论如何应对这场迫在眉睫的危机。

不得不说，他们的应对方案相当高明，并从此树立了公关的标杆。

他们开始混淆视听。他们的第一招是质疑现有的研究结果；第二招是呼吁进行更多的研究；第三招是转移注意视线，资助其他容易让媒体兴奋和大肆报道的研究项目，比如室内装修污染综合征或疯牛病的研究。他们成功地让人们对研究结果的准确性产生了怀疑。[10]一份行业的秘密备忘录后来提醒业内人士，"让民众产生不信任感就是我们的目的"。[11]

所以这就是为什么当我们要说服人们的时候，人们总是暗想这又是什么（我们在下一章再讨论这个问题）。所以，有时候问题不是人们太急于相信某件事，而是相反，人们被培养出了不轻信的习惯。吸烟者喜欢吸烟，尼古丁上瘾，只要能吸，他们就会继续吸。对于吸烟致癌的警告，烟民耸耸肩，心想"反正我也搞不清那些说法是真是假，管它呢"。烟草行业也是这么一副掩耳盗铃的德行。他们根本不用费劲地游说吸烟者吸烟是安全的，只要让人们对证明吸烟危险的统计数据产生怀疑就够了。

事实证明，让人疑神疑鬼简直太容易了。几十年前，美国心理学家卡里·爱德华兹和爱德华·史密斯进行了一项实验，他们要求人们对当时争议很大的政治议题，如堕胎权、打孩子、允许同性恋伴侣领养孩子、领用少数族裔的配额、判决未满16周岁者死刑等表达他们的立场。[12]结果不出他们的意料：每个人都有立场，都觉得异己分子的观点不可理喻，无法公正客观地看待问题。爱德华兹和史密斯还发现了一个更显著的现象，就是当人们对一个事情持否定意见时，他们的偏见会更明显。因为人们更容易产生不信任感，所以实验对象也发现，做一个观点的反方比做正方容易得多。这让人感觉"凡事怀疑"是有一种力量加持的。

质疑也很对大众的胃口，毕竟科学探索和辩论就是一个不断质疑的过程。学校里教的，或者应该教的就是鼓励学生对证据提出质疑。英国皇家学会是历史最悠久的科研机构之一，它的座右铭就是"凡事不可尽信"。一个想要否认统计数据的游说团体总是能够指出目前统计学中尚未解决的某些问题，强调问题的复杂性，呼吁进行深入研究。这些说法听起来很科学、很理性，但传达给人们的却是一种危险的假象，那就是：真相还没找到。

烟草行业那些脱罪的手段也被别的行业用得得心应手。[13]最明显的例子就是今天否认气候变化的人，这个问题不再是科学领域的问题，它也成了政治敏感问题。罗伯特·普罗克特，一位花了几十年时间研究烟草业的历史学家，称现代政治为"无知的黄金时代"。尽管许多烟民希望继续吸烟，但我们对政客口吐莲花的事还是怀有一种朴素的直觉，而政客要做的就是说服我们不要相信自己的直觉。

正如特朗普前得力助手史蒂夫·班农对作家迈克尔·刘易斯说的："民主党人算什么，媒体才是真正要对付的。对付它们的办法就是把整个媒体搞臭。"这句话传出来后，班农算是把媒体全得罪了。[14]

特朗普的金句则是"那个新闻是假的"。他这招其实挺有启发性。最初，新闻造假是指这样一个现象：一个网站先发布假消息、假故事，从而获得点击量，最终获得广告收入。最典型的例子就是教皇支持特朗普竞选总统的假消息。特朗普获胜后，严肃的政治观察员一度很担忧，他们担心特朗普获胜是由于那些容易上当受骗的选民相信了这个离谱的谎言而投了他的票。那么，这样的诱导性投票其实就是干扰投票的行为。

这种担忧是多余的。研究发现，假新闻从来就没有多少传播广度和力度：愿意接受和相信那个假新闻的本来就是特朗普的坚定支持者，他们只是一小撮极其保守的老年选民。随着社交媒体网站意识到假新闻的危害而开始采取行动，这些假新闻就逐渐没有市场了。[15]

但"那个新闻是假的"这个概念却有了市场，成了政客面对不利于自己的消息时可以拿来一用的说辞，愤愤然"假的、骗人的谎言和统计数据"的另一个版本。特朗普先生就有这样混淆视听的本事，他爱用这句话将复杂问题变成立场大棒，抹黑记者。其他许多政客也一样，包括时任英国首相特雷莎·梅和她的竞争对手、工党领袖杰里米·科尔宾。

"那个新闻是假的"之所以引起共鸣，是因为它触及一个不可回避的事实：正如我们将要看到的，即使在主流媒体中，也有大量草率的新闻报道。也有认真负责的记者，他们会仔细审核他们的报道依据，但可悲的是，他们发现人们已经认定：记者都是一丘之貉，就是炮制教皇支持特朗普假新闻的那类人。

在一个社会里，如果人们容易轻信，是让人担忧的，但如果人们除了自己的见地，拒绝相信任何事，这样的社会更成问题。

1965年春，美国参议院下设的一个委员会正在讨论是否要在香烟上印上健康警告的标识，毕竟吸烟是涉及生命、健康的大事。一位专家证人说他对能证明吸烟有害健康的数据把握不准，于是用鹳和婴儿的话题做了比喻。专家说，新生婴儿的数量与附近的鹳鸟数量之间确实存在正比关系，但鹳鸟送子的传说断不可信以为真。[16]这一点他说得对。他接着说，相关性不是因果关系。鹳怎么可以影响婴儿的数量呢？房子大既意味着房顶上可以容鹳鸟筑巢，也意味着房间里有更大的空间可以养孩子。同样，不能仅仅因为吸烟与肺癌相关，就说吸烟——完全不可能——导致癌症。

"您真的认为吸烟有害健康的统计数据和鹳鸟送子的统计数据是一回事吗？也就是说，两者是没有关系的，是吗？"委员会主席问。专家证人回答说："我看不出来两个统计数据的含义有什么区别。"[17]

这位证人叫达莱尔·哈夫。

他已经被烟草集团买通，尽其能事举一些聪明的例子，卖弄一些统计知识，配上犀利抨击的言辞，去质疑吸烟对健康的危害。他甚至还在为自己的杰作写续集，续集的名字就叫作《吸烟有害健康的数据是如何造假的》，幸好这本续集从未出版。[18]

质疑是一种威力强大的武器，人们太容易拿统计数据开刀了，所以统计数据是需要有人守护的。的确，统计数据很容易撒谎，但没有统计数据，撒谎更容易。[①]

更重要的是，如果没有统计数据，就更不可能了解真相、了解这个世界，所以我们只能像多尔和希尔那样，用真相将世界变得更美好。他们对世界的贡献不是他们天赋异禀或有凡人难以企及的数学才华，凭的只是一点洞察力和决心。他们统计的就是一些相关数据：吸烟者、不吸烟者、肺癌患者、心脏病患者。他们有条不紊、耐心地数数，根据收集到的证据严谨地得出结论。这些年来，这些结论挽救了数千万人的生命，包括他们自己的生命：希尔后来戒了烟，和多尔一样成为一名无烟者，两人都活到 90 多岁。

当信任数据的作用，并加以聪明利用时，我们会洞察到起于青萍之末的趋势。现代世界太大，太让人眼花缭乱，也太让人目眩神

---

① 这句格言在统计学家中很流行。很多人说它是伟大的统计学家弗雷德里克·莫斯特勒说的，但一直未能确认。

迷。世界上有近 80 亿人,每天进行着数百万亿次的金融贸易。一个人的大脑有平均 860 亿个神经元。[19] 互联网上有大约 20 亿个网站。一种新的病毒可以从一个人传播给数千人、数百万人,甚至数十亿人。我们无论是要去了解世界,还是了解彼此、了解自己,如果没有统计数据,就会像不用 X 光片检查骨骼、不用显微镜观察细菌,或者不用望远镜瞭望天空一样,无以为继。

伽利略的望远镜有一个广为人知的故事:伽利略这位天文学之父被罗马天主教会指责为异端,可那些资深红衣主教不会检查他制作的设备,只说伽利略的望远镜是一个魔术师的把戏。伽利略宣称他从望远镜里可以看到月球上的山?那他的望远镜的透镜肯定是脏的。他看到了木星的卫星?啊呸!月亮就在望远镜里,但他们拒绝观看。

400 年后的今天,我们对这个故事可以哈哈一笑。顺便说一句,这个故事多年来也被添油加醋了不少。[20] 可是我们也别得意。现在,我们中的许多人也是拒绝看统计数据的,因为害怕上当受骗。我们认为用哈夫那样怀疑一切的态度来否定所有的统计数据是一种精明的表现,其实不然,这正好中了民粹主义者和某些鼓吹者的圈套,他们正希望我们用这种不以为意、放弃逻辑思考和用证据证明的态度,养成什么顺耳就信什么的懒惰思想。

我要让大家觉醒。我要让你们有信心勇敢地拿起统计学的望远镜审视世界,并且帮助你理解统计背后的逻辑,越过逻辑错误、情感因素和认知偏见的障碍到达真相的彼岸。

当透过统计望远镜环顾四周时,你会惊讶地发现你能将这个世界看得如此清晰。

法则一
不乱于心，不困于情

卢克·天行者："不，那不是真的。那不可能！"
达斯·维德："要相信自己的感觉，你知道这是千真万确的！"
——《星球大战2：帝国反击战》（1980）[1]

亚伯拉罕·布雷迪乌斯可不是好糊弄的，他是一位精明的艺术评论家和收藏家，是世界上研究荷兰画家的权威专家，尤其钟爱17世纪的大师约翰内斯·维米尔的画作。19世纪80年代，布雷迪乌斯还是个年轻的小伙子，有一次，人们认为一幅画是维米尔的作品，但他鉴定并非如此，从此一战成名。1937年，82岁的布雷迪乌斯准备给职业生涯画上一个完美的句号，他刚刚出版了一本备受推崇的书，书中介绍了他鉴别出的200件伦勃朗画作的赝品或仿制品。[2]

然而，就在这时，有一位风度翩翩、名叫杰拉德·布恩的律师拜访了布雷迪乌斯在摩纳哥的别墅，这成为他职业生涯的滑铁卢。布恩想请布雷迪乌斯对一幅新发现的画——《基督在以马忤斯的晚餐》——鉴定一下真伪，因为有人猜测这是维米尔的真迹。这位以严谨著称的老人一下子就被画作吸引了，一番鉴赏之后，他断言这幅画不仅是维米尔的真迹，而且是这位荷兰大师最优秀的作品。布恩带着布雷迪乌斯的话和维米尔的画走了。

之后，布雷迪乌斯在一篇杂志文章中写道："看着画，我觉得我看到的就是荷兰大师约翰内斯·维米尔的杰作。虽然这幅作品与他的其他画作看起来不同，但千真万确是维米尔的手笔。"

"当这幅杰作展示给我时，我简直难掩激动之情。"他补充道，并虔诚地指出，这幅原画如处女般纯净无瑕。这个措辞真是讽刺，因为《基督在以马忤斯的晚餐》这幅作品真是假得不能再假了。这是一场精心设计的骗局，因为就在几个月前，这幅赝品是在一张旧画布上被拙劣地模仿出来，并用胶木硬化，后来再拿给布雷迪乌斯看的。

然而，就是这么低级的骗术不仅让布雷迪乌斯，而且让整个荷兰艺术界都上了当。不久，鹿特丹的博伊曼博物馆以52万荷兰盾的价格买下了这幅画。与当时人们微薄的工资相比，这个价格相当于今天的1000万英镑。为了帮博物馆买下这幅画，布雷迪乌斯本人也捐了款。

《基督在以马忤斯的晚餐》成了博伊曼博物馆的镇馆之宝。一时间观者如织，好评如潮。很快，其他几幅风格相似的画也陆续出现了。因为一旦第一件赝品被认为是维米尔的真迹，那么其他类似的赝品就可以畅通无阻了。当然骗子们不会每个人都骗，但就像《基督在以马忤斯的晚餐》这幅画一样，他们只要骗过关键人物就行。鉴赏家为它们背了书，博物馆就会展出它们，收藏家就会花巨资购买。以今天的货币计算，骗子在这场骗局里捞取了1亿多英镑，单从金钱角度来看，这就堪称史诗级诈骗。

事情还没结束。荷兰艺术界推崇维米尔，称其为有史以来最伟大的画家之一。维米尔的作品主要创作于16世纪60年代，但直到19世纪末才被人们重新发现。

维米尔存世的作品不到40件，但在短短几年内就发现了6幅，这当时在文化界轰动一时。

这本应该是一件疑窦丛生的事，但却无人怀疑。为什么？

问题的关键不在于假画作。你如果把维米尔的一幅真迹和《基督在以马忤斯的晚餐》比较一下，会发现二者大相径庭。那怎么还会有人上当，尤其是像亚伯拉罕·布雷迪乌斯这样眼光独到的人？

维米尔是个真正的大师。他最著名的作品是《戴珍珠耳环的少女》。这是一幅色彩明亮的少女肖像：少女眼神中交织着诱惑、天真、仰慕和焦虑等复杂的感情。后来这幅画成了一部小说的灵感，并被拍成了一部同名电影，由斯嘉丽·约翰逊主演。在《倒牛奶的女仆》中，一个简单的家庭生活场景被一些细节提升，比如铜壶的渲染，而画中新鲜出炉的烘焙面包更是像真的一样，令人食欲大开。还有《窗前读信的少女》，画中的少女伫立在窗前（窗户在画面之外），借着柔和的光线，微微低头读着远方的来信。她是否已有身孕？我们看到的是她的侧脸，她把信举到胸前，眼眸低垂。画面就像一出戏剧的某个静止瞬间——我们几乎都能感觉到她在信中找寻甜蜜字眼时屏住了呼吸，我们也不禁屏住呼吸，生怕惊扰了她。这就是大师作品的魅力。

而那幅《基督在以马忤斯的晚餐》是什么样子呢？相比之下，这幅画里的人物形象难看，毫无灵气。这不是对维米尔画风的劣质仿制，这压根不是维米尔的风格。这幅画不算粗制滥造，但也不是什么绝世名画，与维米尔的作品放在一起，它显得阴沉而古板。然而，这幅画和另外几幅赝品却的确骗了全世界，如果不是因为伪造者的粗心大意和时运不济被人抓住，它们很有可能今天还在欺世盗名。

1945年5月，随着二战欧洲战事临近尾声，来自盟军艺术委员会的两名军官敲开了凯泽斯格拉特321号的大门，这可是阿姆斯特丹一个名头响当当的地方。他们受到了一个小个子男子的欢迎，这就是魅力十足的汉·范·米格伦。范·米格伦年轻时是个小有名气的画家，但很快就不继续画画了，而是改行做了一名艺术品中间商。现在他人到中年，皮肤松弛，头发花白。

也许是识人不善，他惹上了麻烦。这两名军官是带着对他的严重指控来的：范·米格伦把新发现的约翰内斯·维米尔的佳作《基督与被抓住通奸的女人》卖给了德国纳粹，卖的对象还不是一般的纳粹，而是希特勒的得力助手赫尔曼·戈林。

军官很快以叛国罪逮捕了范·米格伦。他暴跳如雷，矢口否认，试图挣脱军官。以往他那振振有词、连珠炮似的说话方式都能让他化险为夷，但这次不灵了。入狱没几天，他就崩溃了。他认罪了，但不是叛国罪，而是一个令荷兰乃至整个艺术界震惊的罪行。

"你们真傻！"他冷笑道，"你们真以为我会把无价的维米尔的画卖给戈林？我怎么可能有维米尔的画！那是我自己画的。"[3]

范·米格伦供认，不仅戈林手上的那幅，还有《基督在以马忤斯的晚餐》和另外几幅所谓维米尔的画都是他画的。这起诈骗案最后被揭穿，不是因为有人发现了这些赝品的破绽，而是因为造假者自己招供了。范·米格伦为什么要招供呢？问题是他为什么不呢？把一件举世无双的维米尔佳作卖给纳粹是掉脑袋的罪行，而把赝品卖给赫尔曼·戈林的行为不仅可以原谅，而且多少令人钦佩。

大家还有一个疑问：像亚伯拉罕·布雷迪乌斯这样造诣深厚的权威，怎么会被如此低级的赝品蒙蔽了呢？而且我们讲统计数据的书为什么要讲这样一个与数字无关的故事呢？

问得好，因为这两个问题的答案是一样的：当要甄别身边的各种事物时，要知道，我们往往会感性大于理性。当布雷迪乌斯写下"我简直难掩激动之情"时，唉，他当然没错，没有人比布雷迪乌斯在名画鉴赏方面更有资格，但范·米格伦恰恰知道如何用让布雷迪乌斯骄傲的资格给他挖坑。

我讲这个故事可不仅仅是告诉你一件艺术史上的奇闻逸事，我的目的是讲明范·米格伦是怎么让布雷迪乌斯上当的。明白这个道理，也就明白了为什么我们会买不需要的东西，为什么会遇人不淑，为什么会给背信弃义的政客投票，特别是，它让我们明白了为什么我们总是对统计数据笃信不疑，其实只要用脑子想一下就知道那些数字肯定是假的。

范·米格伦不是一个绘画天才，但他参透了人性中的一些东西。有时候，我们被骗真是自找的。

我们很快就会回到亚伯拉罕·布雷迪乌斯被骗的原因上来。现在看来，布雷迪乌斯对维米尔画作鉴赏的深厚造诣不但没有帮上忙，反而成了绊脚石。当布雷迪乌斯见到那幅画时，他一激动，就昏头了，只能上当受骗，而我们身边同样的陷阱比比皆是。

本书的目的是让你在数字面前睁大双眼。也就是说，我首先要让你理智起来。就算你掌握了统计学方面的所有知识，说不定还是该信的不信，不该信的乱信。所以要读懂数字说的是什么，统计专业知识一定要配上情绪控制方可奏效。

对有些数据，人们不会有情绪波动。譬如我告诉你火星距离地球5000多万公里，或者说3000多万英里。很少有人会对这些数据感到惊讶，而是会追问一些理性客观的相关问题。

比如，你会问：3000多万英里是不是很远？（算是吧，它是地球和月球之间距离的100多倍，而其他行星更远）火星不是有自己的运行轨道吗，这不就是说地球和火星之间的相对距离一直在变化吗？（的确如此。两颗行星之间的最小距离是3000多万英里，有时候火星会离地球两亿英里。）因为这些数据说明的事实不会影响你的情绪，所以你就会不带任何感情色彩地探究这些问题。

一旦数据反映的事实涉及人的利益，正如我们在吸烟者和癌症统计数据例子中看到的那样，人们就难免失之偏颇。心理学家齐瓦·昆达所做的一项实验也反映了同样的问题。实验中，她让参加实验的人员看了一篇文章，这篇文章用种种证据证明咖啡或含咖啡因饮料可能会增加女性患上乳腺囊肿的风险。看过文章的大多数人觉得这篇文章说的是对的，但那些咖啡上瘾的女性却觉得说得不对。[4]

我们对不利于自己的证据都不太信。反之亦然，当某些证据契合我们的某个观点时，我们就偏听偏信，不太可能仔细辨别证据上的漏洞。

情绪越激动，就越难头脑冷静地想清楚问题。比如，医生说你得了一种罕见的癌症，并建议你不要到处去查这方面的资料，你会听他的话吗？你如果不听他的话，到处查阅资料，发现这种癌症的平均存活时间只有8个月，你能冷静下来吗？

这就是斯蒂芬·杰·古尔德在40岁时经历的事。古尔德是研究古生物的，也是个优秀的科普作家。"我惊呆了，大脑一片空白，呆呆地坐了近15分钟。"他后来就这个经历写了一篇很出名的文章。你可以想象他的情绪，他大脑里全是这个声音：只剩8个月了，只剩8个月了，只剩8个月了。"谢天谢地，后来我又回过神来。"[5]

回过神来之后,古尔德意识到他还没到山穷水尽的地步。这8个月不是最多活8个月,而是平均值,也就是说半数患者的生命是超过8个月的,有些人甚至可能活得更久。而古尔德的病情很乐观:一是他还很年轻,二是他的癌症发现得早,三是他的医疗条件好。

古尔德的医生人很好,叫古尔德不要去查这种病的那些资料,什么都不知道最好。我们中的许多人就是这样做的,他们像一只把头埋在沙子里的鸵鸟,眼不见,心不烦。在某个实验中,实验人员采集了学生们的血样,然后给他们宣传疱疹的危险,再告诉学生他们的血样也要进行疱疹病毒筛查。因为疱疹能治好,但不能根治,它可以通过性行为传播,但预防措施可以防止将病毒传染给性伴侣,所以每个人都很有必要知道自己是否患有疱疹。尽管如此,不少学生,大约占20%,不仅不想知道自己是否患有疱疹,甚至愿意掏钱让人把他们的血样丢掉。他们告诉研究人员,这样的筛查太烦人了,何必多此一举。[6]

行为经济学家把这种行为称为"鸵鸟效应"。这种现象比比皆是。例如,当股市下跌时,人们就不大去登录查看自己的股票账户。[7]其实这是不对的,因为人们不就是通过观察股票的涨跌来形成自己的投资策略的吗?所以无论熊市还是牛市,你都应该积极参与,否则就不要玩股票了。但是,为什么在牛市时,人们总是频繁检查自己的账户,看看是否赚钱了呢?

在分析和自己有关的信息时,人很难做到置身事外,不带感情色彩,所以由于情绪的介入,事情往往会有不同的走向。在古尔德的例子中,他突然明白,刚听到那个不好的消息时,他被吓蒙了。但是,他后来查统计资料时发现,其实情况不一定那么悲观。难道他这样做不也是拼命挣扎的一种表现吗？所以，即使他否认，事后看看，其实就是那么回事。这种积极的暗示让他多活了20年，他后来是因为另一种疾病死的。

我们没必要要求自己在处理信息时像机器人一样不具感情，只要意识到自己有主观情绪介入和能够反省就能大大提高判断力。我们无法像超人那样控制自己的情绪，但能够反省。我们可以问自己：我看到这些信息时是不是受刺激了？是不是觉得信息正好证明了自己料事如神，所以沾沾自喜？还是看了让我焦虑、愤懑和担心？我是不是因为不想相信，所以才急于寻找证据证明数据是错的？

我也一直在努力不要让感情影响自己对数据的解读。几年前，我在社交媒体上分享了一幅支持同性恋婚姻的人数迅速增加的统计图。因为我是十分支持同性婚姻的，所以很想和大家分享这个好消息。我在看到这幅图好像是来自一家知名纸媒时，就没多想，马上转发了。

结果，马上有人回复我："蒂姆，你仔细看一下图上的坐标轴，好像有问题。"我心知不妙。只扫了一眼，我就知道，我犯了个大错，这个错本来是多看两眼就能避免的。图中的时间轴被压缩了，所以看起来人数就激增了。虽然图表达的信息正确，即人们对同性婚姻平等的认可度越来越高，但我绝对应该把它归类成"垃圾数据图"，而不是急于与世人分享。我犯了错，因为我的感性占了上风。

我现在偶尔还会犯这样的错，但希望自己能吸取教训。

所以我现在转发东西特别谨慎，尤其是看到很多人只管转发，不管真伪。特别是新冠疫情暴发初期，这种转发非常多，很多看似有用的虚假信息的传播速度比病毒还快。一个在脸书上和朋友圈里广为流传的帖子煞有介事地教大家如何区分新冠和普通感冒,告慰人们说天气转暖就能杀死病毒,因此离谱地建议大家少碰冷水,用热水杀死病毒。这个帖子一会儿说来自"我朋友的叔叔",一会儿说来自"斯坦福医院董事会",一会儿又说是某个不相关的儿科医生说的。帖子内容也不全是无稽之谈,但大多数是具有误导性的推测。然而,平时都很理性的人们一次又一次地转发了这个帖子。为什么?因为他们纯属好心。这种危机情况下,大家都不知道该怎么办,所以看到感觉有用的建议,就觉得有必要分享,让大家都知道。这种愿望是好的,是善意的,但太冲动,不够理智。[8]

所以现在,每当要转发某个数据结论时,我会先留意自己看到这个数据结论的第一感觉。虽然这个办法不能百分之百地防止我上当,但有益无害,有时候也十分管用。人是感情动物,我们没必要把自己搞得跟僧人似的,八方不动。但是,我们能做到,也应该做到的是在情感蒙蔽双眼时有所察觉。

2011 年,牛津大学行为经济学家盖伊·梅拉兹进行了一项测试人们一厢情愿心理的实验。[9]

梅拉兹给实验参与人员看了一组价格变化图,其实这些是截取了股市某段时间的曲线图,但梅拉兹告诉人们,这些图显示的是近期小麦价格的波动情况。他让每个人预测接下来的小麦价格走势,如果他们预测对了,就会获得奖励。

梅拉兹将他的实验对象分为两组。告诉其中一组他们被设定为"农民",如果他们预测的小麦价格高并正确,奖励会加倍。另一组实验对象被告知设定的身份是"面包师",如果他们预测小麦价格便宜并正确,他们也会额外获得一笔奖金。也就是说,实验对象可能会获得两份不同的奖励：一份是因为做出准确的预测，另一份是如果小麦价格碰巧和符合他们身份利益的预测一致而获得的一笔意外之财。结果梅拉兹发现，有了意外之财的预期的确影响了实验对象的预测。农民希望小麦价格上涨，这样他们就能多拿一份奖金，所以预测小麦价格会上涨。面包师正好相反，希望小麦价格下跌，这样他们也会多获得一笔奖金，所以给出了下跌的预测。这个实验明明白白地告诉我们，我们的推理常常为我们的愿望和企图所左右。

还有一个例子是经济学家琳达·巴布科克和乔治·洛文斯坦进行的实验，他们让实验对象参与一件真实的摩托车车祸案子。实验对象了解了各方证据，然后被随机分配担当原告律师的角色（主张受伤的摩托车手应获得10万美元的赔偿金）或辩护律师的角色（辩称应驳回案件或降低赔偿金额）。

实验规定，获胜的一方会得到金钱上的奖励；同时，他们如果猜对了真实庭审中法官的裁定，还可以额外领取一份奖励。他们的猜测本应与角色无关，但事实上，两方都是既想赢，还想猜对，所以就都猜己方胜，这就是扮演的身份又一次严重影响了他们猜测的客观性。①10

心理学家称之为"动机性推理"。动机性推理是指当判断某个事情时，人们不管是有意识还是无意识，都会得出某种特定的结论。比如在足球比赛中，我们总是能看到对方球员犯规，却看不到自己的球员犯规。我们越想看到什么，就越容易盯着找。11

---

① 有了这两种奖金奖励的可能性，一般认为，人们扮演的角色对他们做决定的影响应该大于猜中法官裁定得奖金的影响。不管怎样，只要人有设定的身份，做决定就不免受身份影响。

这方面最明显的例子就是感染 HIV（人类免疫缺陷病毒）的人了。他们中有些人否认是 HIV 导致了艾滋病，甚至还有些人根本就不承认艾滋病病毒的存在。无论是哪种人，他们的否认意味着他们不接受现在非常规范且非常有效的治疗。还有些名人也笃信这种观点，结果赔上了自己和孩子的生命，真是可悲可叹。这些人如此偏听偏信，是因为以前对这个病的治疗效果远不如现在这么好，而且副作用大。现在疗效早已大大改观，我们可能会认为，不会再有人相信那个错误的观点了，其实不然。一项针对美国男同性恋和双性恋男性的调查发现，他们中几乎一半的人认为艾滋病病毒不会导致艾滋病，一半以上的人认为规范治疗只会越治越糟。对艾滋病患者的其他调查发现，各种消极和否认的想法达 15%~20%。这些调查并不是严格的随机抽样，所以我不会特别较真数字的精确度，但是这个数字已经明确地告诉我们，还有一大批人否认科学共识，他们的这种态度可能会让他们有生命之虞。[12]

2020 年 3 月，牛津大学的研究人员对新冠疫情做了一个建模。从这个名为"冰山一角"的建模，我再一次看到了人们一厢情愿的想法。这个模型表明新冠病毒的传播范围可能比我们想象的要广得多，但危险性却比我们想象的要小。这似乎是个让人欢欣鼓舞的暗示，暗示至暗时刻快要过去了。这也只是少数流行病学家的观点，因为当时的数据调查没有发现大面积人群感染症状。实际上，牛津大学做这项数据调查的本意是希望人们认识到只有得到有效数据，才能了解真实情况，可惜人们没理解这个用心。相反，人们开始四下传播"好消息"，因为这不正是人们盼望的消息吗？[13]

虽然一厢情愿不是动机性推理的唯一形式，但却很常见。我们会偏听偏信。一个艾滋病毒阳性病人肯定希望病毒不会导致艾滋病，不会母婴传染。前文实验里的"农民"既希望小麦的价格高企而赚钱，还暗自希望因为估准了价格赚双份钱，因此他们的预测受到贪婪的影响。一个助选某政客的选民希望他所支持的政客聪明机智、廉洁奉公，如果关于这个政客的报道与他的期望相反，他会自动屏蔽它们。

所以当一幅宣称是维米尔的作品的画摆在一辈子都在研究并热爱维米尔的艺术评论家面前时，他本能的愿望就是看到真迹，而不是赝品。

正是这种一厢情愿的想法害了亚伯拉罕·布雷迪乌斯。这位艺术史学家有一个软肋：他对维米尔的宗教画尤其着迷。但人们只发现了两幅维米尔的宗教画，其中一幅——《信仰的寓言》还是他发现的，而他就是那幅画的主人。另一幅《基督在马大和马利亚的家里》，是人们所知的维米尔唯一一幅描绘《圣经》中的场景的画。布雷迪乌斯在1901年对那幅画进行了鉴定，并十分肯定那不是维米尔的作品。其他评论家却持相反意见，一番争辩之后，大家认定布雷迪乌斯看走眼了，后来布雷迪乌斯自己也承认了。

受了那次经历的刺激，布雷迪乌斯决心不再重蹈覆辙。他可是鉴赏维米尔画作方面的泰斗，所以总是在寻找机会，希望通过再次发现某幅维米尔的真迹来挽回一下声誉。

维米尔早期的画作是宗教色彩浓厚的《基督在马大和马利亚的家里》，这与他后面更具特色的绘画风格差距不小，所以布雷迪乌斯对这种风格转换很感兴趣。会不会在风格转换期间还有什么作品没有被发现？如果再挖掘出某个尘封已久的宗教画作岂不是太好了？

关于维米尔，布雷迪乌斯还有一个执念，那就是他认为这位荷兰大师年轻时曾前往意大利，在那里受到了伟大的意大利画家卡拉瓦乔的宗教作品的启发。这只是一种猜测，因为人们对维米尔的生活知之甚少，也不知道他是否真的拜见过卡拉瓦乔。

范·米格伦洞悉布雷迪乌斯的猜测，他就设了一个陷阱，画了《基督在以马忤斯的晚餐》。画布又大又漂亮，主题是关于《圣经》的，一如布雷迪乌斯一直宣扬的那样，这幅作品是维米尔对卡拉瓦乔的致敬。范·米格伦在这幅画中用了17世纪的道具，植入了一些类似维米尔的手法，比如突出基督正在掰面包，就像那幅著名的《戴珍珠耳环的少女》中少女戴的耳环那样，上面有厚厚的白漆点，颜料硬结并因年代久远而开裂。

布雷迪乌斯一下子就上套了。范·米格伦的助手杰拉德·布恩拿给布雷迪乌斯看的哪里是一幅画，明明是一个布雷迪乌斯要验证自己想法正确的证据。布雷迪乌斯觉得他设想的荷兰画家绘画生涯中丢失的一环终于让他在自己人生快到终点站时找到了。布雷迪乌斯太想相信这是真的，因为他是专家，所以能轻而易举地找出种种证据来佐证他的结论。

其实这幅画作的破绽很多。比如，那些以假乱真的面包上的小白点，在外行看来笔触生硬，但在布雷迪乌斯眼里，这和维米尔在《倒牛奶的女仆》里那条诱人面包上的亮点如出一辙。还有，随便一个人都会觉得这幅画的构图和卡拉瓦乔的不一样，但布雷迪乌斯硬是看不出来。相反，他却能找出其他线索来证明这幅画是真迹。他会注意到画中范·米格伦为了骗他而用的17世纪的真花瓶，还有颜料也是17世纪的，或者是17世纪左右的，其实那不过是范·米格伦把维米尔的画盘完美复制了一下而已。还有画布：像布雷迪乌斯这样的专家，只要看一眼画布背面，发现画布太新的话，就可以断定是19世纪或20世纪的赝品。范·米格伦也熟知这一点，所以他在一张17世纪的画布上画了画，然后再小心翼翼地刮掉表面的颜料，留下底漆，造成独特的颜料开裂的样子。

最后还有一个最简单的鉴别真伪的测试——颜料是否软。这是造假画的一大难题，因为油画颜料要花50年才能彻底干透。你可以试一下，在棉签上滴几滴纯酒精，轻轻擦拭油画的表面，棉签有可能会被画上的颜料染色。如果棉花上有颜料，那这幅画就是现代人画的赝品。只有几十年以上的老画，画漆才会硬到无法让酒精棉签染色。

布雷迪乌斯以前用这种方法鉴别过很多赝品，他在《基督在以马忤斯的晚餐》这幅画上没有发现棉签染色。

这足以让布雷迪乌斯相信这幅画年代够久远，必然是真的。其实这不过是范·米格伦研究、试验几个月的结果，他聪明绝顶地用了个不太复杂的化学方法就让布雷迪乌斯上了当。范·米格伦将17世纪的油画颜料和一种叫酚醛树脂的全新化学材料混合，这种树脂在105℃的温度下加热两小时，就可以变成最早的塑料之一——胶木。难怪颜料坚硬还不掉色，它是混合了工业塑料啊。

布雷迪乌斯有太多理由相信《基督在以马忤斯的晚餐》是维米尔的作品。这些理由都足以驳斥那个在他看来简直十分荒谬的反对意见，所以有人说这幅画看起来和维米尔以前的画一点都不像，他嗤之以鼻。

现在再来回味一下亚伯拉罕·布雷迪乌斯的那个名场面的话："看着画，我觉得我看到的就是荷兰大师约翰内斯·维米尔的杰作。虽然这幅作品与他的其他画作看起来不同，但千真万确是维米尔的手笔。"

那句"与他的其他画作看起来不同"还不够警醒吗？但这位老人拼命想相信这幅画就是他毕生寻找的维米尔的作品，这样就能把维米尔和卡拉瓦乔联系起来。范·米格伦精心地设下了一个圈套，这是只有真正的专家才会上的圈套，剩下的只等一厢情愿的鱼儿上钩。

亚伯拉罕·布雷迪乌斯这么一个活生生的例子说明专家也难免会有动机性推理。在某些情况下，他们的专业知识反而会成为劣势。法国讽刺作家莫里哀曾写道："博学的傻瓜比无知的傻瓜更愚蠢。"本杰明·富兰克林也说道："做一个所谓讲道理的人很容易，我们想做什么事，找个由头就好。"

现代社会理论认同莫里哀和富兰克林的观点：拥有较深专业知识的人比较容易识别骗局，但他们一旦陷入动机性推理的陷阱，也更容易偏执，执迷不悟。

最近一项调查得出这样一个结论，当人们对某个事物已经形成自己的观念时，在评估事实时就会带入这种先入为主的成见，这种现象不仅体现在普通人身上，聪明人中也同样常见。[14] 所以，不是一个人聪明或受过教育就不会上当，在有些情况下，他们可能更容易上当。

2006年，两位政治学家查尔斯·泰伯和米尔顿·洛奇公布的一项研究成果也是这样的例证。泰伯和洛奇师从卡里·爱德华兹和爱德华·史密斯，后两位研究的领域是政治权谋和我们在前言中谈到的数据质疑的问题。和导师们一样，泰伯和洛奇想研究美国人对有争议的政治问题的推理方式，他们选择了枪支管制和平权行动两个话题。

法则一　不乱于心，不困于情　　015

泰伯和洛奇要求他们的实验对象把争论双方的论点都研究一下，就事论事地指出每个论点的证据是否确凿。这样做的本意是借着评判各个论点，希望大家兼听则明。结果是，了解了对方的论点反而让人们的对立更严重了，因为人们了解对方的论点后，就想方设法利用对方论点来力证自己观点的正确性，有点"师夷长技以制夷"的感觉。当要求实验对象调查更全面的信息时，人们只会搜寻证明己方观点的数据，当被问及是否承认对方观点也不无道理时，他们会琢磨很长时间，想办法给出否定答案。

泰伯和洛奇的实验不是第一个得出这一结果的实验，但这个实验有一个特别的研究结果，那就是有专业知识的人更固执，表现得更糟糕。[①] 在收集更全面证据的环节，实验对象中越是老练、有经验的人，越能很快找出证明自己观点的证据。令人奇怪的是，与他们论调相反的证据，似乎成了他们的盲点，他们总是找不到，好像是他们的专业知识让他们屏蔽了于他们不利的信息。在为己方观点辩护并抨击对方论据的漏洞时，他们口若悬河，胸有成竹，为了达到目的，把自己的专业知识发挥到了极致。[15]

人们会对各种事情做出动机驱使的反应，在政治话题方面，最明显的例子就是不同政见的纷争。政治立场越坚定的人越会不遗余力地维护自己的党派。某个论调一出来，虽然打着"我们的人民认为"的旗号，但人们对这个论调买不买账，还取决于这符不符合自己党派的利益。

再比如这样一种论述："人类的活动导致地球变暖，这对我们的生活方式构成严重威胁。"我们中的许多人一听这话，就容易激

[①] 在这个实验中，要衡量一个人是不是专门搞政治的，就是询问这个人美国政府运作的具体问题，例如，推翻总统需要国会中多少票数。

动，这和火星距离地球的论述不一样，气候变暖是涉及我们自身利益的话题。你选择认同或否定这个论调，也就表明你的一个立场，表明你是谁，你是站在哪一边的，你的理想世界是什么样的。我如果发一个气候变化的新闻头条，或者在社交媒体上分享一张气候变化图，一定会引起众多人的关注和讨论。这不是因为我说的话题有真伪，而是因为人们要表达他们对这件事的意见和感受。

如果你不相信我的话，不妨回想一下 2015 年盖洛普民意调查的结果。那个调查发现，美国民主党和共和党对气候变化的担忧程度大相径庭。如果不是动机驱动，怎么解释这么大的差异呢？

科学证据就是科学证据。我们对气候变化的理解不应该受到政治观点的影响，但事实是我们无法摆脱这种影响。[16]

受教育程度越高，这种差距就越大。在没有接受过大学教育的人中，45% 的民主党人和 22% 的共和党人对气候变化"非常担忧"；而在受过大学教育的人中，有 50% 的共和党人和 8% 的民主党人表示担忧。如果按科学素养来对比，也差不多是同样的结果，也就是说，有科学素养的共和党人和民主党人比那些对科学所知甚少的人差距更大。[17]

如果不是情感因素的影响，受教育程度越高或文化水平越高的人肯定能帮助人们统一认识，了解真相，或至少是我们现阶段对气候问题的认识和理解。但是，现在了解了更多的信息后，人们反而在气候变化问题上出现了严重分歧。光是这个事实就说明情绪于我们有多重要。人们总是拼命地想得到符合自己信仰和价值观的结论，而且像亚伯拉罕·布雷迪乌斯一样，知道得越多，就越有可能得出希望得出的结论。

心理学家将这种两极分化现象称为"偏见趋同化"。譬如，你偶然读到一本杂志上讨论死刑震慑效果的文章，因为对这个话题很感兴趣，你会继续读下去。这篇学术文章这样写道：

> 在美国，有些州有死刑法律，有些州没有，帕尔默和克兰德尔两位研究人员比较了杀人案件的数量在这些州的差异，他们共调查了10对相邻州，其中有8对表现出有死刑州的杀人案更多。这项研究表明死刑没有起到震慑作用。

你觉得这个结论对吗？有道理吗？

你如果反对死刑，肯定认为这样的结论是对的。但是如果你赞成死刑，就开始起疑心了，和我们前文说的不相信吸烟致癌说法的人一样，这种疑心会作祟。你会开始嘀咕：这项研究是专业人员进行的吗？他们有考虑过可能是其他原因导致这样的结果吗？他们的数据可靠吗？简单地说，帕尔默和克兰德尔懂不懂自己在做什么，还是他俩就是来诋毁死刑法律的？

帕尔默和克兰德尔才不会因为你生气了而生气，因为压根儿就没有这两个人，他们是由三位心理学家——查尔斯·洛德、李·罗斯和马克·莱珀虚构出来的。1979年，洛德、罗斯和莱珀进行了一项实验，旨在探索人们在进行激烈争论时是如何思辨的。研究人员将赞成和反对死刑的实验对象集合在一起，然后让他们看了两篇所谓的（其实是虚构的）研究报告。其中一篇证明死刑可以阻止严重犯罪；另一篇就是虚构的研究人员帕尔默和克兰德尔的研究结果，他们的结论和前者正好相反。[18]

正如人们所料，大多数实验对象否定与自己观点不同的研究结论。但是洛德和他的同事发现了一些让他们更惊讶的事情：实验对象看到自己的反方学者所提供的图表、研究方法和评述越多，就越觉得这些证据是骗人的。这真是疑心可杀人，细节递来刀。

当遇到意见相左的证据时，我们会思量："我有必要相信这个吗？"对方论据越多反而给了我们越多的机会去发现其漏洞。但当面对我们认同的观点时，马上就是另一种态度了："这个是真的，对吧？"证据多意味着证据确凿，铁证如山。[19]

既然公说公有理，婆说婆有理，那就把双方证据都客观地摆出来，本以为这样做可以让人们从多个角度看问题，学会纠偏，而不是一味思想狭隘，不容异己。但屡次的实验结果都让人大跌眼镜，结果都是一旦人们主意正了，就会逮着机会捍卫自己的理论，抨击对方的论点论据是错的。所以，所谓"偏见趋同化"就是说在容易起争议的问题上，双方知道对方的底细越多，对立得反而越厉害。

这听起来不可思议，是吗？我们争论的目的不就是辨别真相吗？尤其是关系到切身利益的事，我们更是应该睁大眼睛找出真相，哪怕真相令人难以接受。但艾滋病病毒携带者和得艾滋病的病人就不，他们拒不相信事实，屏蔽令他们难过和不安的真相，即使这些真相可以挽救他们的生命。人们一旦固执起来，就很难回头。

但有时正确看待问题也不一定能得到我们预想的好结果。在一些问题上，得出一个错误的结论不但不会对我们有害，反而有利于我们。

为什么这样说呢？有一个例子，比如有些国家对吃牛肉、吃猪肉或吃狗肉，或禁止，或允许，因为各国对吃这些动物肉都有自己的道德标准，你认为这些做法是对是错主要取决于你的文化背景，大家都是入乡随俗，就事论事。所以在很多事情上，大多数人同意没有绝对的"对"。

还有一个我们平时没注意到的说明错误结论有时反而对自己有利的例子，就是人们对本来有正解的问题的态度。比如气候变化问题，即使我们不能百分之百地洞悉气候变化的复杂原因和结果，但气候确确实实变得越来越糟糕，这是一个基本事实。但是，除了少数几个头脑清醒的人，比如各国领导人等，其他人都认为自己只是地球上近80亿人中的一个，环境恶化也不是自己一个人的责任，不管自己说什么或做什么，气候变化都会发生。这种对环境变化漠视的自私态度和做事方法是不会让个人付出什么代价的。

然而，当每个人都这么想、这么做的时候，很快就带来了切实的社会恶果。

假如你是蒙大拿州的一个大麦种植户，夏天越来越多的炎热干燥天气会毁了你的收成，这个气候变化不就和你有关了吗？然而蒙大拿州的农村很保守，"气候变化"一词是有政治立场的，个人还能怎么办？所以埃里克·萨默菲尔德只能随机应变：

> 在田间地头，看着自己枯萎的庄稼，萨默菲尔德直截了当地说"气候变化"就是农作物受损的原因。但回到酒吧，和朋友们一起喝酒的时候，他的话风就变了。他可不敢用那些敏感的字眼，只说"天气变化无常""夏天更干燥、更热了"，这是如今农村地区很常见的话术。[20]

如果萨默菲尔德住在俄勒冈州的波特兰或英国的布莱顿，他就没必要在酒馆里如此谨小慎微了，他的朋友肯定和他一起大骂人类工业毁了气候，如果有人敢散布谬论说气候变化是谣言，他和朋友们一定会群起而攻之。

其实,受过教育的美国人在气候问题上的认知如此分裂并不出人意料。第一,几十万年的人类进化已经教会我们要合群,这就好理解泰伯和洛奇的实验结果了,即水平越高的人实际上越容易在不同政见上片面推理,因为他们相信越能把己方的观点说得振振有词,就越能得到相同观点的人的支持。第二,在艾滋病的例子中,艾滋病病患的一概否认态度表明,即使在生死问题上,我们也有可能大错特错。第三,当个人的错误认识会引起严重的社会后果,但对自己的影响却很小甚至没有时,人也容易做出错误的判断。所以有这么多的党派纷争就不足为奇了。

人们很容易认为动机性推理只是发生在别人身上的事情,于己无关。比如我们总是认为:我有政治原则,你带有政治偏见,他就是个阴谋论者。得了吧,我们要认清事实,在思考问题时,大家没有谁比谁更高明,都是情感大于理智的。

伦敦国王学院的神经科学家克里斯·德迈耶是这样给他的学生描述气候变化否认者的做法的。

> 总结一下气候变化否认者的做法,我们可以得出以下两点:
> 1. 他们的宣传积极主动,而我们却显得被动无为;
> 2. 他们的活动相当有序,就好像有个统一的行动纲领。

我认为否认气候变化的人都是些机会主义分子,善于钻空子。他们抨击起科学来无所不用其极。不过,这也有我们的责任,我们的宣传缺位,所以大众和媒体并不了解我方的观点。[21]

学生们当然都是认同气候变化观点的，所以听到这种反科学的论调都感到愤慨，纷纷点头，赞同老师的总结。然后德迈耶告诉学生这些话出自哪里。这些话可不是什么最近的报道，而是逐字逐句地摘抄自一位香烟营销主管于1968年写的一份臭名昭著的内部备忘录。除了这份备忘录说的不是"气候变化否认者"，而是针对"反香烟活动"，其他东西可以原样套用。所以，同样的语言、同样的论点，甚至可能同样出于自己正在捍卫正义的信念，不管你是在（正确地）争论气候变化是真实存在的还是（错误地）认为香烟与癌症无关，备忘录里的说辞就是双方都可利用的模板。

其实还有一个类似的例子，但是出于个人原因，我在此不便透露太多。我的一些"左派"环保主义朋友对那些对于气候学家的人身攻击义愤填膺。例如，说科学家捏造数据是因为自己的政治偏见，或者是为了骗取政府的拨款。简而言之，就是抹黑当事人，而不是就事实本身说话。但同样是这群朋友，他们在攻击我的经济学家同行时，用的是同样的战术，甚至更夸张，说我的经济学家朋友因为政治偏见而捏造数据，或者为了捞钱而给大企业站台。我给他们指出，他们的这种做法和令他们不齿的人的做法如出一辙，但这却不起作用，他们完全不明白我在说什么。这就是所谓的"双重标准"吧，这不公平啊。有人说他人是故意"双标"的，其实不然。这是一种无意识的行为。我们对别人是眼里揉不得沙子，却无视自己的缺点。①

我们对科学统计和严肃事物感情用事可不是个小问题，它往往比逻辑思维更能影响我们对一个事情的看法。人之所以会相信一些

---

① 我很肯定自己也会犯这种错误，只是不自知而已。

奇怪的东西、质疑科学的东西，之所以有党派之争，之所以不想戒掉咖啡，之所以不愿意面对艾滋病诊断现实，无不是因为掺杂了个人情感。

如果是这样，我们就没招了吗？不必悲观。我们可以从学会控制情绪开始。这是学习的第一步，它很简单，就是学会观察和反省自己的情绪。当你看到数据结果时，注意自己的反应。如果看到那些统计结果，无论是感到愤怒还是欣喜，或不敢相信，你都要停顿一下，反思一下。你不用成为一个没有感情的人，但既然可以用心感受，也一定可以用脑子思考。

大多数人并不希望自己被蒙蔽，即使人说无知便是福，或者虽然我们都有期盼看到某个结果的冲动，但也会清醒地知道事实是不以人的意志为转移的。大家都想成为电影明星、亿万富翁，或者能千杯不醉，但也都明白这都是白日梦。在一些事情上，我们只能一厢情愿，而不可能心想事成。所以，我们要养成凡事先冷静一下的习惯。等这种冷静习惯成了下意识反应，我们就会接近事实真相了。

由一组学者进行的一个调查发现，大多数人完全能够区分哪些是严肃的新闻报道，哪些是假消息，人们传播真相而非谎言非常重要。然而，人们还是会乐此不疲地转发类似"载有500多名身穿自杀背心的移民的车辆被拦截"的假消息，因为在点击"分享到朋友圈"的那一刻，他们并没有停下来用大脑思考。他们没有想："这是真的吗？"他们也不想："真相对我很重要吗？"相反，人们都带着自己一贯的成见和立场，漫不经心地浏览网上的消息。这种习惯很不好，幸好这种习惯改起来也不难，我们只需要停下来思考片刻，就能过滤掉很多错误信息。所以这不难，我们都能做到。我们需要做的就是养成停一下、用自己的大脑思考一下的习惯。[22]

还有一项研究发现，在分辨真假新闻上做得最好的人，也是在"认知反思测试"中得分最高的人。[23] 这是由行为经济学家谢恩·弗雷德里克设计的一种测试，后来因被丹尼尔·卡尼曼用在了他的《思考，快与慢》一书中而广为人知。这种测试包括这样的问题：

一个问题：一个球棒和一个球的价格是 1.10 美元，而球棒的价格比球高出 1 美元。这个球要多少钱？

另一个问题：湖里有一片睡莲，花繁殖得很快，每天覆盖湖面的面积都是前一天的两倍。如果覆盖整个湖泊需要 48 天，那么覆盖半个湖泊需要多长时间？①

许多人在第一次回答这些问题的时候都错了，但其实要答对，需要的不是智力或数学训练，而是停下来，思考一下。谢恩·弗雷德里克指出，只要发现自己有错，接下来就能做对。[24]

这些认知反思问题都是些让我们很容易不假思索、直接得出错误答案的问题，那些煽动性很强的图片或是煽情的演讲无不如此。我们要保持头脑清醒，因为我们很容易被煽动起来，煽起精神、肉体的欲望，煽起同情心或怒火。特朗普或绿色和平组织在推特上发布的东西能让你冷静思考吗？今天的各种"带节奏者"也不希望你停下来思考，他们希望你快点跟上他们的节奏。

德国战败后，汉·范·米格伦马上就被逮捕了。他本应因与纳

---

① 答案是：5 美分，47 天。也许第二个问题不像以前那样容易让人上当了，因为睡莲的增长呈指数级，而我们都从新冠疫情的发展那里得到了指数级增长的惨痛教训。

拼凑真相　　024

粹勾结而受到追究和惩罚。

这个狡猾的假画创作者在纳粹占领期间大发横财，买了好几栋豪宅。当整个荷兰在战争期间忍饥挨饿时，他却能定期举办狂欢聚会，妓女们趁机捞走大把大把的珠宝。虽然他不算纳粹分子，他表现的派头却是十足的纳粹样子，还与纳粹为伍，极力宣扬纳粹思想。

范·米格伦出版了一本名为《蒂肯宁根1号》的极其反动的书，书中充满了怪诞的反犹太主义诗歌和插图，用的是纳粹的符号和颜色。他不惜重金印刷这本书，因为他知道要拍谁的马屁。果然，这本书最后被送到阿道夫·希特勒的手上，上面还有范·米格伦用炭笔手写的献词："向我敬爱的元首致以最高的敬意——汉·范·米格伦。"

这本书在希特勒的藏书馆里被发现了。

接下来发生的事情就匪夷所思了。德国占领了荷兰五年，整个荷兰一蹶不振。《安妮日记》中的安妮·弗兰克不过是众多被驱逐出荷兰并被杀害的著名犹太人中的一员而已，人们只知道有些犹太人逃到了法国或比利时，更多无名的荷兰犹太人被驱逐出境后不知流落何方。[25]这些悲剧的形成，也是因为有范·米格伦这样的人助纣为虐。但是战争结束后，月复一月地在法庭上公审这些罪人让荷兰人逐渐厌倦了，他们迫切需要一个能提振士气的故事，正如亚伯拉罕·布雷迪乌斯迫切地要找到一个有卡拉瓦乔影子的维米尔一样。这一次，范·米格伦又满足了人们的愿望，不过这一次是一个荷兰人用勇敢和机智抗击纳粹的故事，他就是那个主角，故事令人欢欣鼓舞。

负责起诉范·米格伦的人很快就成了范·米格伦不知情的同谋。他们安排了一个荒谬的宣传噱头，让他用与《基督在以马忤斯的晚餐》同样的风格画了一幅画，以此"证明"他是伪造者而不是卖国贼。有一个报纸的标题更是让人惊掉了下巴：《他为自己的生命作画》。荷兰和世界各地的报纸开始争相报道这位天才作秀者。

后来的开庭审判成了一场闹剧，范·米格伦在媒体照相机的频频闪烁的闪光灯下成了舞台中央的明星。他编造了一个故事：他伪造画作，并骗了世人，这不仅证明了自己作为一个画家的高超技艺，同时也揭穿了艺术鉴赏家的虚假面具。当法官提醒他，他是以高价出售假货时，他回答说："如果我以低价出售假货，那别人一下子就知道那是假货了。"人们哄堂大笑，觉得范·米格伦太有趣了。一个本应被视为卖国贼的人把自己重塑成一个爱国者，甚至是英雄。他利用了荷兰人的情绪，一如他在战前利用了亚伯拉罕·布雷迪乌斯的情绪一样。

不仅荷兰人相信了范·米格伦骗戈林的故事，而且后来很多人将这个故事添油加醋，越传越神。最早的传记作家把范·米格伦描绘成一个被人误解的高手，因为自己的艺术遭到不公正的对待而伤透了心，但还是聪明地戏耍了敌人。还有一个故事被人屡次提起，那就是戈林在纽伦堡等待审判时有人告诉他范·米格伦骗了他，"戈林看起来好像不敢相信世界上还有这等邪恶之人"。当听到这个故事时，你是不是也忍不住想要把它说给别人听？但就像画中那些面包上的白点一样，真作假时假亦真。如果人们在范·米格伦受审前发现那本他亲自题写献给希特勒的《蒂肯宁根1号》，这个欺世盗名的伪造者还能这么胆大妄为地编造这个故事吗？范·米格伦的真实嘴脸早就应该大白于天下了，对吗？还是不对？

但令人担忧的是，人们在庭审范·米格伦时，几乎同时发现了希特勒藏书馆里的那本《蒂肯宁根1号》。1945年7月11日，荷兰抵抗日报《真相》宣布了这一发现。可是，这已经无关紧要了，没人想了解这件事，而且范·米格伦也轻而易举地就把事实否认了。他说他在几百本书上都签过名，那句献媚的话肯定是别人后加上去的。如果是在现代的社会场景中，他很有可能会说那则报道是"假新闻"，这就可以让他轻易逃过这一劫。

这种说辞很离谱，但范·米格伦就这样成功骗过了他的检察官，就像他骗过了布雷迪乌斯一样，他用有趣的细节分散他们的注意力，或顾左右而言他，并编造了一个他们愿意相信的故事。

在法庭的结案陈词中，他再次声称这样做不是为了钱，因为钱只会给他惹麻烦。范·米格伦居然敢这样为自己洗白，真可谓滑天下之大稽：大家还记得吗，二战期间，整个阿姆斯特丹都在饥饿中苦挨着，范·米格伦的豪宅里却灯红酒绿、纸醉金迷。但是，又能怎样呢，报纸和公众还不是一样地欣然接受了他讲的故事。

范·米格伦后来只被判犯了伪造罪，他离开法庭时，群众为他欢呼。他又成功地完成了一个欺世惑众的惊天大骗局：这样一个法西斯分子和诈骗犯厚颜无耻地将自己塑造成了荷兰人民的英雄。亚伯拉罕·布雷迪乌斯急切地想要验证维米尔的一幅真迹，荷兰公众迫切需要抵抗纳粹的偶像，范·米格伦知道如何满足人们的需求。

可是冥冥中自有天意。在他服刑前一天，也就是1947年12月30日，范·米格伦却突发心脏病死了。此前几周进行的一项民意调查显示，他是荷兰排在首相之后第二受欢迎的人。

如果一厢情愿的情绪能把一幅蹩脚的假画变成维米尔的真迹，或者把一个卑鄙的纳粹分子变成民族英雄，那么也能让数据真作假时假亦真。难道事情真的就这么悲观吗？当然不是，我们也许能逆转这种局面。我们即将踏上探索之旅，去发现如何用统计数据像拼

法则一　不乱于心，不困于情

图一样最后拼起真实的世界。为此，我们做的第一步是当收到一条新的信息时，要少安毋躁，先停下来思考一下，反省一下自己的潜意识情绪，反省自己是否急切地想得到某个结论。

当我们遇到某个世界问题的统计数据，想着要不要在社交媒体上点赞转发，或者激烈驳斥时，停一下，先问自己这样一个问题："我的情绪为何如此激动？"①

我们这样做不仅仅是为了自己，还有一种社会责任在里面。我们已经看到社会压力在我们的观念和思考问题的方式方面的影响有多大。我们要慢点下定论，学会先控制自己的情绪和抛开党派立场，只关注事实本身，这样我们不仅可以更清醒地思考问题，也为他人提供了正确的思考问题模式，即我们不是以某个政治派别的成员的立场，而是以持不偏不倚态度的个体身份思考和推理问题的。我想形成这样的习惯。我希望这也是你的愿望。

情绪能左右人的思考，范·米格伦洞悉这样的人性。所以当解读统计数据时，专业知识和技术固然重要（这些我们在接下来的章节中也会介绍），但如果不给情绪这匹野马套上缰绳，任由它带着我们时信时疑，我们终将会马失前蹄。

---

① 接下来的一个问题可能也值得一问："它们用的什么激将法？"

法则二
对标个人经验

> 鸟儿翱翔于天,像广角镜头一样将全景一览无余。
> 蠕虫匍匐在地,像变焦镜头一样将细节尽收眼底。
> ——穆罕默德·尤努斯[1]

当熟悉了《或多或少》那档节目后,我觉得那就是我梦想的舞台。揭穿新闻中的数字逻辑错误太有意思了,不仅如此,数据统计仿佛给了我一架望远镜,让我看到数据背后隐匿的新世界。然而,我还是有种怪怪的感觉,因为每次去BBC录制节目时,总觉得自己的个人经验似乎在告诉我那些看似可信的统计数据好像哪里不对。

事情是这样的,上班族都知道,早晨上班挤车苦不堪言。为了从东伦敦的哈克尼到达西伦敦的怀特城,我先要匆匆穿过一条车水马龙的大街,到马路对面去,在繁忙的公交车流中跳上一辆双层巴士,坐到很远的贝纳尔格林站,到那儿之后我还要再换乘地铁。如果公交车拥挤,地铁只会更拥挤。拥挤到什么程度?这么说吧,沙丁鱼罐头都比地铁松快。一般情况下,等我到地铁站时,地铁站台上已经站了一群望眼欲穿的乘客,祈祷着来的这一趟中心线地铁还有空间能让他们挤上去。但这要看你运气好不好,我常常要等两三趟地铁,才能在那些上车更早、已经被挤得不太高兴的乘客之间见缝插针地挤进去，找个位子坐下是想都不用想的事情。

正是这个挤车经历触动了我，让我萌生出用数字拼出世界本来面目的想法。因为当时我看到的伦敦公共交通的统计数据和我的亲身经历截然相反。那种挤的程度已经是在考验人的忍耐力了，尤其天热的时候，车厢里汗臭难闻，让人窒息。但官方统计数据显示，伦敦公交车的平均乘客约为12人，以我每天早上乘坐的双层巴士的62个座位为例，车上应该是很空的。[2]这完全不对呀，有些时候，车上人多得让我觉得自己身边就挤着不止12个人，更不用说整个公交车了。

地铁的乘客量就更离谱了。据伦敦交通局统计，伦敦地铁线路中最忙的一条线路的乘客运载峰值是1000多人。[3]但平均乘客量是多少？不到130人，开玩笑呢吧？[4]中心线路地铁上随便一个站台上就有130人挤不上车，或者随便一列地铁的一个车厢里就能挤下130人，这才是平均乘客量好吗？所以我怎么相信这些统计数据——一辆公交车上有12人，一趟地铁上有130人，这些数字反映了事实吗？当然不是，每次我去上班，不要说能不能挤上地铁，有时我连站台都挤不上去。也就是说，地铁实际乘客人数比统计数据要多得多。

在节目演播室里，我对数字性思维推崇备至，但上下班途中，每天这么两次狼狈不堪的经历让我意识到这些统计数据一定有问题。

个人所见和官方统计存在差异，这并非虚构。在上一章中，我们讨论了不要被情感左右是很重要的。由于我自称"数据侦探"，你可能想着我也会同样要求你们对自己的感受持否定态度。因为，有时你也会自我怀疑：官方统计出来的数据更权威吧？会不会是自己看走了眼？

是，也不是。我们的个人感受不能混同为个人情感，至少不能不假思索一概不予考虑。有时统计数据给我们提供了一个了解世界的更好方法，但有时也会误导我们。所以当统计数据与日常经验不符时，我们要足够清醒地判断应该相信哪个，是数据，还是自己的感受。

那么当统计数据和我们的感受不一致时，我们该怎么办？这就是本章要讨论的内容。

大家应该很好奇统计数据是怎么得来的吧？我们就从这个问题开始吧。就我上下班的城市公共交通而言，这些数字是由负责伦敦道路和公共交通的伦敦交通局公布的。那么交通局的人觉得他们统计出来的公交车或地铁上的人数准确吗？问得好，答案是：他们也不确定。他们就是做了一个差不多的估计。而且，这一估计也是好几年前通过纸样调查做的，就是调查员站在公交车站或地铁站，拿着夹纸板，数人头，记下来，或向乘客分发问卷再统计的结果。这个办法够笨的，但也不至于错到让我的感受和官方数据差得这么离谱的地步。

现在是非接触式支付时代了，统计乘客人数要容易得多。绝大多数人坐车只要刷公交卡或智能手机就可以了。交通局的数据专家可以在电脑上看到这些公交卡的使用情况，甚至可以根据数据猜出你可能住在哪个地区，这不算太难。比如，他们可能会看到你的卡始终会回到某个地区，或者依据你的乘车刷卡记录推断你的行动轨迹。以我为例，我是在贝纳尔格林刷卡上地铁的，而在此前一分钟我乘坐的公交刚到贝纳尔格林，交通局就可以很有把握地判断出我刚才是坐公交到的贝纳尔格林，然后在贝纳尔格林上了地铁。

在伦敦地铁上，人们从某个地方入地铁，再从另一个地方出地铁，伦敦交通局无从知道通勤者在整个地铁网里乘坐的是哪条线，或有没有换乘，因为去一个地点可以有不同的乘坐路线。因此，交通局仍然不知道某条线路的地铁有多忙。但是，根据数据，配合偶尔的数人头方法，交通局的统计数据应该是八九不离十的。

地铁数据统计会越来越准确。2019年7月8日，伦敦交通局启用了一个系统，使用Wi-Fi测量伦敦地铁不同区域的拥挤程度。只要有更多手机连接入网，就意味着有更多的人流涌入某个地铁站。这个系统能让交通局发现实时拥挤或其他问题（这个系统启动的第二天，我就与交通局的数据小组交流了一下，他们对这个系统的效果很满意）。[5]

这样看来，这些统计数据是可信的，不能简单地认为它们是错误的。

所以下一步就是找出我们的个人感受与官方数据天差地别的原因。在我的通勤中，有一个很好解释的原因：我的出行时间与交通高峰时段重叠，此外，我搭乘的也是地铁线路人流量最大的一条，所以我乘坐的地铁不挤才怪。

还有其他的解释或原因，比如这一种：大多数地铁并不拥挤，但有几条特别挤，因为大多数人搭乘的都是这几条。举个夸张的例子，假设一条地铁线上每天运行10趟列车。在高峰时段，一趟列车上可能挤了1000个乘客，而其他非高峰时段的9趟列车上根本没有乘客，那这些列车的平均客流量是多少呢？100人，这和伦敦地铁交通局报的数字差不多。但对于每个在高峰车厢里挤得动弹不得的乘客而言，他们的感受和100这个数字完全不是一回事。

当然，伦敦地铁的真实情况并没有那么夸张，没那么多全空的列车，但确实有时列车上乘客很少，特别在与通勤者上班方向相反的列车上。所以，无论怎样，总会有在那些空荡荡的列车上的乘客来证明地铁有很空的时候。因此，这些统计数据说的是事实，但不是全部事实。

所以，对于拥挤这个问题，可以有别的角度来切入。我们不一定以列车的平均人流量来看拥挤与否，我们可以从个人的角度衡量拥挤情况，比如，调查100位乘客，有多少位搭乘的是拥挤的线路。这就是以乘客体验为核心的调查方法。交通局现在正在重新收集数据和报告，这些数据和报告反映的将不再是列车的客流量，而是乘客的乘车情况。

然而，目前还没有某个客观指标可以用来衡量公交系统的繁忙程度。作为乘客的我，感觉自己所乘坐的所有公交车都是满负荷的，需要增加几趟。交通局的统计数据也显示，的确有很多公交车是在空跑。但是，公交车都是有固定线路的，不可能随意、临时改线路，奇迹般地出现在某个最繁忙的地区去支援拥挤的公交车。交通局对公交车很低的平均客流量也很头疼，因为买这些公交车要花钱，公交车会占用道路空间、会排放污染物，所以必须有合适的客流量才能体现出公共交通的经济效益和社会效益。

简而言之，我的眼睛让我看到伦敦交通体系中重要、真实的一面，但官方统计数据揭示了我无法知道的另一面，这一面也同样重要、真实。有时，针对一件事情，个人感受和统计数据完全不一样，但却是一体两面，都是对的。

但是，这也不一定。举个例子，我们在前文说过，大量吸烟会使患肺癌的风险增加16倍，但许多人却因为自己的某个经历对这一发现产生怀疑。譬如你会说你奶奶一辈子吸烟，都活到90岁了还身体倍儿棒，而你隔壁的叔叔，一辈子不抽烟，最后却是死于肺癌。

乍一看，这似乎与我上班通勤体验与官方数据相矛盾是一样的。但仔细想来，这种情况反而要求我们摒弃个人经验，而去相信统计结果。虽然肺癌发病率风险增加16倍不是个小数字，但肺癌病例本身很少，所以我们把自身经历的特殊性当成普遍性了。世界上很多真相类型不同，有些事例太微小或太罕见，以个人经验下结论都是管中窥豹，只有依靠统计数据，我们才能见微知著，而有些却是一目了然、无须数据就知道的事实。

生病看医生就是明显的例子。

当我们感觉身体不舒服时，不管是头痛还是抑郁，不管是膝盖酸痛还是脸上长疮，都会去看病。比如，我太太最近发现她每次举起手臂时，肩膀会痛得厉害，甚至痛得连穿衣和拿高处的东西都成问题。过了几天不见好，她忍不住去找了一位理疗师，理疗师给她看了一下，然后让她回家锻炼，坚持每天做一些很难做的动作。我太太每天完成得都很认真。过了几周，她跟我说："我觉得我的肩膀快好了。"

"哇，看来理疗很有用啊！"我说。

"也许吧。"我太太说。她一下子就听出来我准备用数据反驳她的怪腔调，所以她又说："保不准是肩膀自己好起来的。"

是呀，站在我太太的角度，无论哪个原因，只要肩膀好就行了，而她现在的确觉得肩膀轻松了，但是不是锻炼治好了肩膀，她也不清楚。但对以后的肩痛患者来说，他们会急切地想知道锻炼是否真的有效果，或者是否还有别的更好的治疗办法。

其他病的治疗也是如此，无论是关于饮食方面的疾病、心理治疗、锻炼，还是抗生素或止痛药。如果我们病好了，其他人就想知道这是因为我们的治疗方案奏效了，还是因为我们觉得医生也看了，钱也花了，药也吃了，罪也遭了，一系列流程走下来，病就该好了的心理作用。这就是为什么人们设计了双盲实验，实验将最好的治疗方法和一种叫作安慰剂的假治疗方法进行了对比，判断到底是药奏效还是心理作用起效。从这个例子中，我们得知这并不是说个人经历没用处，而是个人经历没有我们所需要的普遍意义。

当个人经历和统计数据不符时，还有一些例子可以说明，在一些场景下，个人经验不靠谱。有人说接种麻疹、腮腺炎和风疹（MMR）疫苗会增加儿童患自闭症的风险。其实没这回事，但还是有一半以上的人相信这个谣言。[6]

正是因为有数据的支持，我们可以十分肯定地说接种疫苗和儿童患自闭症没有任何关联。由于自闭症并不常见，我们需要比较数以万计的接种和未接种疫苗的儿童。丹麦的一项主要研究正是这样做的，它调查跟踪了65万名儿童，绝大多数儿童在15个月大时接种了MMR疫苗，但其中也有大约3万人没有接种。这项研究对这些儿童进行了为期4年的随访，结果是，无论是否接种疫苗，儿童都有大约1%的自闭症发病率。这说明未接种疫苗的儿童感染这些危险疾病的风险更高，因为他们的分母小。[7]

那么，为什么许多人仍然持怀疑态度？部分原因是过去有关疫苗和自闭症儿童悲剧事件有过大肆报道，让人们现在仍心有余悸。那次报道说有儿童在接种MMR疫苗后不久就被诊断出患有自闭症，他们的父母认为MMR疫苗是导致自闭症的罪魁祸首。假设一下，如果你带着孩子接种了疫苗，不久之后孩子就被诊断为自闭症。你能不把两者联系起来吗？你能不怀疑吗？

其实，这样的"巧合"不难解释。自闭症往往在两个年龄段容易确诊：在儿童大约 15 个月大时，儿科护士会注意到一些早期症状；等孩子到了上学年龄，症状越发明显。两次 MMR 疫苗注射时间也正好在这两个时段，这就引起了人们的误解。[8] 所以当一个理由能充分解释为什么我们的个人经历与统计观点不一致时，我们应该放下疑虑，相信数字。

再找一个没那么沉重的例子吧，比如我们与电视媒体的关系。电视上的很多人比你我都有钱，能上电视，当然也比你我有名，大概率他们比你我长得好看，至少比我好看。（我上广播节目而不是电视也是因为相貌拿不出手。）但每当说起普通人时，我们脑海里会不由自主地代入这些我们在电视上看到的人，但这些人基本都是相貌姣好且富有的人，怎么能代表普通百姓的相貌、收入和名气呢？但即使我们反应过来这些电视明星并不能代表你我他，也改不掉这种印象。

人们容易把从自己的视角看到的东西理解成事情的全貌，心理学家把这叫作"天真的现实主义"，即认为自己看到的是没有任何偏差的实情。[9] 这种一叶障目的天真的现实主义会严重误导我们。所以当选举结果出乎我们意料时，我们感到惊讶："我们身边认识的人不是都投他了吗？怎么他没胜出呢？"民意测验并不总是准确的，但我可以向你保证，机构预测的选举结果的准确率比你靠朋友圈感受的准确率要高。

天真的现实主义会让人对很多事物产生错误理解。比如莫里民意调查机构就一系列社会问题对 38 个国家的近 3 万人做了调查。结果发现这些人——可以代表我们中的大多数人——对事情的了解与可靠的统计数据严重不符，以下就是列子。[10]

1.我们对谋杀犯罪率的理解是错的。我们以为自 2000 年以来杀人案一直在上升,但在大多数接受调查的国家,这一比例一直在下降。

2.我们以为在过去 15 年里死于恐怖主义的人数比 15 年前的要高,其实人数下降了。

3.我们认为 28% 的囚犯是移民。莫里调查估算,所有受访国家的真实比例应为 15%。

4.我们以为每年会有 20% 的少女生育。这个数字其实从生物学的角度没有多少可信度。从具有生育能力的 12 岁开始算,一个 18 岁的女孩已有 6 次 20% 的生育概率,那么大多数 18 岁少女应该至少有一个孩子了。我们看看身边的情况,这是真的吗?莫里调查统计得出,正确的数字是每年只有 2% 的少女生育。①

5.我们以为 34% 的人患有糖尿病,而真正的数字是 8%。

6.我们以为 75% 的人用脸书。2017 年调查时,这个数字是 46%。

为什么我们以为的与真实情况相差这么大?原因有很多,但有一种说法是电视和新闻报纸影响了我们对世界的认识。这并不是说那些严肃的报纸或电视报道误导了我们(虽然有时也是),问题是新闻中那些中彩票的事,那些有情人终成眷属的故事,那些恐怖分子的暴行或陌生人无缘无故被袭事件,当然还有最新的流行趋势报

---

① 这提醒我们停下来思考多么重要。这里不需要高深的数学知识,20% 这个数字根本不符合我们日常看到的景象。在一些国家,甚至有些人认为每年有 50% 的少女会生孩子,这意味着年轻女性在 18 岁成年时都有三个孩子了。

法则二 对标个人经验

道，往往不具普遍意义，都不是生活常态。这些新闻之所以成为新闻，能在电视或报纸上看到，就是因为它们少见，是小概率事件，但我们对世界的理解却受它们的影响。

正如著名的心理学家丹尼尔·卡尼曼在《思考，快与慢》一书中说的那样，当面对一个复杂问题时，我们总是仓促下结论，而不想想是不是还有别的解释。譬如，对于上面第二个问题提到的过去几年恐怖主义造成的死亡人数，我们不是扪心自问："我被恐怖分子杀害的概率大吗？"而是在回想："咦，真巧，我最近不是就看到一篇关于恐怖主义的报道吗？"对于少女怀孕的话题，我们不是反思在自己认识的少女中有多少是母亲了，而是忙着认同"好像是哦，我最近就看到过一条少女怀孕的新闻"。

新闻报道的事件，在某种程度上也是数据，它们虽然不是代表性的数据，却实实在在地影响了我们对世界的看法。用卡尼曼的话说，它们就是"快数字"——让人一下子就能得出结论的数字。考虑周全、不带偏见收集来的"慢数字"不是这样的。大家都知道，所谓慢工出细活，更耐心地对数字进行分析能解读出更客观的真相。

至此，我们已经列举了不同类型的事例，有些事例告诉我们官方的严谨数据比直觉感受可信度更高，有些事例告诉我们自我感受和官方数据可以提供看世界的不同视角，那么现在就有了一个问题：有没有哪种情况是我们的个人感受比数据更可信的呢？

当然有。有些东西是我们无法从电子表格中学到的。

比如杰瑞·穆勒的《指标陷阱》。这本书重421克，有220页，平均每章10.18页、17.76个尾注。有四位名人为其背书。这些数字有没有我们想知道的内容呢？我是说书的内容。难道对书的这些描绘就足以让我们无条件地相信书里说的一切吗？要了解这本书，你需要自己读一读，或者听听读过的人的评论。

杰瑞·穆勒的书抨击的就是这种细致的量化管理，量化管理本是管理和绩效评估的有效手段，但现在常常为专业知识储备不全或不了解基层情况的企业管理者或政治家所用。例如，一群医生经常会拿着临床得出的数据结果，花时间钻研，力求攻克疑难杂症。但是如果医院院长决定把奖金或评职称与医院考核数据好看挂钩，结果可想而知。例如，现在已经有证据表明心脏外科医生不愿意给危重病人做手术，因为这有可能降低他们的手术成功率。[11]

在我的《混乱》一书中，专门有一个章节讨论这样的例子。曾经有一段时间，英国政府统计了人们看病挂号排队的天数，发现时间有点长。出于好意，政府给医生设定了一个天数，希望减少人们等待的时间。但是，医生的对策是干脆不再接受提前挂号了，这样就没有所谓的排队病人了。最后病人只好每天早上打电话，看当天自己的运气够不够好、能不能挂上号，因为政府的规定是病人排队等待的时间不能超过一天。

《美国新闻与世界报道》杂志对美国大学进行排名，结果还是名校雄霸排行榜，然后呢？本来已经挤破头的名校更是虹吸效应般地吸引着更多的学生报考，最后录取率就越发低了。

还有一个可悲的"数尸体"的例子。这是越战期间时任美国国防部长罗伯特·麦克纳马拉发明的一个变态的激励机制。麦克纳马拉认为，你多杀敌一个，就多向胜利迈了一步。这个想法本来就不靠谱，但尸体数量很快成了私下都在用的升官晋级标准，甚至被用过了头。由于数尸体比杀敌要容易得多，所以数尸体反而成了一个军事目标。数尸体有风险，也毫无用处，但它是对麦克纳马拉设定的机制的回应。

这个事情说明有些数字没有收集的必要,但你也要理解为什么麦克纳马拉想要这些数字,他没有在一线作战的经验,但想了解和掌控远方战况,这是憋出来的招数。几年前,我采访了一位反思越战的专家,他告诉我,军队过去甚至认为"战况可以通过电脑显示出来"。

你以为电脑是神吗?有些东西你必须在一线才能掌握,尤其是瞬息万变、云诡波谲的战场局势。诺贝尔经济学奖获得者弗里德里希·哈耶克对这样难以用数字表达的感觉说了一个词:审时度势。

不同领域的科学家也诟病指标量化。社会学家早就明白,当统计成为指标时,它们不是用来解读世界,而是用来控制世界的,这时统计就成了危害极大的数字。经济学家也经常引用同行查尔斯·古德哈特在1975年的一篇文章中写的一段话:"一旦为了达到某个目的而形成压力,就会牺牲掉一贯遵循的统计原则。"[12](或者,简单来说就是:"当指标成为目标时,它就不再是一个好的衡量指标了。")同一时期,以唐纳德·坎贝尔为代表的心理学家也反对目标量化:"社会决策中量化指标越多,就越容易滋生腐败,使本要监管的东西走样。"[13]

古德哈特和坎贝尔都说到了问题的本质:对于真正重要的事情,统计可以是一个相当不错的指征反映,但它仅仅是个指征,不是真实的情况。一旦你开始将这个指征作为一个需要改进的目标,或者一个要远程控制他人的指标,它就会被扭曲、伪造或玩儿坏。这样统计就失去了意义。

2018年,我和家人访问了中国。这次旅行告诉我,对于快数字和慢数字，我们不必厚此薄彼，将它们融合在一起才能对事物有最深刻的理解。

慢数字讲述了一个我们熟悉的故事，至少是像我这样的数字爬虫所熟悉的故事。自1990年以来，中国人均实际收入增长了10倍。自20世纪80年代初以来，极端贫困人口数量已经减少7.5亿多，远远超过中国总人口的一半。中国在近三年的水泥用量比美国整个20世纪的水泥用量还要多。从理论上讲，这是人类历史上经济活动的一场大爆发。

但是，我亲眼所见的还是震撼了我。我去中国南方省份广东旅行了一次，那种直观的感受是数字没法给的。广东一直是中国经济增长走在最前沿的地区之一。我们从高楼林立的香港出发，很快到达其紧邻的内陆城市深圳。高耸入云的平安大厦让帝国大厦相形见绌，我们在它附近登上了一列省内动车。

伦敦的摩天大楼通常是一座或两三座一组的，而深圳是十几幢差不多的高楼云集成一个中心区，大厦鳞次栉比，旁边挤着住宅楼。不远处拔地而起又是这样一簇摩天大楼，就是外形稍有不同。然后一簇接一簇，连绵不绝地延展到雾蒙蒙的远方。无论哪里，都是曼哈顿风格的摩天大楼。在我45分钟的动车旅途中，高楼似乎也在不停前进，一路铺到广州，一路都是望不到头的摩天大楼天际线。

那一天，我们在风景如画的阳朔结束了行程。尽管周围是田园美景，我却失眠了。我脑海中反复出现那绵延无尽的楼群画面，不禁开始焦虑，胡思乱想：这么多人，这么多楼，我6岁的儿子会不会在广东走丢？在这个陌生的世界，我怎样保护我的家人？这样的高速发展，地球还能撑多久？那一晚上，我辗转反侧。

当然，我在中国的所见所闻与报道的经济数据是一致的，是看中国经济增长的两种互补角度，但它们给人的感受很不一样。慢数字会让我推敲和思忖，努力解读这些数字与现代中国发展背后的逻辑。火车旅行提供的是快数字。它是那种生动的、扑面而来的，让人自动形成直观印象的数字。我不停地将广州与我所知的英国国内城市进行对比，思考高速发展会将世界带往何方。①

快数字和慢数字这两种理解世界的方式都各自有优缺点。经济学家、小额信贷先驱、诺贝尔和平奖获得者穆罕默德·尤努斯将个人经历用"蠕虫视角"与统计数据提供的"鸟瞰视角"进行了对比。蠕虫和鸟类对世界的看法截然不同，但尤努斯教授强调近距离观察世界的好处，他的话没错。

当然，鸟瞰也能看到很多东西。尤努斯教授的关注对象是他身边的孟加拉国贫困妇女。他通过给贫困妇女提供低息贷款，让很多妇女成为小本经营者，从而给她们提供了一个改善生活的机会。但是，这种直观的成功个案需要用统计学上严谨的交叉检验来验证这个方法的有效性，所以尤努斯大力推广的小额信贷计划接受了较为全面的评估。评估采用了随机测试，一组人同时申请小额贷款，有人被批准，有人被拒绝。（这就像一个临床试验，其中一些病人服用新药，而另一些病人服用安慰剂。）这些试验发现，小额贷款的益处有限，且不能持久。其他方法也接受了同样严格的评估，例如，给微型企业家小额现金的同时提供专家指导，你会发现现金配给和专家指导相结合比只提供贷款能更好地增加这些小微企业的收入，即授人以鱼不如授人以渔。[14]

鸟瞰的数据难免枯燥乏味，它不像我们的个人经历更能触动我

---

① 喜欢丹尼尔·卡尼曼《思考，快与慢》一书的读者可能在这里会意识到他书中所说的"系统1"和"系统2"的含义。

拼凑真相　　042

们。然而我们的个人经历是有限的，必定挂一漏万，例如，我的中国之行还包括旅游景点、机场和高速铁路，所以如果你认为我没有遗珠，看到了所有重要的东西，那你就错了。

鸟瞰视角提供的数字枯燥严谨，但全面深刻，蠕虫视角看到的数据鲜活，但较为片面，要平衡两个视角不是容易的事。我们要经常提醒自己，在了解这些东西的同时也可能忽视了另一些东西。统计学和其他学科一样，严谨的逻辑和个人经历要相辅相成，相互纠偏，只有将两者有机地结合起来才是最理想的方法。

一个由安娜·罗斯林·朗兰德领导的名为"差距"的瑞典基金会在做这方面的努力。该基金会的宗旨是消除人们对全球化发展的误解。她通过一个构思精巧的网站"美元街"将数据直观化，也就是弥合了蠕虫视角和鸟瞰视角之间的差距。

在"美元街"，你可以比较来自布隆迪马坎巴的布托伊一家和来自中国云南的老毕一家的生活。伊梅尔达·布托伊是个农民，她和她的四个孩子每月只有 27 美元的生活费。来自中国的毕华和岳恒都是企业家，他们家每月有 1 万美元的收入。月薪 27 美元的生活与月薪 1 万美元的生活当然天差地别。但是，仅仅数字上的差异让我们难以想象贫富差距能大到什么程度，或者与我们自己的生活差距又是怎样的。

"美元街"试图通过电脑这一可视化媒介解决这个问题，它用短片和数千张照片尽可能翔实地展现不同收入家庭的生活起居——炉子、照明、玩具、放盐的地方、电话、床。它给每个家庭拍了大约 150 张照片，这些家庭有什么拍什么，方方面面都拍，原封不动地拍，原汁原味地拍。这些影像让贫富差距直观起来。

伊梅尔达·布托伊家里的那些照片还原了她每月27美元的生活。家是泥墙，草泥屋顶，干泥地面，没有灯，在房子里点一个火堆照明，外面地上挖个洞，上面盖个板子就是厕所。孩子们哪有什么玩具，只有几本小人书而已。

相比之下，中国的老毕家就阔绰得多。房子有淋浴、抽水马桶、高档音响和平板电视，门前还停着私家车。老毕家的一切都暴露在镜头前，包括狭窄的厨房、有两个灶头的电磁炉。

朗兰德说："我们可以把照片当成数据。"[15] 这些不是一时兴起所拍或有误导之嫌的照片，而是可以当成有用的数据，因为它们是可排序的、可比较的，并且与数字相关。这个网站允许你筛选，这样你就可以只看低收入、中等收入或高收入家庭的照片，或者只是某个国家的照片，或者仅仅是某个特定物品的照片，比如牙膏或者玩具等。

例如，我们可以看到所有赤贫家庭做饭时的照片，发现世界上穷人做饭都差不多，一个简陋铁锅架在火堆上就行。富裕人家做饭基本上都是用煤气灶或电磁炉。不管你是哪个国家的人，你如果穷，就只能和家人一起睡在地上；你如果很有钱，就会有自己的卧室和舒服的床。很多我们以为的文化差异其实都是收入差异的表现。

尽管汉斯·罗斯林是世界上最著名的统计大师之一，但他仍写道："数字永远无法将地球上的生活百态全部展现出来。"（安娜·罗斯林·朗兰德嫁给了汉斯的儿子。）汉斯说得没错，数字永远无法展现全部。这就是作为一名医生和学者，他游历如此广泛的原因，也是他能娴熟地将故事穿插在统计证据中的原因。这些故事和数字确实阐明了问题。

我喜欢"美元街"的原因在于它成功地将各类统计数据结合了

起来——快数据和慢数据、蠕虫视角和鸟瞰视角。图片直击人心，图片让我们与全世界的人共情。图片成为数据的解说词：每月27美元，或每月500美元，或每月1万美元的生活水平是什么样子的，每种生活水平对应多少人。这让数字不再冰冷。

如果我们不知道统计数据，我们对世界现状的认知很可能大错特错。人们很容易被自己的双眼蒙蔽，以为看到的都是真相，事实并非如此。有些现象，即使得到了真实数据，我们也搞不懂其原因，但如果没有真实数据，恐怕连知道真相的机会都没有。

然而，如果只看数据，我们就只能看到世界的一角。所以在看完数据表格之余，我们也可以抬起头来，带着好奇心去看、去听、去摸，去感受真实的世界。

那么，我的第二条建议是，试着从两个角度看问题：蠕虫视角和鸟瞰视角。两个视角会给你展示一些不同的东西，这可能也成为你的难题：这两种景象孰真孰假？这样的疑问会让你踏上探究之旅。我们在后面会发现有时统计数据会误导我们。有时，我们自己的眼睛欺骗了我们；有时，一旦我们明白了事情的缘由，数字和眼睛所见的不符也就可以理解了。要做到这一点，通常需要我们问一些聪明的问题，这就是我在下一章中要讲的内容。

法则三
看清楚统计的数据是如何定义的

你一旦知道了问题的实质是什么,
就知道答案的含义是什么了。

——深思(道格拉斯·亚当斯的《银河系漫游指南》中的一台超级计算机)

这是一个事关人命的例子。在英国,不知为何,不同区域的新生儿死亡率差异很大。政府怀疑是医护人员救治婴儿的方法不同造成的。临床医生被派往婴儿存活率较高的医院观摩,看能吸取什么经验,以重新构建妇产科医护流程。

莱斯特大学的露西·史密斯医生对此也很困惑。[1] 为此,她详细地研究了两个医院的数据,一个是英国中部的医院,一个是伦敦的医院。这两个医院服务的周边社区相似,但伦敦的医院的新生儿死亡率明显较低。难道伦敦的医院在诊所、产房或新生儿监护室真的做了什么不同的事情吗?

史密斯医生在这些方面没有找到什么差异,却意外地在别的方面找到了原因。

当妊娠在 12 或 13 周终止时,我们称为胎儿流产。如果胎儿在 24 周或再晚一点的时候早产,英国法律规定仍视其为出生婴儿。但是,如果妊娠是接近这个临界点终止的,比如,在 22 周或 23 周,这时对胎儿的定义就模棱两可了。在这个阶段出生的胎儿很小,只有成年人的手掌那么大。即使这个小小的胎儿有过短暂的心跳或呼吸，也基本活不下来，所以许多医生把这种令人心碎的情况称为"晚期流产"，或者"晚期胎儿夭折"。史密斯告诉我，这种胎儿夭折的父母往往情绪激动，不能接受"流产"这个词，因为这个词暗示这个胎儿好像从来没有来过这个世界一样。也许是为了减轻这些父母的伤痛，中部医院的妇产科医生形成了一种习惯，将这一令人心痛的状况描绘为"婴儿出生时活着，但后来夭折了"。

　　幸运的是，22或23周妊娠终止的胎儿很少。但简单一算，露西·史密斯意识到，就是对这些出生胎儿生死的统计方式不同导致两家医院所谓新生儿死亡率的差距。伦敦出生的婴儿死亡率更低，不是因为什么更好的医护水平或医疗条件，而是对胎儿生死的统计方式不同而已。

　　同样的现象还发生在不同国家之间新生儿死亡率的统计数据上。对于像美国这么一个富裕国家来说，它的新生儿死亡率过高：2010年，每1000名活产婴儿中就有6.1人死亡。相比之下，芬兰仅为2.3‰。事实证明，美国的医生，像英国中部地区的医生一样，更倾向于将22周后结束的妊娠记录为活产但随后早夭，而不是晚期流产。这或许是文化原因，或许反映了不同的法律或财政考量，无论什么原因，美国新生儿死亡率高的部分原因——并非全部原因——似乎是在24周前出生的胎儿被记录为活产，而在其他国家则被记录为流产。仅从24周后出生的婴儿来看，美国新生儿死亡率从每千例6.1人降至4.2人。芬兰的几乎没有变化，由2.3人变为2.1人。[2]

　　即便是同一个国家，不同时期的趋势增长也会出现同样的情况。英格兰和威尔士的新生儿死亡率有史以来一直在稳步下降，所以当2015—2016年这一数字上升时，媒体马上拉响了警报。《卫报》评论:"健康专家说,肥胖、贫困、吸烟和助产士短缺都可能是导致这一现象的原因。"[3]

上述原因可能存在。但是,一群医生在给《英国医学杂志》的信中指出,官方统计数据也显示,怀孕22周甚至更早的活产婴儿数量也急剧上升了。[4]这就意味着似乎越来越多的医生正采用中部医院的做法,改变他们以往晚期流产的记录,而是将胎儿记录成活产却早夭。这就是新生儿死亡率上升的原因。

这里问题是解释清楚了,但还要学到其中的经验教训。通常,要求解释就意味着有人要担责了。婴儿死亡率正在上升,是政府没有为医疗服务提供足够的资金,还是母亲吸烟或发胖导致了这个问题?伦敦的新生儿死亡率比中部地区低,是中部医院有什么失误吗?事实上,也许根本不怪任何人。

当我们要理解任何统计结果的时候,我们先要想一想,这个结果实际上的含义是什么。

乍一看,统计新生儿死亡率是一件让人难过而简单的事,不就是统计死亡的婴儿吗?但仔细想想,你会发现婴儿和胎儿之间的区别一点也不简单。这是一个深刻的道德问题,是美国政治分歧中最尖锐的议题之一,所以统计学家必须有个界限。如果我们要了解美国为什么如此割裂,也许我们要先了解统计学家是怎么界定生和死的。

新冠肺炎暴发引发了类似的问题。在我写下这些话的时候,即2020年4月9日,媒体报道说在过去的24小时里,英国本土有887人死于新冠,但我碰巧知道这个数字是错误的。苏格兰统计学家希拉·伯德做了周密调查,他告诉我,真实数字很可能到了1500

人左右。[5]为什么数字差异如此大？部分原因是一些人死在家里，而官方只统计了那些死在医院里的人，但主要是因为那些因新冠扩容的医院来不及更新死亡人数报告，往往会滞后几天。今天，星期四，宣布的死亡数据可能是星期天或星期一的死亡人数。由于这几天死亡人数激增，告诉我们三天前的数据容易让人低估目前情况的严峻性。[①]

统计学就是关于怎么数数的问题。《或多或少》的联合制作人迈克尔·布拉斯特兰就出过这样一个题：田野里有两只羊。如果问起羊的数量是多少，答案当然是两只。只不过其中一只是小羊羔，而另一只母羊快要生小羊了，事实上，它正在分娩，随时都可能生出一只小羊，那又算几只羊呢？一只？两只？两只半？算三只有点勉强。所以无论我们谈论的是一家医院雇用的护士人数（两个兼职护士算两个护士，还是一个护士？），还是超级富豪的财富（是他们向税务人员申报的财富，还是要算上他们的隐匿资产？），重要的是我们要理解计数的对象是什么，以及该怎么计数。

令人惊讶的是，我们很少做到这点。多年以来，我发现自己周而复始地试图带领人们走出统计迷宫，但我慢慢意识到，许多问题都是因为人们在一开始就走错了方向。他们执迷于统计上的技术问题，比如询问抽样误差和误差幅度，辩论数字算上升还是下降，相信、怀疑、分析、剖析各种数字，就是没花时间去理解那个首要的，也是最该问的问题：统计对象是什么？用的什么标准？

这种陷阱很普遍，但还没有人给它起过名字，我就姑且称其为

[①] 还有一个关于新冠死亡人数的问题：有些人确实死于新冠肺炎，而有的已患别的病的病人是因新冠雪上加霜而死的。考虑到这一点，也许1500人的新冠肺炎死亡数字有些夸大。

"过早计算"。

这也经常是我和我太太对话的场景。我家的收音机放在冰箱顶部，这样我们边吃早饭，边听新闻，难免就会听到一些新闻里的数据，有时是政客的采访录音，有时是一些研究的惊人发现。例如，一项新的研究表明，玩暴力电子游戏的孩子在现实中更具有暴力倾向。20 年来，尽管我太太知道我的知识有限，但她还是习惯性地想象我脑子里会有一个填满各种数字的巨大电子表格，常常问我："这说的可是真的？"偶尔她问的那个问题正好是我最近研究的，我就能回答，但更多时候我只能老老实实地说："这要看那些数字是指什么。"

我这样说不是想模仿那些激进的怀疑一切论者，也不是想惹我太太生气。我就是纯粹想表达我不是很懂这些数字是指什么，所以我无法以此判断它的真伪。例如，"暴力电子游戏"是什么概念？《吃豆人》游戏算吗？"吃豆人"活吞生物，这行为够恶劣吗？《太空入侵者》游戏算吗？那个游戏除了"砰砰砰"不停地射击或躲避被射击，就没别的内容了。可能研究人员不是指这些，但我现在还没明白他们的意思，所以我只能说我不清楚。

还有所谓"玩"是指什么呢？是不是指孩子们[1]填写关于平均一周玩几个小时暴力游戏的调查问卷，数字大的孩子就是玩了；或者找来一些孩子，让他们在实验室里玩 20 分钟的游戏，然后做一些测试，看看他们是否"在现实中"变得更加"暴力"。所以，这些都是怎么定义的？这个问题要问清楚。

数学家、统计人才储备项目 STATS 的负责人丽贝卡·戈尔丁说，

---

[1] "孩子"是指 5 岁的孩子吗？还是 10 岁或 16 岁的孩子？

许多研究衡量的不是暴力行为,"他们衡量的是别的行为,比如攻击性行为"。[6]问题是攻击性行为不容易衡量,因为它不容易界定。有一个很出名的游戏视频研究,这可不是我编出来的,就是以人们敢不敢在别人喝的饮料中加辣酱来判断他是不是有攻击性行为。这种"辣酱范式"被描述为可"简单明了"地评估攻击性行为。[7]我不是一个社会心理学家,无法判断这种评估方法合理不合理。但显然,像"胎儿"、"羊"或"护士"那些例子一样,"暴力"和"玩"这样的常识性词语藏着太多可以操作的空间。

所以我们对政治口号应该和对统计数据一样,也要清醒地认识。我们都知道政客们喜欢在施政纲领上用"高大上"的名词。他们经常鼓吹要争取"公平"、"进步"或"机遇",尤其让人愤慨的是他们经常借我们之口——"我们以人民的名义,提出这项政策"。但如果我们不能理解他们那套说辞背后的真正含义,即使是听起来很具体的政策,最终也可能没有什么实际意义。你要增加学校的经费?同意!可是在剔除通货膨胀因素之后,平摊到每个学生头上,经费还剩多少?可能连毛毛雨都没有。

再举个例子,英国脱欧游说团体"走就走"于2017年在英国发表了一份政策提议,呼吁"对非技术移民实行五年冻结政策"。[8]这个主意听起来怎么样?很难说,除非我们知道它对每个词是怎么定义的。现在,我们已经学会问这样的问题——"你说的'非技术'具体指什么人?"结果是,仔细看好了,你如果没有一份年薪至少3.5万英镑的工作,那就是非技术人员。这一收入水平将大多数护士、小学教师、技师、律师助理和药剂师排除了。且不说这个政策是好是坏,大多数人在听说冻结"非技术移民"政策会把做教师和护士的人挡在门外后都很震惊。[9]更重要的是,这也不仅仅是一份

法则三　看清楚统计的数据是如何定义的

政策提议：2020年2月，英国政府宣布了新的移民禁令，关于"技术"和"非技术"的解释和提议的措辞差不多，只不过用了一个较低的标准（年薪25600英镑）。[10]

无论是谁都容易犯过早计算的错。不要以为只有数学学得差的人在数据方面容易出错，那些精于计算的人也会犯方向性错误。如果你数学学得好，一见数字你会忙不迭地开始对它们进行交叉分析、相关和回归、标准化和重定基准，游刃有余地倒腾起电子表格或数据包中的数字，因为你擅长，但你从未意识到你并不是完全理解这些抽象量化的东西指的是什么。可以说，这种只见表象、不见实质的数字游戏是上一次金融危机的根源所在：复杂的数学风险模型掩盖了一个问题，即风险究竟是如何评估的，以及这些评估标准是否可以让全球银行体系押注。

我在主持《或多或少》这个节目的时候，发现这个问题太普遍了。专家们研究多年，他们很清楚某个名词的具体指代是什么，但他们容易忘记，普通百姓听到某个名词时的理解可能与他们的完全不一样。心理学家史蒂芬·平克说人们交流的一大障碍就是所谓的"知识的魔咒"，即一旦你对某个话题相当了解，你就很难再将自己置于话题白丁的角度去思考问题了。我和我的同事就是这样。当开始钻研某个数据谜团时，我们习惯性地从明确其定义开始；当把它搞明白，并觉得这是个很简单且人人都该知道的事情时，我们时刻提醒自己，我们的听众并不知道我们知道的事。

达莱尔·哈夫很敏锐，他指出"统计谎言"的一个简单伎俩就是误导性的定义，但我们常常自己误导自己。

以39773这个数字为例。这是2017年美国枪击死亡人数（这一数字源于美国国家安全委员会,也是该来源提供的最新数据)。这一数字,或者类似的数字,在每次大规模枪击案成为头条新闻时都会反复被提起,尽管绝大多数枪击死亡不是这样惨不忍睹的场面。①(当然,并不是所有的枪击案都能成为头条新闻。按照一次事件中平均4人伤亡的定义,美国几乎每天都有大规模枪击事件发生,这种事件在新闻编辑那里已经没有优先性了。)

"枪击死亡"听起来并不是一个复杂的概念:枪就是枪,死就是死。就像前文举例中的"羊"这个概念并不复杂,但一样有歧义。所以我们应该停顿一下,让直觉反应缓冲一下。即使刚刚提到的枪击死亡的年份——2017年,也不像你想象的那么简单。例如,2016年,英国的凶杀率急剧上升。这是因为一次官方调查最终裁定,在1989年希尔斯堡足球场的一次踩踏事件中死亡的96人是非法致死的。这些人的死亡最初被视为意外,但在2016年被正式宣布为蓄意杀人。这是一个极端的例子,但从某人死亡到正式登记死亡原因之间往往存在延误。

这里最大的问题是"死亡"的含义。没错,这不是一个可以模棱两可的概念。但是,当我们看着电视画面中血腥的杀人现场,救护车和警车闪着灯光排成排,然后听到"39773"这个数字时,我们自然而然地会把它和杀人案等同起来,甚至将其与恶性杀人案等同起来。事实上,在美国,大约60%的持枪死亡是自杀或罕见事

---

① 就连"大规模枪击案"的定义也很模糊。联邦调查局记录的大规模枪击案仅包括在公共场所的枪击事件,这就把许多禁毒过程中发生火拼的案件,以及家中发生的枪击案排除在外了。而《枪支暴力报告》统计的案件则把刚才阐述的例子都包括了,这使枪击案件总数大大提高。但无论哪种情况,大规模枪击案中的死亡人数只占与枪支有关的总死亡人数很小的一个比例。

故，而不是被杀。没人刻意误导我们把实际枪击案放大 2.5 倍。这是看到那些画面，此情此景，我们不由得那样认为的。

既然知错了，那如何改错呢？这个问题我们暂且放一放。人们知道这个错误后，反而可能利用它去做各种政治解读。拥枪派声称，既然非正常死亡人数大多数并非杀人案造成的，这正好说明人们对大规模枪击事件担心过头了。控枪派反对私人拥有枪支，居然用的也是这个误解理由。他们说这正好反驳了拥枪派的论点，因为既然 60% 的致死事件是自杀，就说明人们更多时候是把枪对准自己，而不是保护自己，有枪就弊大于利了。

作为有思想的数据解读者，我们不用急于对双方的观点做出评判。我们首先应该搞清楚一些事实，只要了解了事实，自然就知道孰是孰非。

我们应该记住，这 39773 起枪杀事件，每一起背后都是一个个体悲剧。现在无从考证斯大林是否说过"一个人的死亡是一场悲剧，数百万人的死亡就只是一个统计数据了"，但这句格言回荡了多年，部分原因是它说明了我们对数字代表的人的故事缺乏好奇心。过早计算不是脑力不够，不去探究每一个统计数据到底意味着什么，只能说明人类缺乏共情能力。

还是自杀这一严肃的话题，不过这一次是英国的状况。英国的《卫报》刊登过这样一条让人震惊的头条新闻："1/5 的 17~19 岁女孩有自残或有自杀倾向。"文章接着推测，这可能有各种起因，譬如社交媒体的影响、长相问题、性暴力、考试压力、找工作困难、搬到新环境难适应、政府某项服务的经费削减，甚至有可能和平板电脑有关。[11] 然而，虽然这篇文章罗列了很多起因，但几乎没提什么行为才算自残。

因此，让我们直接看看这项由英国政府拨款、委托一些知名研究机构进行的研究。[12] 我们下面阐述的会让人们很快就意识到，这个新闻标题本身就有谬误，这是"标题党"的普遍问题。标题说有 1/5 的 17~19 岁的女孩自残过或企图自杀，这不是事实。事实是，1/5 的人说她们在某个年龄阶段做过那样的事，但不一定是最近。但是"做过那样的事"又是指做了什么事呢？这项研究和《卫报》的报道一样没说清楚。

英国国家卫生局网站列出了各种自残行为，包括割伤或灼伤皮肤、打自己或扇自己耳光、吸毒、酗酒、厌食症和贪食症等饮食失调症、拔头发，甚至是过度运动。[13] 所以当这些女孩回答她们有自残行为时，她们知道自残行为指的是上面那些内容吗？她们是否知晓我们无从得知。我问调查人员他们所说的自残是怎么定义的，他们告诉我，他们不想局限于某种定义，而是要"涵盖所有可能的自残方式"，因此自残就是被采访者认为是什么就是什么。[14]

好吧。涵盖所有可能的自残方式听起来无懈可击，毕竟人们多多了解 1/5 的 17~19 岁的女孩自认为曾经有自残行为不是坏事。但我们这些解读数据的人心里要有数，这些数据的可信度到底有多高。自残让人担心，自残也可大可小，你可能会发现一些自残就是矫情，而一些真的吓人。酗酒和厌食症的严重性能一样吗？

明白了这一点后，再看新闻标题，就会觉得把自残和自杀放在一起是不够严谨的。自残和自杀根本就不能比。这项调查表明，令人担忧的是自残在年轻女性中十分普遍，但令人欣慰的是自杀却相当罕见。在英国，每 10 万名年龄在 15~19 岁的女孩中，每年仅有 3.5 人自杀。也就是说，整个英国境内这个年龄段的少女自杀人数每年在70人左右。[15]

（此刻，我希望你已培养了习惯，能追问有关当局对"自杀"是怎么定义的。因为有时候，有人的确是求死，但有时候，有人只打算自虐却出现了意外，所以怎么才算自杀呢？英国国家统计局给出了明确的界定：如果孩子年龄大于等于15岁，这类死亡被裁定为自我行为；15岁以下，则被认为是非自愿行为。显然，这样的界定也未免机械，不足以反映全部事实，但世事难料，我们也无法知道所有真相。）

此外，这个标题把自残、自杀行为特别和女孩挂钩后就更是错上加错。其实，这项研究发现，17~19岁这个年龄段，男孩子虽然没有女孩子自残的那么多，但他们来狠的，自杀风险更高，是女孩的两倍。

这些数字都代表着让人心痛的悲剧。我们如果想切实掌握情况，或要出手拉这些孩子一把，那么明确定义至关重要。不管怎么说，我们收集数据的目的就是服务民众。

我接下来在本章里准备更详细地剖析一个例子，来示范我们应该如何思考一个复杂的问题。我们首先要弄清楚数据的统计对象是什么，其次才是数学计算。我要举的这个例子是贫富不均现象。人们对这个话题深有感触，义愤填膺，但如何解决却不得要领。让我们用一段轰动一时的引述开始这个话题。

"乐施会：世界上最富有的85个人的财富总和等于世界上最贫穷人口的财富总和的一半。"这是《卫报》2014年1月的头条新闻。[16]《独立报》报道了慈善发展机构乐施会发表的同类研究，其他许多媒体纷纷跟风，相继报道。这个调查结果让公众哗然，但它想跟我们说些什么呢？

其实，乐施会的目的就是吸引大众的眼球。他们就是要上热搜，赚流量。至于事实真相，那是次要的问题。不是我一个人这样想的，该报告的主要作者里卡多·富恩特斯在为乐施会官方微博接受采访时说了差不多意思的话，而乐施会官方微博就这个采访发表了一篇题为《剖析一个致命事实》的博客，但这篇博客除了大谈特谈"乐施会网站有史以来访问量最大的一天"，没有别的内容。[17]那么这个所谓"致命事实"是颠覆性的事实吗？富恩特斯后来告诉BBC，他的研究"有缺陷，但这是他力所能及的调查结果"。

我不清楚他说的缺陷是指什么。但三年后，乐施会对那份调查报告进行了重大的修改，标题从"85位亿万富翁"变成"8位亿万富翁"。难道贫富不均真的又严重了10倍？是亿万富翁的财富又增长了10倍，还是穷人的财富又无故缩水了90%？这不对呀，这几年没有重大的经济危机啊。乐施会这样的宣传让贫富不均现象一下子激起了民众的愤慨，使民众再也无法冷静地辨别与反思数据的真伪。

乐施会的调查数据都能改动得如此之大，你会觉得用这份报告研究贫富不均算有据可依吗？媒体争相报道，也是数据不一，让人糊涂。《卫报》准确地重复了乐施会官微的标题——世界上最富有的85个人的财富总和等于世界上最贫穷人口的财富总和的一半，但《独立报》用的是一份信息图表，称世界上最富有的85个人的财富与世界其余人口财富的总和一样。BBC制作的一部关于超级富豪的纪录片的预告片也是用的这个错误说法。这两种提法的含义相差甚远，怎么会这样？

如果你想不明白，我来告诉你事实吧。世界财富不是贫困人口占了一半，穷人哪里还有什么财富可计。但也不是85个（或8

个？）富可敌国的亿万富翁攫取了世界上大部分财富。财富的大头是由几亿中等收入群体占有，如你如我。《独立报》和BBC把"贫困人口财富的一半"和"非亿万富翁的财富"混为一谈。虽然这只是概念界定不甚清晰的问题，但体现在数字上却是失之毫厘，谬以千里，是不到2万亿美元和200多万亿美元的差别。没有反复核实的结论就会造成这样数字相差百倍的严重谬误。

《独立报》在数字上的草率还有一个令人大跌眼镜的例子。它比喻说这85位最富有的人的财富占比相当于世界上1%的富人的财富是其余99%的人口财富的总和。什么？这样就意味着全世界人口只有8500人吗？如果说之前的说法是百倍误差，这一次就是近百万级别的误差了。

我们应该借《独立报》这个荒谬的错误反思一下。它提醒我们，人们很容易被激将起来。是的，这世界就是这么不公平，有朱门酒肉臭，也有冻死骨。当我们盯着这些不公平现象时，就意味着我们开始感情用事了。《独立报》能把80亿人和8500人搞混，能把世界上最贫穷人口财富的一半与中间阶层的财富搞混，民众就这样被蒙蔽了。这种错误都已经很荒唐了，和亚伯拉罕·布雷迪乌斯一样，我们一旦对某事昏了头而不是用了心，就等着出错吧。

这里也给大家提个醒，只要有脑子的人，用脚指头都可以算出来，不管世界人口的"1%"是谁，肯定不止85人。可为什么没有人指出这个荒唐的错误呢？世人都没脑子吗？

我不能太苛责乐施会，它的目的是号召大家乐善好施，为此要想尽办法吸引大家的注意力。它的调查结果引发媒体后继的混乱也不能算到它的头上。

但是，越是这样的糊涂信息，越要我们这些人把事情搞清楚。

让我们回到黑板前面，从首要问题开始，先搞清楚统计主体是什么，以及采用了什么统计方案。

财富统计的主体是净资产，也就是房屋、股票和银行现金等资产减去债务后的剩余。如果你有一套价值25万美元的房产，但有10万美元的抵押贷款，那净资产就是15万美元。

乐施会的统计报告是这么来的。由瑞士信贷聘请研究人员将世界贫困人口的财富进行累加[18]，然后根据报纸上的财富排行榜，将顶级亿万富翁的财富也进行累加。他们发现富豪们的钱加到第85位时就超过世界贫困人口，也就是约24亿成年人口财富的一半了（瑞士信贷的研究人员不计儿童）。

但是个人的净资产真就能断定这个人是穷是富吗？假设你贷了5万美元的款买了一辆5万美元的跑车。在你把它开离4S店的那一刻，这辆跑车瞬间就贬值了几千美元，也就是说，你的净资产少了好几千美元。如果你刚读完学费昂贵的MBA（工商管理硕士），或法学院，或医学院，为此借了几十万美元的债，你的净资产这时是负的。但一个年轻医生的日子可能还是会比一个自给自足青年农民的日子滋润得多，即使医生目前还欠着巨债，而农民还拥有一头瘦骨嶙峋的奶牛和一辆价值100美元的破自行车。①

净资产是衡量财富的好方法，但不是判断贫富的好方法。很多人的资产是零，甚至为负，这些人中有些真的一贫如洗，而有些人，

---

① 关于特朗普的逸事屡见不鲜，在他就任美国总统前，他曾在房地产行业摸爬滚打。有一次他投资失败，负债累累。他指着一个无家可归的人对他的小女儿说："看到那个流浪汉了吗？他比我有钱，他比我多10多亿美元呢。"我不知道这个故事是不是真的，但从数字平均角度来看，逻辑没错。

法则三　看清楚统计的数据是如何定义的

像刚毕业的医生，他很快会还完外债。

还有一个问题，当你加的都是些零和负数的时候，你永远不可能得到一个正数。我上次数了数我儿子存钱罐里的钱，是 12.73 英镑。这就是说我儿子的资产比世界上最穷的 10 亿人的资产加起来还多，这能证明我儿子是富豪吗？开玩笑。这能证明赤贫只发生在某个地方吗？不能证明，至少不能直接证明。我们震惊于超过 10 亿的人一文不名这一事实，但不清楚把这些零加起来能说明什么。反正除了说明 10 亿乘以零还是零，我也没明白一二。

就像做数学卷子一样，先审题，再动笔。我们也要先搞清楚这些数字的意义，再开始统计。也只有在这时，才轮到数学上场，只需简单的计算就可非常清楚地说明问题。

看看瑞士信贷的全球财富报告，也就是乐施会的统计数据来源，我们来看看数字还可以从什么角度来阐明问题。[1]

• 全世界有 4200 万人的个人财富超过 100 万美元，这些人的财富总额达 142 万亿美元。他们中有个别人的财富达到万亿级别，但大多数没到。如果你在伦敦、纽约或东京等地有一套已经还完贷款的漂亮房子，或者有私企给你发优厚的养老金，你就很容易成为这个阶层的成员。[2] 19 全世界近 1% 的人是属于这一金字塔尖上的

---

[1] 我用的是 2018 年的《全球财富报告》。2013 年版是第一次公布"85 位世界最富有人"头条的，后面每年的版本只是数字上有一些微小的变化。

[2] 瑞士信贷在计算中未包括享受国家发放的养老金的人。这很重要，因为国家发放的养老金对能领取的人很重要。目前尚不清楚将国家养老金作为资产统计是加剧了收入不平等（因为许多赤贫的人连这个也没有），还是减少了不平等（因为在发展中国家，国家发的养老金是穷人的一项重要收入）。我认为如果将国家发放的养老金算在内，可能会缩小贫富差距。当然这只是猜测，我可能完全是错的。世界上 1/3 的老年人没有任何形式的养老金。

人群。
- 全世界有 4.36 亿人的资产介于 10 万~100 万美元，即这个群体的财富总额达 125 万亿美元。世界上近 10% 的人口属于这第二梯队。
- 这两个群体合起来掌握着世界上的绝大多数的财富。
- 另有 10 亿人的个人财富是 1 万~10 万美元，他们的资产总额达 4 万亿美元。
- 剩下的 32 亿人人均财富不到 2000 美元，财富总额只有 6.2 万亿美元。这些人中，有些人的收入远低于平均水平。

简单说就是，世界上最富有的 5 亿人拥有大部分的钱，另有 10 亿人拿了其余的钱。超级富翁像那 85 位的也是屈指可数，因此他们拥有的财富还不到总数的 1%。这样的数据给我们描绘出较为详尽的世界财富分配信息，而不是一个劲地聒噪贫富不均的"致命事实"。乐施会用"致命事实"一词情有可原，毕竟它就是为了博人眼球和劝人布施，但我的目的是了解万物真相。其实这些数据在网上很容易查到，搜一下就会出来，所以难的不是技术，而是你到底有没有探究真相的心。

至少乐施会明白它说的是财富上的不平等。我们经常听到有人含糊其词地嚷嚷"不平等已经加剧"，我们都不知道他说的是什么不平等、谁与谁之间的不平等，以及如何衡量的不平等。

人们高喊"不平等加剧了"，也许是因为他们看到乐施会的统计数据将 85 位亿万富翁减为 8 位，也许他们是指人们的收入不均现象。如果你想了解人们的生活方式以及他们每天的消费能力，收入不均很能反映问题。我们吃什么、穿什么、过什么样的生活，往往与我们的资产无关，而与工资、养老金、社保或小本生意赚钱多少等固定收入有关。很少有人有钱到可以纯粹靠利息生活，所以，我们如果想了解贫富不均在日常中的体现，可以多关注收入的不平等而不是财富的差异。看收入的另一个好处是，我们不会得出一个普通小学生的存钱罐比10亿人加起来的财富还多这样的荒谬结论。

如果我们要比较收入不平等，那选择谁作为比较的主体呢？人们首先想到的一定是拿富人和穷人做比较，但除此之外，其实还有其他的比较对象，譬如国家之间、种族之间、男女之间、不同年龄之间、一个国家内不同地区之间等。

但即使我们确定衡量的是收入的不平等，以高收入者和低收入者为对象，还有一个问题要明确：用什么方案衡量。

这里有几个可能的衡量方案。你可以将收入中位数（处于收入分配中间的人的收入）与收入垫底的10%的人的收入（接近收入分配底部的人的收入）进行比较。这就是所谓的50/10比率，它显示的是穷人相对于中产阶级的收入差异。[20]

你也可以看看收入最高的1%的人的收入份额，这不仅是反映亿万富翁，也是百万富翁生活状况的一个不错的指标。你甚至不用自己动手，智囊团和研究学者早就算过那些财主的口袋有多深了，那些数据也是在网上一查就知道。

这两种衡量方案似乎都能反映一些真相，但这样的比较会不会自相矛盾呢？例如，在一个国家里，收入最高的1%的人的收入猛增，与此同时，随着50/10比例的缩小，贫困家庭逐渐脱贫，与富裕家庭的收入差距也在逐渐缩小。如果富人变得更富有，而穷人相较中产阶级收入增幅也更大，这说明不平等加剧了，还是减少了，还是两者兼而有之？

不要以为这只是个假设的问题,它就是1990—2017年切切实实发生于英国的事情。这些年间,收入最高的1%的英国家庭的税后收入有所上升,但贫困家庭的低收入情况也有所缓解,慢慢向中等收入家庭靠拢。所以,任何把问题简单化的人,都会被这个事实驳倒。世界是错综复杂的,我们不应该指望统计数据总是能给出一个非黑即白的结论。

几年前,英国有过一场关于财富不均的电视辩论,我受邀担任驻场数据咨询。这个在演播室录制、有观众参与的一小时特别节目,邀请了各路大咖共同商讨为什么解决英国贫富不均的问题事关紧要。在这个节目的准备初期,我就向制作团队提到了有世界不平等数据库这么个东西,这是一个最初由经济学家托尼·阿特金森爵士和托马斯·皮凯蒂整合的数据资源库。皮凯蒂是因《21世纪资本论》而声名大噪的学者,而2017年去世的托尼爵士是他的导师之一。他们都赞成政府对经济的广泛干预,应向富人课以重税而达到劫富济贫的目的。我和许多经济学家一样,对这种政策持保留态度,但这并不妨碍我推荐他们的数据库,因为他们是世界顶尖的专家。

俗话说,夜长梦多,果然如此。节目一切准备就绪,但录制前几天,节目组的一个人和我打了一通不太愉快的电话,就是因为我以前提到,在过去几年中,财富排行榜前1%的人的税前收入份额是略有下降的。正如我们所看到的,这绝不是衡量贫富不均的唯一方法,但这是皮凯蒂和阿特金森喜欢强调的一个指标,而且它是这个话题的一个很好的切入点:清晰、严谨,而且在电视上很容易解释。但是节目组的人却忙不迭地提醒我,整个节目的基调是自2007—2008年金融危机以来,贫富不均现象一直在加剧。

他们怎么会那样认为?数据不是很清楚吗?排名前1%的人在

2008年的税前收入增长了12%，但这场经济危机让这一比例下降到10%或11%。[1]这是情理之中的事：一场大规模的金融危机可能会暂时让银行家、律师和企业高管等高收入阶层的收入受到一些损失，但是，要记住，这是两位"左倾"经济学家收集的数据，他们才应该是第一个跳出来谴责银行家贪婪或政府不顾百姓艰难、削减各项开支的人。

事与愿违。在节目制作人看来，这种不平等现象的加剧才是真相。也许他们看了我推荐的数据库，发现数据有误，抑或他们发现了他们认为的更好的衡量方案。但我从和节目组人的通话中察觉，他们十有八九没有看我向他们推荐的数据库。我但愿这不是真的，因为制作这么一个被寄予厚望的电视节目需要特别强的探究心，制作人不至于连一分半钟的时间都不愿意花来核实一下节目的基调是否正确吧。

后来我找了个理由，退出了那个节目。

统计学家有时被人嘲笑为"只会计算"。这种不屑既误事又伤人。制定政策需要的数字岂是儿戏，它们不仅难在计算，更难在界定。一旦你明确了要算的是什么账，计算就是轻而易举的事，但如果你不理解这个界定，那么即使有了数字也不会看出所以然。所以可悲就在于我们中很多人从一开始就犯了方向性错误。那么，如何避免掉入这个陷阱呢？要学会问问题：问问统计对象是什么，统计数据背后有什么故事。人们总是天真地认为统计最多就是跟数字打打交道，比如，怎么记一个百分比，怎么化整为零并分类。其实这

---

[1] 另一个常用的衡量收入不平等的指标是基尼系数，我们将在下一章中讨论它。这项指标也同样证明了经济危机之后，人们收入不平等的现象有所缓和。

些都是数学问题，都是技术问题。只有方向对了，技术才派得上用场，对吧？

通过前文的介绍，我想我们已经了解到：数据水很深，真相不易寻。文字远比数字复杂。我们在弄清楚护士是否加薪之前，先要弄清楚"护士"包括哪些人；在哀叹年轻人流行自残之前，明确自己是否清楚"自残"的定义；在得出贫富不均加剧的结论之前，先探究"是什么不平等""不平等现象加剧了吗"。这种问题要求给出像快餐一样简短、明确的回答既不合理，也极其不合情。只有当我们怀着一颗探究的心，找准方向，开始发问，才发现真相就在那里。

法则四
欲穷千里目,更上一层楼

蜉蝣是地球上生命最短的生物,它们只能活一朝一夕,但这不妨碍两个老蜉蝣在凉凉的小溪里虚掷光阴,在一些小蜉蝣面前闲话"当年"。

一个说:"日头大不如前了。"

"唉,就是。以前的太阳那叫一个周正。全是金黄色的,哪是现在这个红脸蛋。"

"对呀,那时候,它比现在还高呢。"

"可不是吗。您说得太对了!"

——特里·普拉切特,《灵魂收割者》

2018年4月,媒体向伦敦市民报道了一条爆炸性新闻:

"伦敦的凶杀犯罪率首次超过纽约!"这个新闻头条让人感觉伦敦的黑帮已经猖獗到无法无天的地步。这话不能算错,前提是你得忽略美、英对"凶杀"的不同定义。2018年2月,纽约市有14起凶杀案,伦敦是15起。[1]

然后呢,这能说明什么问题吗?抱歉,什么问题也说明不了。

这一对数字不能说明什么。我们如果想了解实际事情,需要后退一步,拉开距离,从更广的角度来考察这个问题。

关于伦敦和纽约的凶杀案,这里有一些数据应该让大家了解一下。1990年,伦敦发生了184起凶杀案,而纽约则发生了2262起,是伦敦的10倍多。在大家的印象里,纽约早已是堕落的、命案频出的罪恶之城,所以消息一出,伦敦市民开始对他们的城市有可能步纽约之后尘而感到惊恐。但自 1990 年以来，伦敦的凶杀率一直呈下降趋势。2017 年，伦敦共发生 130 起凶杀案，其中 10 人还是死于恐怖袭击。1990 年伦敦就已经算安全城市了，今天就更安全了。至于纽约，其 2017 年的凶杀案已经降至 292 起，这意味着纽约仍然比伦敦治安环境差，但比 1990 年安全了许多。

（对比每百万人的凶杀率才有意义，而不是凶杀案件总数，但是纽约和伦敦的人口接近，所以我们就可以直接对比案件数量。）

既然现在的纽约治安改善了很多，就会偶尔出现某个月纽约的犯罪记录特别低，而正好碰到伦敦的有些高，那么就会有纽约当月的凶杀案比伦敦少的现象。数字就是这样，一段时间内，此消彼长，很自然的事。[1]

因此，报上的那则头条说的只是偶发现象，但它却误导了我们，真正的治安状况其实是向好的：伦敦已经变得更安全，而不是相反；纽约这个后进生虽然进步神速，但伦敦还是比它更让人安心。我们只有了解了来龙去脉，才能知道真相。

1965 年，两位挪威社会学家约翰·加尔通和玛丽·鲁格发现了一个有趣的现象：所谓"新闻"在很大程度上取决于我们关注的频率。[2]媒体知道它们的大多数观众每天或每隔几个小时都要查看新闻，它们会自然而然地实时告诉我们发生了哪些重大事件。

以财经新闻为例。彭博电视台的屏幕上在时时滚动播报商业新

---

[1] 例如 2019 年，伦敦发生了 149 起谋杀案，创下了 10 年来的最高纪录。自 2016 年以来伦敦的类似案件一直有所上升。英国媒体将这一上升视为大难将至的兆头，虽然不至于杞人忧天，但值得各方重视，因为你不知道这只是个偶尔的反常，还是谋杀率下降趋势的逆转。我们还是"让时间来证明吧"。

闻，而英国的《金融时报》（我的雇主）和《经济学人》的报道节奏分别是每天和每周。尽管这三家媒体都是主打商业、经济和地缘政治方面的新闻报道，但新闻的概念迥异。彭博社可能会及时报道过去一个小时市场的风吹草动，而这种波动在《经济学人》根本不会被提及。每周、每天、每小时——新闻报道的频度改变了新闻的本质。

如果把新闻报道的节奏放慢，比如25年才出一份报纸，你猜猜最新的一期会报道哪些新闻？应该是些喜忧参半的消息吧，譬如它一定会报道中国的崛起，互联网和智能手机的诞生，出现了基地组织和恐怖主义，以及雷曼兄弟的倒闭。社会新闻版面上也许会有一小篇关于犯罪的"豆腐块文章"，指出伦敦的犯罪数量有所下降，但没有纽约下降得厉害。所谓伦敦比纽约有一两个月犯罪数量多这种消息，这样的报纸根本一个字也不会提，只有每日滚动新闻才会关注这样的变化。

再假设，一份50年一出的报纸又会怎么样？马克斯·罗斯尔是一位年轻的经济学家，他创建了一个叫"我们的世界"的数据网站。在加尔通和鲁格的启发下，他提出了50年出版一次的报纸这样的想法。罗斯尔假设这份报纸分别在1918年、1968年和2018年出版。那些在当时的日报看来惊天动地的话题可能在这些报纸上已经成为无足挂齿的小事，头版上只会展示世界的进程是如何快速变化的。[3]

这份报纸2018年的头版会怎么说？对于一个才读了1968年的报纸的读者来说，首先要知道的应该是这个万幸没有发生的事件："如释重负，世界避免了核末日！"然后他会紧张地读到在过去30年里，原子弹是如何被构想出来、发明成功并投到了日本战场，造成灾难性打击的，然后又被威力更大的氢弹取代；在朝鲜战争、古巴导弹危机期间，以及柏林上空，这些超级大国是如何反复用这些核武器玩火，挑起核冲突的。对于这个拿起2018年报纸的读者来说，冷战没有以热战的方式结束就是一个大新闻。当然，这样的报纸是不会以"今天双方都没扔氢弹"为事件标题的。

或者编辑们会大肆报道气候变化。由于1968年的报纸中还没怎么报告人们对温室效应的研究，因此2018年的报纸不得不花很长篇幅将温室效应从头道来：燃烧天然气、石油和煤炭等化石燃料改变了大气成分，从而使地球的热量散发不出去。（标题："啊呀！烧煤引火烧身了！"）报道一定还会配以一张让人害怕的全球升温图片。

气候变化是一件在短时间内很难体会出来的事情。全球气温每年都会上下波动，往往是去年热，今年又冷了，有多少年特别热，就会有多少年特别冷。所以有人就不能理解："怎么全球变暖了？"然而，50年报却会清清楚楚地报道一个可怕的消息：自20世纪60年代以来，全球气温上升了约0.75℃（具体数值因测量方法以及取样时间段的不同而略有差异）。[4]但无论如何，地球正在升温，这是明白无误的趋势。

100年一出的报纸怎么样？视角又变了。假如读者读的上一份报纸是1918年出版的，那么对这个读者来说，这样的头条才是吸引人的——"儿童死亡率下降了八成"。设想一下，假如在1918年，一所学校要从世界各地随机挑选出100名5岁孩童去上学，那么那时到学校报到的大概只有68个，因为其余32个孩子不到5岁就会因各种原因夭折。这里的夭折并不是因为可怕的第一次世界大战或1918年全球流感暴发而造成的人口灾难性锐减这样的偶发性事件。如果是1900年，统计数据只会更惨，那时孩童能活到成年的概率更小。到 2018 年，每百个 5 岁的适龄儿童就有 96 个存活，也就是说，在学龄前死亡的孩童人数只有 4 个。记住，统计的这些儿童是来自世界各地的，包括最贫穷、最偏僻和战火纷飞的国家。这样的进步是惊人的。[5]

对于一份 200 年一出的报纸来说，编辑部的角度又变了，他们会认为这才是头等大事——"大多数人脱贫了"。当然，还有很多穷人——根据世界银行对每天花费不到 1.90 美元的定义，现在有 6 亿~7 亿人生活在我们所说的极端贫困之中。这就是说世界人口中每 10 个人里就有 1 个是赤贫。但是在 19 世纪初，几乎每个人（95%）都是穷光蛋。所以，这才是 200 年来最了不起的进步。因此，我们只有不断地后退，拉开距离，才能高瞻远瞩，也才能改变关注的焦点。

我现在举的只是改变时间维度的例子，改变其他维度也能得到同样的效果。

还是拿上一章收入不平等的例子来说吧。在那个例子中，我们知道衡量收入差异有许多方法，比如 50/10 比率，或者说排名前 1% 的人的收入份额。那么有没有一种全面综合的衡量指标能概括整个收入分配情况呢？这些综合指标还真有，就是众所周知的"基尼系数"，它是以 20 世纪初意大利统计学家科拉多·基尼的名字命名的。

就像其他衡量标准一样，基尼系数并不能反映所有的收入差异表现。基尼系数高，说明差异大；基尼系数低，说明比较对象的差异小。在全球范围内，这个系数一直在下降，也就是说，收入越来越平等。这是因为以前贫穷人口多数在中国和印度，现在其中的很大一部分已经迈入小康。在基尼系数的数学计算中，这种平等超过了另一种不平等，即中上阶层人士的收入差距加大了，主要是因为巨富的人收入一骑绝尘，而中等富裕人的收入原地踏步。[6]没有一个数字能够把这些细节都展现出来，但基尼系数还是简洁地反映了所有收入阶层的变化。把一美元从亿万富翁那里拿给百万富翁，这并不会改变前1%的人的收入份额，因为这一美元仍掌握在前1%的人手中。但将一美元从富人转移到穷人身上，无所谓富人是金字塔尖的哪个阶层和穷人是金字塔底的哪个阶层，基尼系数都会降低。

然而，基尼系数的一个大问题是它给人的直观感觉较为模糊。譬如一个基尼系数为零的国家，我们会想当然地认为这个国家里人人收入都一样，完全平等。相反，如果一个国家的基尼系数是100%，我们就会想象着总统一人垄断了所有的收入，而其他人身无分文。但是，在一个收入基尼系数为0.34的国家，人们的生活会是什么样呢？

这个数字是英国的基尼系数，你如果碰巧住在英国，可以知道这个数字对应的生活是什么样子的。[7]但即使是经济方面的专家，他如果不是英国人，对0.34的理解也只能是参照其他国家的基尼系数来想象。例如，美国是0.42，芬兰是0.25。在全球范围内，撒哈拉沙漠周边那些最贫穷的国家和最富有的石油国家的收入基尼系数达到了0.65，比其他任何一个国家都高。[8]

当然，想对基尼系数的含义有更直观感受的话，我们不一定非要针对收入，还可以有别的东西来做系数，譬如人的寿命。就像收入一样，人的寿命长短不一。有些婴儿出生后就夭折了，有些人则活到了100岁。但这都是些极端情况，非常态。大多数人都能活到60岁以上，但活到90岁以上的人就不多了。因此，我们预计全球预期寿命的基尼系数将相当低，低于0.2。

或者我们可以算算成年人身高的基尼系数。我们都知道，全球人的身高差异很小，如果我的计算是正确的，基尼系数不到0.05，这样大家就可以更好地直观理解基尼系数大小意味的差异是多少了。

有一次为一个报纸专栏撰写文章时，我计算过英国35~44岁中年人近些年性生活的基尼系数。你是不是对这个问题也很好奇？答案是0.58，远远高于英国0.34的收入基尼系数。[9]我们是不是该感到惊讶，它居然高于收入的基尼系数。我也不知道为什么会这样，但事实如此。英国人的性生活差距相当大，是10倍的差距，也就是说，有人每月有一次性生活，有人每月有十次性生活，反正这种差异比其他方面的差异要普遍得多。在英国，收入相差10倍的没这么多；寿命相差10倍，比如一个百岁老人和一个10岁就夭折的孩子，谢天谢地，更罕见。成年人身高有相差10倍的吗？好像闻所未闻，史书上也没记载过。

拉开距离看问题能让你有宏观感受。每次看到一个统计数据，你可以想想，这是一个很大的数字吗？《或多或少》节目的创始人迈克尔·布拉斯特兰和安德鲁·迪尔诺爵士，就习惯问这种简洁却不简单的问题。[10]

我们再以美国前总统特朗普在美墨边境建墙为例，来说说宏观感受是什么。建墙将耗资250亿美元。这个数字大吗？这听起来确实有点大，但要真正理解这个数字，你需要一些东西作为参照。例如，美国每年的国防预算将近7000亿美元，即每天20亿美元。所以建墙费用相当于美军两周的军事开支。或者，这堵墙的造价约为每人负担75美元：美国约有3.25亿人，250亿美元除以3.25亿人约为每人 75 美元。① 这个数字是大是小，你可以自己判断，但我猜有了这些比较，你的判断会更合理。

安德鲁·埃利奥特是一位喜欢从宏观角度看问题的企业家，他出版了一本书叫《高屋建瓴》，他在书中建议我们想问题时都应该在头脑中带上几个"标尺性数字"，以便比较。[11] 这里举几个例子：

- 美国人口为 3.25 亿；英国人口为 6500 万；世界人口为 75 亿。
- 某个年龄段（60 岁以下）。在英国，任意一个年龄的人大约都是 80 万；又比如，如果一项政策涉及所有 3 岁的儿童，这个年龄的人也是 80 万；在美国，60 岁以下的任意年龄的人都是大约 400 万人。
- 绕地球一周的长度：40000 公里（或 25000 英里）。无论你是绕着两极走，还是绕着赤道走，长度都差不多。
- 从波士顿到西雅图的车程：5000 公里。
- 床长：2 米（或 7 英尺）。正如埃利奥特指出的，这有助于你想象一个房间的大小："这间房能放几张床？"
- 美国国内生产总值——约 20 万亿美元。如果你真的想把这些钱都花在建墙上，能建很多墙。
- 10 万字：一部中篇小说的长度。
- 381 米：帝国大厦的高度（大约有 100 层楼）。

就我而言，我是那种喜欢记一些数字的怪人，因为我发现我脑海中的标尺性数字越多，很多大数字的量级就越能参照出来。不过，一般人不需要记住这些数字，只需要翻翻参考书或查查互联网，或

---

① 如果墨西哥为建这堵墙买单，由于墨西哥人口较少，每人承担的费用将接近 200 美元。我是说如果。

根据可靠的信息源核实一下就可以了。在许多情况下，只要一对比，你就恍然大悟了。

一旦记住一些具有标尺意义的数字，它们能给你带来很多方便。你可以用数字进行比较（一篇1万字的报告似乎很长，但一本普通的小说要长10倍），也可以算平均数（美国的国防预算是每人每年2000多美元）。这些标尺性数字，无论是你脑子已经记住的，还是你查的，都可以用来做做算数，或者按计算器也行。这是件简单的事情，但很有启发性。①

当然，如果媒体能替我们这样做，就省了我们很多麻烦。理想状况是媒体给我们提供统计数据，还帮助我们梳理数据背景和立场。虽然好的媒体的确在做这方面的尝试，但我们不能指望深度的背景和立场分析会占据报纸的头版显著位置。

媒体不做深度分析的原因在于读者的兴奋点很弱。每天报纸的号外、新闻播报的头条和网站上的重磅新闻都聚焦于最戏剧性、最吸引人眼球和最重大的事件，因为关心时事的人都是每隔几个小时

---

① 还有一些说法启发性就不大。比如这句"如果把美国国债想象成一堆美元，那这堆美元摞起来的话，高度可以一直延伸到地球的外层空间/月球/太阳"。有些记者似乎认为，这是形容一个大数字的好方法。不过这样形容真的好吗？一般人看完这样的句子还是一头雾水。你知道一码（约91厘米）高的钞票是多少美元吗？（大约800美元。当然，这是我查的，估计大家也得查一下才知道。）地球的外层空间一般被认为是地球上方100公里处，月球距离我们近40万公里，太阳距离我们1.5亿公里。因此，摞到太阳距离的钞票要比能摞到地球外层空间的钞票多得多。据我计算，美国国债摞起来的高度应该可以从地球到月球来回三次。这样的比喻你满意了吗？其实我觉得还不如说每个美国公民平均负债7万美元左右更清楚。

就查看一下又有什么新消息,所以非爆炸性新闻不足以吸引读者,更不用说长篇分析报道了。一些媒体评论家认为,媒体不强调背景和立场还有一个原因:人们喜欢听到坏消息。这就是所谓的坏事传千里吧。汉斯·罗斯林,《事实》一书的合著者,也是一位出色的社会活动家,倡导用真实的数据反映现实世界,他把这种现象称为人的"悲观本性"。如果不看背景分析,很多新闻听起来更像坏消息,这很对读者的胃口。

我对人们喜欢坏消息这个观点持谨慎态度,因为总的来说,人类显得更乐观。心理学家塔利·沙罗特估计,我们中80%的人更倾向于"凡事往好处想",比如人们整体高估自己的寿命、职业前景和才能,而对自己罹患疾病、平庸或离婚的高概率等事实视而不见。[12]诺贝尔奖得主、行为经济学之父丹尼尔·卡尼曼将过度自信称为"认知偏差中最显著的一种"。[13]在许多方面,人类实际上是相当乐观的生物,有时可能有点乐观得过头。

更合理的解释是,我们希望看到刺激的新闻,而刺激的新闻往往是负面消息。[14]如果媒体只钟情于负面消息,那它们应该定期报道负面消息,比如与吸烟有关的死亡。2001年9月,美国死于吸烟的人数是死于恐怖主义的10倍,而这个月也发生了美国历史上死亡人数最多的"9·11"恐怖袭击。[15]任何一本周刊都明白,在那可怕的一周,香烟造成的死亡人数仍旧高于恐怖袭击造成的死亡人数。但报纸没有报道吸烟死亡人数,因为它不够刺激。

当然,好消息也可以很刺激。但心理学家史蒂芬·平克认为,好消息来得慢,而坏消息往往很突然。[16]这没错,就好像下山容易上山难一样。伟大的心理学家阿莫斯·特沃斯基曾经和年轻的平克分享过一个心理实验:让人假设一下今天会有什么梦寐以求的好事发生在自己身上。[17]我估计你会说希望中彩票。（这真的算是个好消息吗？）当然，也可能是你人生某个阶段心心念念的事，譬如，你可能一直想要个孩子，但几个月受孕无果，你希望能怀上；或者是你升职或向某大学求职成功。但对大多数人来说，大多数时候，你也想象不出你的人生还可以有怎样翻天覆地的变化，因为对很多人来说生活已经相当好了；生活不好的话，它也只会慢慢改善，而不会一下子反转。

但是想象生活中的飞来横祸简直太容易了。譬如，你会一下子想象出你或家人可能被诊断为癌症，可能被车撞，或被人袭击；你的房子可能被盗，也可能着火烧掉；你可能会被解雇；你可能会被冤枉入狱；你可能发现你的伴侣出轨，或者对方想要离婚。这样的倒霉事不胜枚举，越想越多，越想越怕，细思极恐。

因此，媒体要想抓住我们的注意力，就必须挖空心思地去找"新"闻，而这些"新"闻往往是坏消息。

为了吸引流量，政客、慈善机构和宣传机构就开始不走寻常路了。他们知道，要想上头条，就必须有劲爆新闻。例如，2015年5月，英国媒体发布了一则令人震惊的消息，称中年人中风的人数正在增加，并强调这是中风协会的官方统计数据。该协会会长说，青壮年中风的人数激增。[18]万幸的是，这不是事实。由于人们改善了饮食、提高了医疗条件和培养了健康意识，中风病例其实是越来越少了。但这些机构为了引起人们对中风疾病的重视，鼓励人们在出现轻微中风征兆的第一时间就去就医，结果就是年轻人因保健意识增强，出现些微中风征兆就去就医的人数增加了，这就是中风协会所谓的"激增"。当然，这样的报道也使得中风协会的名字见诸报端了。好消息是，长期以来，英国大多数年龄群的中风发病率一直在稳步下降。但是这样的故事怎么会引起人们对中风协会的注意呢？如果没人注意它，资金从哪里筹集啊。

还是乐施会的例子。它在2016年年末曾发表过一个感叹："在与全球贫困做斗争的战役中我们取得了巨大成功，但在一个关键领域——人们的思想领域——我们却输得很惨。一项新的全球调查显示，全世界87%的人认为，在过去20年间，全球贫困维持原状，或者变得更糟糕了。事实恰恰相反，贫困人口已经减少了一半以上。"[19] 和我们在上一章讨论的那则新闻一样，这则新闻没有获得什么关注。上一则新闻说85个最富有的人拥有的财富相当于世界财富的一半。当危言耸听的新闻稿登上头条时，人们认为世界正滑向深渊也就不足为奇了。

在英国，人们对本地区的移民、少女怀孕、犯罪和失业等问题并不十分担心，但他们为整个英国的这些问题而深感焦虑。如果你问人们他们的个人工作情况和他们对国家经济的看法，也会得出类似的结果：大多数人认为他们个人的各方面都还好，但他们深深地担忧着所处的社会。[20] 这大概是因为我们对自己周围的了解是一手资料，但要依靠新闻获取外部世界的信息。"消极本能"不一定会是新闻报道中负面消息的因，但它肯定是负面新闻报道带来的果。

1993年，当时英国最受欢迎的新闻主播马丁·刘易斯认为，媒体应该花更多的时间报道积极向上的新闻故事。[21] 结果他遭到同行的嘲笑，他们讥笑他的诉求好像凄惨故事要有个欢乐大结局一样老套。这就好像，一晚上的新闻播报都是些天灾人祸的事，最后结尾插播了滑板狗的故事，好让大家不那么压抑。这种说法有失公允。① 刘易斯的意思很明确，希望媒体也报道些实质性的好消息，而不是猫咪在扫地机器人上玩耍这样肤浅的讨喜新闻。

"好消息之所以是好消息，"他写道，"就是它们太少而让人难以忘怀。"这话现在听起来就不那么正确了，因为刘易斯是1993年写的这篇文章，从那以后，每天有15.4万人摆脱赤贫。[22] 1980年，只有20%的一岁儿童接种了麻疹、白喉和脊髓灰质炎等疫苗，但现在，这个数字是85%以上。[23] 正如我们所看到的，儿童死亡率急剧下降。好消息无处不在，它们不是因为太少而令人难忘，反而是因为无处不在而被遗忘。好事发生得太频繁了，以至于报纸都觉得它们无足挂齿。"昨天估计有15.4万人脱贫！"诚然，这是个好消息，但算不上新闻。

我们现在不会每日更新有多少人摆脱贫困的消息，也许以后永远也不会。当我在2004—2005年为世界银行工作时，我们也是每三年才更新一次对赤贫人数的评估。如果一家报纸决定报道这则新闻，那也挺好，但估计也是每1000天才会更新一次数据。没有哪家报纸会定期转载这样的报道来不停提醒读者，"对，这不算新闻，但是事实"。因此，赤贫人口的减少，以及其他许多社会进步，如提高识字率、社会民主、妇女投票、女童受教育、清洁水源、免疫接种、农业产量、婴儿死亡率、太阳能价格、空难人数或消除饥馑，都没有成为每日新闻。[24]

好消息难以被人记住，不仅仅因为它是好消息，与其被提到的频率低也有关。令人难过的消息如果新闻不常提及，也容易被人漠视，正如我们在有关吸烟问题上所看到的那样，吸烟是世界上证据

---

① 这种说法是因为刘易斯也写过《新闻中的猫》和《新闻中的狗》这样的书。

最明显，却也是人们最不听劝的肺病死亡原因。气候变化不容忽视，但很少有直接报道；相反，为了引人注意，新闻媒体只会报道与之相关的抗议、峰会，以及偶尔的科学或政府报告。令人无奈的是，播音员只在播报天气预报时才顺便提一下气候变化，我们也很少看到气候变化趋势，如温度上升这样的专题报告。

第三个例子是金融业。2004—2005年，我在英国《金融时报》的同事吉利安·泰特曾强调，债务和衍生品领域的金融市场增长惊人，这个市场主要针对利率、汇率或其他金融指标的再抵押。世界金融体系就像一座冰山：表面上闪耀着股票市场的光芒，看得见，摸得着，但海面之下潜伏着巨量而隐蔽的债务和衍生品市场。股票市场不断地公布数据，包括晚间新闻的每日收盘行情，但衡量衍生品市场规模的最重要指标之一是国际清算银行每三年公布一次的数据。这个数据的更新速度显然与财经类媒体的频率不符，因此被大家集体忽略了。所以，这就是一个值得大家警醒的坏消息：酿成2007—2008年全球金融危机的原因就是刚才提到的那些问题，而吉利安·泰特是少数几个保持头脑清醒的人。[25]

一些评论员认为，解决这种速食新闻焦虑感的办法就是大家不要再看报纸了。有趣的是，《清醒思考的艺术》的作者罗尔夫·多贝里在《卫报》给了我们十个停止阅读新闻的理由。[26]《黑天鹅》的作者纳西姆·塔勒布也简明扼要地说："要彻底治愈新闻焦虑症，就要尝试慢一拍，每天只读一周前的报纸。"[27]

因为我是媒体人，你估计我会对上述倡导的不看新闻的观点表示愤慨，其实恰恰相反，我也感同身受。我经常发现自己写的每周六刊印的《金融时报》专栏内容与本周的新闻无关。我对时事动态不太关心，我的兴趣点更多在于读了好书或知识性文章之后的感悟，或者是人生随想。虽然我很感谢《或多或少》的粉丝夸赞这个节目和广播电视新闻一样与时俱进，但有时我觉得我们并不刻意求新，而是专注于水到渠成。我们的运作节奏与滚动新闻不同，作为一个每周更新的节目，我们一般会用几天的时间来细细琢磨在现场采访中的模糊说辞或当时没有注意到的话。通常，我们对一个话题的思考长达数周或数月。既然你能很好地深挖一个故事，就不要急于报道它，欲速则不达，不是吗？我们也不会担心别人和我们抢题材，因为我们坐得住冷板凳，那些人只会跟风。

身为媒体人，我不可能完全忽视新闻，但我对它的关注度比我的许多同事低得多，这有时让他们很无奈。在我看来，每日新闻似乎比滚动新闻信息量更大，而每周新闻又比每日新闻信息量更大。一本书更是如此。即使是将日报和周报相比，我发现自己也是更喜欢慢节奏的、能深度剖析现象的新闻，而不是简单的突发新闻报道。

如果你对信息上瘾，我建议你更深入、更广泛地了解新闻，别只图实时跟进，却走马观花。当下的新闻都是一惊一乍的，保持冷静的态度并不容易，但这是一个值得培养的好习惯，因为很少有新闻需要你像查看交通状况或恶劣天气预报那样即时关注。如果你忍住一小时或一周后回来再看，你会看到还是那些信息，没什么变化，甚至了解得更多了。这时你可以扪心自问：一本周刊或一个每周播出一次的播客，相较实时滚动新闻的喧嚣，是不是更显精华气韵？

在新冠病毒开始在全球蔓延之时，《科学美国人》告诫自己的记者："过去几天有关新冠的'消息'远比刚刚公布的最新'消息'可靠，刚出炉的消息未经核实，甚至是错误的，所以有可能会误导。每个人都希望当天就能得到某个问题的答案，但我们要告知读者，也许明天就会有事实来回答。"[28] 多么睿智的建议。这个建议不仅应该针对记者,对于大众也是个良好的忠告。所以,你无论浏览了多少新闻,一定要花时间寻找时间跨度较长、节奏较慢的信息。这样你才会注意到别人没有注意到的东西,无论是好事还是坏事。

到目前为止,围绕如何评估一个统计结果,我们学到了什么?在第一章,我建议你警惕自己看数据时受情绪影响;第二章提到,我们可以用个人经验来对比数据所说的事实;第三章提到,应学会理解数据结果背后的含义。这些都是简单的、常识性的建议。在本章中,我添加了第四条:把数据放到大背景里去看,看宏观局面,即所谓"登高才能望远"。"又有大案发生了"与"总体而言,犯罪率正在下降"是完全一致的。找一些能给你带来宏观感受的东西,比如把一个国家的情况与其他国家的情况进行比较,或者算出一些政府拟支出的人均成本。

这些方法不需要任何技术或技巧,任何人都可以学会。它们可为我们明了统计数据的实际内涵提供很大帮助,但有时我们需要更深入地了解统计数据是如何产生的,我们现在就开始吧。

法则五
看看硬币的另一面

"在人类的每一次交配中,都是10亿个精子争夺一个卵子。这样的概率,历经多少代人后,你,终于等来了机会,有幸诞生到这世上。从一个没影的东西到形成这么具象的一个人,从无到有,就像点石成金一样,真是奇迹中的奇迹啊。"

"世界上的人不都这样嘛!"

"是的。每一个人都是奇迹。但是这个世界充满了人,也就充满了奇迹,也就平淡无奇了,而我们却忘记了。"

——阿兰·摩尔,《守望者》

几十年前,两位德高望重的心理学家希娜·艾扬格和马克·莱珀在加利福尼亚的一家高档商店里进行了一个实验。他们摆了一个果酱试吃摊,有时摆上6种果酱,有时摆上24种;然后给尝过果酱的顾客一张优惠券,这样他们购买时有优惠。摆上24种果酱时,那满满的一桌子风味各异的果酱吸引了更多的顾客,但真正购买的却寥寥无几。而只有6种果酱摆出来时,购买的人反而多了。[1]

这个实验非常讨巧,出人意料的结果迅速流传开来——少一点选择更受欢迎!它马上成为流行心理学文章、图书和TED演讲的素材。因为这样的结果挠到了人们的痒处,看似出乎意料,但又在情理之中。以前从来没有人这样提过,但不知何故,听到这个故事的人会频频点头,似乎他们早知如此。

作为一个经济学家,我听到这个故事时觉得有点奇怪,因为经济学理论认为人们一般倾向于选择是多多益善，并且永远不会因选择余地大而失去购买欲望。当然，经济理论有时也不一定对，但这不是我对这个果酱实验产生好奇的原因。

我好奇是因为这个实验中两个数值的差异如此之大。在放有24种果酱的摊上，只有3%的顾客最后使用了折扣券，而在放有6种果酱的摊上，这一比例达到30%。这就是说，如果减少品种，零售商的销售额反而可以增加10倍。你会相信吗？进行实验的场所——德尔格超市里就有300种果酱和250种芥末，其销售量很好，难道它没利用这个销售策略吗？星巴克夸海口说，可以提供数万种泡沫饮品的组合，可它也没有因为提供的口味多而销量不佳。所以，我想知道果酱实验结果到底具不具有普遍性。可是，再一想，这是个由业界领头羊做的正经实验，我是不是应该矫正自己的观点以事实为依据？

后来我在一个会议上遇到一位研究人员，他说我应该和一位名叫本杰明·谢比恩的年轻心理学家联系一下。我后来真的联系到了谢比恩。谢比恩并不反对艾扬格和莱珀的观点，但他的看法和我的看法一样：很多成功的企业也提供尽可能多的产品满足顾客不同的需求，那这些事实与实验结论怎么调和呢？谢比恩有一个观点，那就是尽管公司产品种类丰富，但一定也有方法可以让顾客能快速找到他们想要的产品。言之有理！人们在购物时，倾向于购买他们熟悉的商品，譬如去超市，往往习惯购买买过的品牌，而不一定会尝试新的品牌。这就是超市过道有标识，或者货架被整理得井井有条，方便顾客找到熟悉商品的原因。这样想来，谢比恩觉得有必要做一番调查，所以他就真的着手调查了。[2]

他开始重新进行果酱实验。他要首先获得一个基础值，这样才可以调整和探索不同的可能性，但每次实验结果的基础值都不一样。艾扬格和莱珀的实验发现选择多会极大地降低人们的购买积极性。但谢比恩在重复他们的实验时，却得不出同样的结果。另一位研究者雷纳·格雷芬尼德也重复了艾扬格和莱珀的另一项关于选择高级巧克力的实验，像谢比恩一样，他也没有得到当年"选择多不利于销售"的结果。两人联手将他们能找到的每一个关于"选择多不利于销售"的研究进行了汇总。这种案例研究还真多，但很多都没有在期刊上发表过。

在所有已发表和未发表的研究都汇总后，仍没法得出定论，因为什么说法都有。有的研究说提供更多的选择会刺激购买，有的说会降低人们的欲望。发表的研究论文，无论是支持观点还是反对观点，都会把这种现象夸大一些。未发表的论文更多的是说选择多寡对刺激销量影响不大。那选择多寡影响销售的平均效果是多少呢？答案是零。[3]

这个真相扎心了。到目前为止，我们听到一些误导性的报道，皆因为有所诉求。譬如，乐施会希望多曝光，媒体追逐点击量，或者一个微妙的细节被忽略，比如用不同的词来描述妊娠的提前结束，统计结果就给人另一种感觉了。但在学术界，科研人员不就是要静下心来探查细枝末节，为真理而上下求索吗？对待竞选团体的言辞或标题党的故事我们要半信半疑，但当拿起一本学术期刊时，难道还不能全然放心，还要半信半疑吗？正如我所说，艾扬格和莱珀是业界久负盛名的心理学家，他们可能错得这么彻底吗？如果真的证明他们错了，那以后我们该怎么办？下一次我们看到科学期刊上或机场书架上的书里有悖直觉的描述，是该信还是不信？

要求得答案，让我们换一个角度，先来了解一下互联网上最著名的为做土豆沙拉筹集资金的案例。

互联网时代，没有比通过众筹网站 Kickstarter 更容易筹集资金的了。Kickstarter 在 2012 年迎来了一个里程碑时刻，早期的智能手表 Pebble 募集金额超过 1000 万美元。到 2014 年，一个制作野餐小冰箱的项目筹集到 1300 万美元。诚然，最酷的是瑞士军刀酷盒，它有一个内置的 USB（通用串行总线）充电器、鸡尾酒搅拌机和喇叭，吸引了一大群支持者。Pebble 智能手表在 2015 年卷土重来，为一款型号更好的手表筹集了 2000 多万美元。

不过，在某些方面，扎克·布朗的众筹成功可算是登峰造极了。他在 Kickstarter 上本来只想筹集 10 美元来做土豆沙拉，但最后筹集到了 55492 美元，这一定是历史上对赚钱方式最不正经的一次打脸。[4]

扎克·布朗成功之后，人人都红眼了，我都想过在 Kickstarter 上发起一个吸引人的项目，然后坐在家等着钞票哗哗涌来，数钞票数到手抽筋。

戴维·麦格雷戈一定有过同样的念头。他曾希望众筹到 3600 英镑资助他的苏格兰之旅，他旅行的目的是为一本关于苏格兰壮丽风光的漂亮摄影集积累素材。这主意真是一箭双雕，既可以赞助他的艺术追求，也是个度假好方式。乔纳森·雷特的众筹数目更大。他的"BizzFit"计划筹集 3.5 万美元，为雇主和雇员设计一个匹配算法。香农·利梅伯恩也很有商业头脑，但她需要 1700 美元为自己设计的一款新泳装做样品。纽约锡拉丘兹的两兄弟也发起了一场众筹活动，目标是筹得 400 美元，用来拍摄万圣节吓邻居的情景。

这些五花八门的众筹有一个共同点：没有筹到一分钱。这些人中没有一个能说服陌生人、朋友，甚至他们的家人给他们投钱。

这些众筹失败的故事来自西尔维奥·洛鲁索，一位来自威尼斯的艺术家和设计师。洛鲁索的网站——嗝屁网（Kickended.com），在Kickstarter上搜索了所有失败的项目。（这类众筹项目有很多，大约10%的项目根本没人理睬，只有不到40%的项目达到了融资目标。）嗝屁网给我们敲响了警钟。它提醒我们，我们看到的东西并不能代表真实世界，它们是被过滤、有偏差的东西。通常，当谈论偏差时，我们想的是意识形态的偏差。但是，当世界给我们呈现的只是部分故事，而不是全部故事时，偏差就隐身其间了。

"老套白日梦"是一个有朝气、有理想的乐队，我从来没有在任何媒体或博客上读过他们想在Kickstarter上筹集8000美元来录制一张专辑的报道。（"我们的乐队想方设法地省钱，就为了能在专业录音室里录制一张正式的专辑。可惜，我们的钱总凑不够。"）你如果知道他们在Kickstarter上没有筹到一分钱，不会觉得奇怪吧？Pebble表、最酷军刀，甚至土豆沙拉的故事可是轰动一时。我如果不是知道那些失意者的故事，也会被Kickstarter上这些成功故事误导。

这种现象不仅限于Kickstarter，类似的偏差无处不在。大多数人读的都是畅销书，但大多数书都不是畅销书，甚至更多的书压根儿没有印刷出版。音乐、电影和商业计划，无不如此。

即使新冠病例也是被选择性报道的：在西方实在撑不住的人才会去医院接受病毒检测，感觉尚可的人懒得去医院。结果，人们只看到医院里的情形。尽管统计学家一直都很清楚这种现象有被夸大的嫌疑，但如果没有全面的数据分析，要说服民众保持冷静也不是件易事。艾滋病流行的早期阶段也出现了同样的问题，那时没有足够的数据论证，政府的决策非常艰难。

数学家亚伯拉罕·沃尔德因为幸存者偏差的故事而名声大噪。1943年，美国军方向他求助，请他就如何更好地保护他们的飞机提供建议：飞回来的盟军飞机的机身和机翼上布满弹孔，这些有弹孔的部位需要多加一些钢板保护吗？沃尔德在回信中从专业角度进行了分析，但也提到了关键的一点：我们只看到返回飞机的损坏情况。那被击落的飞机呢？在返程的飞机上，我们很少看到发动机或油箱损坏，这可能是因为这些部位很少被击中，也可能是只要这些部位被击中，飞机就注定要坠毁。我们如果只看幸存的飞机，那注定会成为幸存者偏差的牺牲品，会完全找不到真正的痛点在哪里。[5]

但是，这个传奇背后还有故事。这个故事本身就很好地诠释了幸存者偏差，因为故事渲染得已经和亚伯拉罕·沃尔德的实际所做相去甚远，沃尔德实际上完成了一份充满复杂技术分析的研究文件，无奈人们已经淡忘了这部分事实，只记得他灵光乍现的那个想法，然后又添加了生动的细节，使之活灵活现地幸存下来。所以，所谓的"越传越神"，就是传下来的和原来的在很大程度上已经不是同一件事了。[6]

这就是为什么嘛屁网可以算是给我们浇了一桶让人清醒的凉水，让我们不要被那些成功者的故事带歪了。达则昭告天下，失意者无人问津（这种情况经常发生），所以我们看到的事情往往只是光鲜的那一小部分。

这至少让我们开了个窍，理解果酱实验可能发生了什么。就像最酷军刀，这个点子很赞，但不是个个点子都能像它一样顺利地众筹到资金。我们现在回到本杰明·谢比恩身上，他有点像嘛屁网的西尔维奥·洛鲁索，他不仅搜寻那些著名的与选择相关的实验论文，也找寻结果不同却默默无闻的实验论文。他在把论文找全后，得出了与原实验不同的结论。

所以，看接下来的故事时，要记得嗝屁网的警告。2010年5月，《人格与社会心理学杂志》收到了一篇令人不可思议的论文——《感受未来》，作者是达里尔·贝姆，一位在心理学理论领域备受尊崇的专家。这篇论文的惊人之处在于，它提出了一个令人难以置信的命题：人们可以预知未来，而且还有让人难以反驳的数据。他总共设计了9个实验。在其中一个实验中，实验对象会看到电脑屏幕上两幅窗帘的图像。他们被告知，其中一个窗帘后面有一张色情图片，他们只需凭直觉判断出是哪一个就好。实验对象做出选择后，电脑会随机给窗帘分配图片。如果实验对象的猜测正确率明显高于盲猜，那就证明实验对象有预感。你猜得没错，他们被证明有预感。[7]

在贝姆的另一个实验中，研究人员让所有实验对象看了48个单词，并测试他们能记住多少。然后，研究人员让部分实验对象把所有单词输入计算机以增强他们的记忆。通常情况下，练习会帮助记忆，但在本例中，贝姆发现，即便在测试之后再练习，其效果也非常好。

我们该怎么看这些结果呢？到底几分真，几分假？要知道，《感受未来》是经过同行评审后，在一家严肃学术期刊上发表的论文。它报道的实验通过了标准的统计测试，筛除了侥幸结果的成分。这一切使我们有理由相信贝姆实验的结果是准确的。

当然，你可以有个更好的理由反驳他，那就是预感是不符合科学常识的。我们对他的实验疑窦丛生是有道理的。俗话说，道可道，非常道，就是要用非常手段来证明。

首先，贝姆论文实验的数据是怎么来的，它们是通过标准测试得来的吗？这个问题看着令人费解，但如果你联想起嘎屁网的故事，也许就不那么挠头了。

贝姆的人类预感论文在《人格与社会心理学杂志》发表之后，其他一些研究学者也采用了贝姆的方法，但都没有发现任何预感的证据，然而，那本杂志却拒绝发表他们的论文（它确实发表了一篇评论，但这与发表实验论文不是一回事）。那本杂志拒绝的理由是它不会"发表类似文章"，也就是说，一旦该杂志发表了某实验证明了某结果的文章，就不再发表对实验结果进行核查的文章了。这看上去合理：已经证实了的事情，人们没必要再证实一遍。但在实践中，它产生了一种荒谬的效果，那就是你认为自己知道了某个事情，但当它被证明是错误的时候，你却听不到了，这也是贝姆那不可思议的发现成为定论的原因。[8]

这算是开了先河。不过即使贝姆的论文还没发表，我相信也不会有某个严肃期刊发表如下论文，即便这篇论文十分严谨，但只要它是这样写的："我们测试了几百名学生，看他们是否能预知未来。结论是不能。"

因此，这也是一种幸存者偏差的表现，和媒体报道 Kickstarter 成功项目，以及只检查返回飞机机身弹孔的例子一样。在科学实验结果的各种可能性中，我们估计《人格与社会心理学杂志》只对那篇证明人类有预感的论文感兴趣。这倒不是编辑认同人类有先知先觉的观点，而是因为杂志也偏好新奇的、让人意外的观点。在贝姆之前，"人类无法预知未来"这个论点不是什么新鲜观点，期刊当然不予发表。在贝姆之后,"人类无法预知未来"这个论点被反复验证,但期刊不欢迎。换句话说,只有"人类有预感"这样的论文是值得发表的,因为结果不合常规。而研究表明人类没有预感的论文,就像被击中没有返回的飞机一样,无论这种事情发生的频率有多高,我们都无缘再看到它们。

"选择多反而销量降低"没有"人类能预见未来"那么荒谬,但果酱实验可能也受到了类似的影响。想象一下,在艾扬格和莱珀之前,我们会在一本心理学杂志上看到以下研究成果吗?"我们设立了摊位,为人们提供不同种类的奶酪。有时货摊上有 24 种奶酪,有时只有 6 种。我们发现奶酪种类更多的时候,人们的购买欲望更强烈!"哪个编辑愿意发表这样的文章?直到艾扬格和莱珀做了一个实验,结果相反,整个实验不仅可以发表,而且简直就是语出惊人。

如果你看了在《人格与社会心理学杂志》上发表的实验文章,你很可能会真的认为人类可以预知未来。但现在你应该明白了,这叫"出版偏差",期刊喜欢刊发别有新意的文章,实验结果不够惊人或复制实验证明前面实验结果真伪的论文很容易被拒。

贝姆的发现就像那个众筹了大约 5.5 万美元做土豆沙拉的例子,它们都是非典型案例,因此被广泛报道。那些没有得出结果的复制实验,就像"老套白日梦"通过众筹寻求资助他们的专辑一样:没了下文,也没人在乎。

但这次,有人较真了。

"干得漂亮。"专门研究达里尔·贝姆案例的布莱恩·诺斯克说,"实验遵循了所有规则,论文完成得非常漂亮。"[9]

诺斯克是弗吉尼亚大学的心理学家，他心里清楚得很，如果贝姆遵循了心理学实验的所有规则，并得出人们可以预见未来的结论，那就是心理学的规则有问题了。[10]

诺斯克还想知道，如果你把那些大腕的心理实验都重做一遍，会有多少和原实验结果一致呢？他向有同样想法的研究员发出了一封电子邮件，并以惊人的速度迅速成立了一个由近300名心理学家组成的全球网络，对最近发表在三家核心期刊上的论文展开共同验证实验。当本杰明·谢比恩还在死磕选择和消费欲望实验时，诺斯克的网已经广泛撒开了。他们选择了100项研究。复制实验中能论证原实验结果正确的有多少呢？数字让人震惊，只有39个。[11]这让诺斯克和其他人员迷惑不已："这怎么可能？"

你可以说这可能还是出版偏差造成的。说的也在理，因为其他发表在心理学期刊上的心理学实验和达里尔·贝姆的研究一样，结论与众不同，而编辑们都喜欢这样的论文，偶发性的事件当然和事实真相与众不同。

但还有更深层的原因。这就是诺斯克不得不求助于许多同行，而不是让他的研究生助理做所有验证的原因。由于顶级期刊对发表重复性实验结果不太感兴趣，所以如果他让他的研究团队将全部时间投入复制性实验无疑是职业自杀，因为这样学生就没时间去做别的实验、发表论文、顺利毕业、拿到学位了。对于年轻的研究人员来说，不发表论文就是死路一条，因为许多大学和研究机构都是将发表论文或出专著作为晋升或获得项目资助的条件。

这和我们在第二章谈到的在越南战场上数尸体如出一辙。硕果累累的科研人员确实会发表大量的研究成果，并被他人广泛引用。可一旦科研人员因其研究的数量和重要性而获得奖励，他们就会开始寻找将两者最大化的方法。每个人都会打自己的小算盘。如果你的实验结果不太经得起考验，但看起来能发表，虽然理性告诉你要废掉这个结果，但眼看着周围一帮人指望着你申请到项目拨款和提拔，你只有心一横，告诉自己不必太较真，先发表再说。

因此，不仅仅是期刊愿意发表结果惊人的论文，科研人员被"不发表论文就是死路一条"的紧箍咒勒着，也不得不写些经不起审查，但结论惊人的论文。

魔术师德伦·布朗曾经制作过一部没有使用任何特技的视频。视频中，他把一枚硬币扔进碗里，连续10次都是正面朝上。布朗后来自己揭了秘：视频制作很辛苦，花了9个小时，那让人咂舌的绝技不过是视频剪辑的结果，就是把正面朝上的10个视频剪辑在一起就好。[12] 真正的现实是，如果你把一枚硬币掷10次，只有1/1024的机会连续10次正面朝上，所以只有扔上千次，连续10次正面朝上的结果才会出现。但是布朗完全可以把他惊人的结果发表在《抛硬币杂志》上，并配上个绝妙的题目（记者雅各布·戈尔茨坦和戴维·凯斯滕鲍姆起的）："看好了，还是正面！1977年铸的25美分硬币的翻转偏差。"[13]

这样的论文无疑是骗人的，但就是这样极端偶发的实验结果和出版偏见让诺斯克和他的同事发现了大量无法复制原研究结果的论文，你敢相信居然会有这样的事吗？当然，有人可能就是会坚信那万分之一的概率就是一万。

假如有1024名科研人员分别做了抛硬币实验，其中一人真的抛出了连续10次正面朝上的结果会怎样？这在数学概率上是完全可能发生的事，对于这个奇迹般做到这一点的科研人员来说，他声称可以一次性抛 10 个正面也无可指摘。不过，不太可能真有这么多的科研人员会大费周章地抛硬币吧？谁又知道达里尔·贝姆成功之前，有多少人尝试过类似的实验，但未能得出预知未来的结果，然后贝姆撞上了这极低概率中成功的那一次呢。

这种把偶然当必然的情况也不鲜见于个别研究人员的实验室。例如：一个科学家做了一个小实验，如果得出了一个重要结果，他肯定会发表；但是如果实验失败，科学家也会把它记下来，作为经验教训，然后继续尝试其他方法。无论对于外行还是科研人员，这都是合理的做法。但这不是期刊的合理做法，期刊要新鲜的观点，这意味着偶然的实验结果才会被发表出来。

这里还有一种可能性。一个科研人员做了某项实验，得到了一些可能预示某个重大发现的实验数据，但这些数据在数量上还没达标，无法成为论文数据进行发表，那怎么办？就继续积累数据呗。招募更多的实验对象，收集更多的数据，看看结果是否恒定。这样的做法不是很合乎情理吗？收集更多的数据会有什么问题？这不就意味着研究越来越接近真相了吗？把规模做大没有错。一般来说，数据越多越好。但是，随着测试继续进行，想要的数据是一点点积累起来了，但标准的统计方法却无效了。这些测试只是为了收集数据而进行的，而标准的统计方法必须是一个定量实验，定量意味着不能没限制。

你理解我的意思了吗？打个比方，要打一场篮球比赛，有人问你："你觉得比赛进行到什么阶段时，你可以基本判断出哪方必胜？"回答这个问题很难，因为有时候比赛还有运气的成分在里面。但你可能会觉得在比赛快要结束时，两队有 10 分的分差就可以基本判定谁会胜出。标准统计方法差不多也是这个道理，要以较大的把握来判断一个实验结果是否有突破性且可以够资格发表。

但如果其中一支球队表现尤为出色，不管是哪支球队，比赛的组织者都会得到奖金，那么他会决定，只要一支球队领先10分，他会让比赛提前停止。而如果终场哨响时，两队只差7分、8分或9分，他将安排加时赛，看看差距是否能扩大到10分，因为领先的球队只要再进一两个球就能算得上是一支表现尤为出色的球队了。

这明显就是对实验测试的滥用，但这种滥用在各个领域都比较常见。[14]

第三个原因可能是科研人员对如何分析数据有很大的选择余地。譬如，这项研究只适用男性而不适用女性①，或者科研人员对年龄或收入进行统计上的微调，这项研究也许就会成立。也许有一些研究会出现一些异常值，只有将它们包括在内或者排除在外，这项研究才有效，怎么处理数据由科研人员决定。

或者科研人员可以选择不同的对象作为衡量标准。例如，有一项研究是关于手机使用时长和年轻人幸福感的，手机使用时长和幸福感都有不同的测量标准。关于幸福感，你可以问人们会为一件事焦虑多久来衡量，也可以询问人们对自己生活的满意度来衡量，还可以通过询问年轻的父母对自己孩子的状况是否满意来衡量。手机使用时长可以通过跟踪应用程序直接测量，也可以通过调查问卷间接测量，还可以测量"社交媒体使用频率"，而不是"手机使用时长"。这些选择无所谓对错，但是标准的统计测试是，科研人员先

---

① 在篮球赛这个例子中，我们还可以假设比赛组织者发现只算正常投篮进球而不计算罚球，就可以保证是10分的差距。当然这种算法真用在篮球场上就太离谱了，但纯粹从科学角度探索不同的方法是没错的。在现实中，为了达到目的，很多人在做选择时胆子都很大。

选择好衡量对象,再收集数据,进行测试。如果研究人员本末倒置,先进行几次测试,再做选择,那么侥幸的可能性要大得多。

即使科研人员只进行一次测试,而且这一次的测试数据让他们感觉到这些数据可能会得出可以发表论文的结果,那么侥幸数据很有可能会出现在他们的实验结果里,类似于"为赋新词强说愁"的做法。这就形成论文发表的另一种偏差:如果某种数据分析的方法没有产生想要的结果,而另一种方法产生了,那么当然另一种方法就是写入论文的论证方法了。

科学家们有时称这种做法为"归纳演绎法",即根据已知结果进行假设。首先声明一下,在科学实验中,收集数据,再摸索寻找规律,然后构建一个假设没有错,这是科学的。但是此后,你必须重新获得新的数据检验这个假设,用原数据再来检验原假说是不行的。[15]

哥伦比亚大学的统计学家安德鲁·盖尔曼很喜欢用"小径分岔的花园"这个表述,这是豪尔赫·路易斯·博尔赫斯的一部短篇小说的名字。关于收集什么数据以及如何分析这些数据,每做一个决定都类似于站在迷宫里的一个分岔路口,决定了哪条路很快就会有连锁反应,引发后面无数种不同的可能。做一组选择,你会得出一个结论;做另一组选择,未见得不合理,但你可能会得到完全相反的结果。[16]

达里尔·贝姆的研究结果公布一年后,三位心理学家发表了一篇文章,声称在标准的统计方法中,如果存在看似微不足道的失误和不严谨,也会导致研究结果谬以千里。[17]研究人员约瑟夫·西蒙斯、乌里·西蒙森和莱夫·纳尔逊,就用例子"证明"给大家看,证明如何听披头士乐队的《当我64岁时》这首歌能让你看起来比别人年轻一岁半岁的。[18]

我知道你也很好奇："他们是怎么做到的？"研究人员首先从每个实验对象那里收集各种各样的信息，包括他们的年龄、性别、他们认为自己多大年龄、父母的年龄以及其他无关联的信息。他们将每个人的信息各自随意组合，分析了10个实验对象的10个不同组合，只要有某个重要特征显现就停下来寻找规律。最后还真让他们找到些共同点，但前提是他们根据父亲的年龄进行统计，而不是母亲的年龄，并且仅限于统计前20名实验对象，同时忽视其他变量，然后就可以证明那些被随机分配听《当我64岁时》的人比那些被随机分配听不同歌曲的对照组年轻得多。当然，这个实验结果完全是胡扯，但这不着边际的胡扯与那些已经发表并被当成严肃成果的实验有着让人惊讶的相似性。真正的研究人员会不会也越过了规矩的红线，从一开始严格遵守实验步骤到操纵实验以求某个结果呢？他们不大会这样做吧？但如果有人越界了，成功了，就会给那些守规矩的人树立一个不好的典范，让老实人也不自觉地改改数据，这样文章就好发表了。这是典型的劣币驱逐良币。

标准的统计方法是排除大多数偶发结果的。[19]但是，编辑的偏好加上不严谨的研究方法意味着"真正"的科研结果是良莠不齐的。

达莱尔·哈夫在《统计数据会说谎》一书中描述了无良商家如何将这种出版偏差转化成牟利工具。他用一贯的讽刺口吻说，牙膏厂商在宣传它们的牙膏有奇效时，算是有良心的。它们只不过在做实验证明时，把不好的结果"藏起来"，把好的结果呈现出来了。[20]这样造假它们不怕吗？当然怕，怕人说做假广告，怕被人揭穿利欲熏心，夸大牙膏的治疗功效，但广告打假恐怕比论文打假更难。

2005年，约翰·约安尼迪斯发表了一篇题为《为什么大多数发表的研究结果都是假的》的文章，引起了小小的轰动。约安尼迪斯是一个"元研究者"，就是研究研究本质的人。[①] 他认为，各种看起来微不足道的偏差累积起来可能让错误盖过正确。他已经清楚地看到科研危机的来临。但是五年后，2010年，《人格与社会心理学杂志》发表了达里尔·贝姆关于人类可以预知未来的研究，这引发了布莱恩·诺斯克的后继打假实验。[21]

我承认，当第一次听说约安尼迪斯的观点时，我觉得他言过其实了。我当时是这样想的，所有的科学研究都是实验性的，每个人也都会出错，有时质量不高的论文也会得以发表，但是，如果要说一半以上的实验结果都是错的，那未免太夸张了。但在采访了谢伯恩，了解了他重复实验的结果之后，我开始动摇了。后来，经过这些年来的所见所闻，我和那些最初也不相信约安尼迪斯说法的人一样，开始逐渐痛苦地意识到他真是个先知。

贝姆的人类可以预知未来实验名气很大，出名的还有许多故作惊人之词的心理图书，如《思考，快与慢》（诺贝尔奖得主丹尼尔·卡尼曼著）、《在场》（心理学家艾米·库迪著）和《意志力》（心理学家罗伊·鲍迈斯特和记者约翰·蒂尔尼著）。这些发现和果酱实验一样，达到了一个反智的最佳点：观点奇特，让人一怔，但又貌似言之有理，让人无法立即否定。

鲍迈斯特是著名的心理学理论学家，研究的是人的自控能力，

---

① 你可能还记得，约安尼迪斯也是一位流行病学家。2020年3月，他警告说新冠病毒大流行可能是一场"百年一遇的证据惨败"。随后，世界各国发现新冠病毒已经入境屠城，而自己却苦于无精准有用的数据在手，毫无招架之力，真是一语成谶。

并认为人的自控能力有限。他做过一个实验，实验中，桌上放着伸手就可以拿到的新鲜美味的巧克力饼干，却要求实验对象啃萝卜来克制自己；后来，让这些人去做一些有难度的任务，结果是他们很容易就认输了。[22] 库迪的实验是要求人们采取"霸气站姿"（例如，像神奇女侠一样双手叉腰），这样会提高他们的睾丸激素，抑制压力激素。[23] 卡尼曼描述了约翰·巴格的"诱导"研究。实验对象是一些还不识字的小孩子，他们要解开字谜的意思，其中一些字谜是暗示老年的词语，如秃头、退休、皱纹和颐养天年。没有解开字谜的小孩会轻快地沿着走廊走向下一个任务；相反，那些解开了字谜、被老年词语"诱导"过的小孩子在走向下一个任务时，步伐如老人般慢了很多。[24]

这些心理实验结果都很惊人，但卡尼曼在描述"诱导"实验时说："不由得你不信。我们的实验结果不是虚构出来的，也不是统计数据上的少数例子。这个研究的主要结论是正确的，你别无选择，必须接受。"

现在我们意识到我们也可以选择不接受。卡尼曼也应该意识到这不是不可挑战的结论。编辑偏好，再加上实验对象和衡量方法的选择多样性，意味着大量的研究，无论对旁观者还是科研人员自己，乍一看都很严谨，实际可能产生虚假的结论。这些关于意志力、摆姿势和诱导的实验结果都很难复制。在每一个案例中，科研人员都为他们的实验结果辩解，但现在看来，他们的实验结果越来越像是统计事故。

丹尼尔·卡尼曼本人处理问题的办法也很清奇，因为他给这一领域的心理学家写了一封公开信，警告说如果学者们不能诚信做研究，就会产生一系列的严重后果，这种做法变相地拔高了他实验的知名度。[25]

这一出大戏，从约安尼迪斯最初的警告到贝姆的惊人发现，再到沸沸扬扬的对鲍迈斯特、库迪和巴格等大咖的实验重新验证，最后得出颠覆前说的结果，即诺斯克发现（一如约安尼迪斯一直警告的）心理学研究的名场面无法复制，经不起考验。这是心理学术界的"复制危机"或"打假丑闻"。

放到嗝屁网上，这些危机或丑闻就都不是事了，但对于我们普通百姓还真是个事，我们会觉得上当受骗了。原来那些出名的心理学实验之所以出名，不是因为它们经过了严谨的证明，而是因为它们有意思。而意外的实验结果往往也会让人觉得意外，得出的结果对人的理性拿捏得非常到位，与众不同，又不太出格，让人觉得它们有那么点意思，所以强调"有趣"就成了学术论文追求的目标。

这样的编辑偏好（和研究人员追求投稿命中率）会让我们对真实世界多多少少有些误会，但无伤大雅。譬如，有人为准备面试，会偷偷练习一下神奇女侠的霸气站姿，或者有些自信满满的创业者要准备去Kickstarter上搏一把，万一成功了也算促进了经济发展，虽然正经企业家不会放弃工作去搏这种机会。学术界里也没多少人认同达里尔·贝姆关于预见的观点，就像医学专家本·戈达克总结的："我不会相信的，这不是明摆着的事吗？如果人类真的能预见未来，我们早就应该预见这个预见，对吧？语出惊人不要紧，要紧的是你要拿出证据来，不要光放炮。"[26]

本·戈达克和我一样，认为这样的造假危害其实很大，无论是对于人们的金钱方面还是健康方面。

先说说金钱方面的危害。商业文章——我也涉足其中的领域——充斥着幸存者偏差的例子。在我的《适应》一书中，我曾打趣汤姆·彼得斯和罗伯特·沃特曼的《追求卓越》一书，这本书于1982年出版，是轰动一时的商业畅销书，里面研究了当时43家最杰出的公司，总结了它们的管理经验。如果它们真的是卓越管理的典范，那么这些企业应该会成为百年老店、基业长青。相反，如果这些企业只是凭一些旁门左道，或一时运气而兴极一时，那么它们赚的钱，迟早要还的。

果不其然，两年内，这些企业中几乎有1/3陷入严重的财务困境。人们开始嘲讽彼得斯和沃特曼，但事实是，在一个健康的经济体中，这样的沉浮再正常不过了。商界里潮起潮落，有的企业乘风而起，一时风头无两，其中有些能稳步发展，有些只能勉强维持，有的昙花一现、很快消亡。所以，一定要看看成功者的故事，努力从他们身上学习经验，但也要留个心眼。用纳西姆·塔勒布那句经典名言来说，"不要把一时当永远"。

或许这样的商业毒鸡汤毒不死多少人。毕竟，与真实的商战数据和商业图书的观点相左时，人们还是选择眼见为实的数据。虽然果酱研究是学生们耳熟能详的经典案例，但在实际中，没有什么企业会真的依照"选多不好"的方法去做。既然如此，人们不禁开始怀疑，如果真实数据少之又少，那基于数据做的重大决策岂不是也难免遇到幸存者偏差？

金融领域造成的危害可能更严重。2016年，挪威电视台的一个节目特别能说明这个问题。它组织了一场股票大赛，参赛者可以挑选价值1万挪威克朗（约合1000美元）的挪威股票，比赛看谁选得最准、股票回报率最高。参赛者五花八门：两个是专业炒股的，他们拍着胸脯说"我们是专业的，肯定能赢"，还有几个节目主持人、一个算命的、两位没玩过股票的美女博主，还有一头名叫古尔罗斯的奶牛。这头奶牛会被拉到一块空地上，空地的不同区域标出不同公司的股票名称，如果奶牛在哪块区域拉屎了，就表明它选了哪只股票。

结果是：算命的垫底；专业炒股的稍好一点，与奶牛古尔罗斯的表现差不多（奶牛和专业炒股的在为期三个月的比赛中都获得了7%的可观收益）；美女博主的表现更好，但最突出的赢家是电视主持人，他们三个月的回报率接近25%。他们怎么可能做得这么好？很简单，他们压根儿就没有真正参加比赛，而是私下里偷偷地选了20次股，然后向观众显示选得最准的那一次就好。如果不是他们自己后来说了实情，人们真要把他们当股神了。幸存者偏差真是所向披靡啊！[27]

看到这里，大家心里是不是都凉了，这以后还怎么挑选为我们理财的基金经理？基金经理都把自己说得天花乱坠，说他们替我们理财只赚不赔，但我们除了看到他们的一份业绩记录，两眼一抹黑。他们只要说"你看，我的基金去年和前年都跑赢了大盘"，我们就乖乖地被牵着鼻子走了。问题是，我们看到的只是他们成功的一面，或者是偶尔因同侪攻讦、内部爆料流传出来的新闻，他们真正的业绩我们无从知晓。表现不佳的投资基金往往会被清盘、合并或重组。一家大型投资公司往往成立了许多基金，宣传的也都是些明星基金，业绩差的基金早都藏起来了。虽然挪威的那个电视节目浓缩并夸张了这一过程，但可以肯定的是，当基金经理为自己的优异业绩做广告时，你看到的都是他们精选的。

幸存者偏差还体现在对投资收益率的衡量上。这些衡量只考察"现在还在市面上卖的基金"，罔顾这些基金是因为做得好才能活下来这一事实，这就有了幸存者偏差。《漫步华尔街》的作者、经济学家伯顿·马尔基尔曾经估算过，认为幸存者偏差使这些基金业绩与实际业绩收益有差异。但他的估算让人意外，因为差异不大，每年只有1.5%。这听起来可能不算多，但换算成一辈子投资的影响，这就差了一倍了。譬如，你认为退休时，投资的基金收益应该有10万英镑了，最终却只得到5万英镑。换言之，如果我们不算那些悄然消失的、失败的基金，现存市面上的基金也比实际收益夸大了一倍。[28]事情的结果就是人们相信了他们的话，投资了收费高的激进型基金，而低成本的基金却备受冷落。其实低成本的基金反而可能会为投资者博得更好的收益，因为它们被动跟踪整个股市，其估值不会大起大落。在美国商业界，选择主动基金还是被动基金，意味着每年数百亿美元资金的去向；一旦选错，那就意味着数亿美元的损失。[29]

说完了金钱上的危害，再说说健康上的危害。医疗是事关人命的大事，判断哪种药有效，哪种药无效，其重要性想必大家都清楚。随机对照试验（RCT）是医学界的"金标准"。在一项随机对照试验中，一组人服用了测试药，而另一组人随机给了安慰剂或最好的营养药。随机对照试验确实是一种对新的治疗方法或药物最公平的试验，但是如果随机对照试验也受到论文发表压力的影响，我们仍然会不识庐山真面目，结论也必定会有偏差。[30]

例如，2008年，有关部门进行了一项关于抗抑郁药疗效的论文的调查。其中有48篇论文证明抗抑郁药有疗效，3篇论文号称疗效不明显。听起来结果还不错，是吗？但知道了出版偏差，你还会为这个结果高兴吗？因此，这项调查的研究人员又下了大功夫，找到了23篇没发表的论文，其中22篇论证抗抑郁药没有疗效。

另外，他们还发现，此前在给监管机构美国食品药品监督管理局（FDA）递交的抗抑郁药物试验结果论证中，前面提到的48篇自述有效的试验中，有11个其实无效。这些论证文件粉饰了一下数据，再将糟糕的数据技术处理了一下，最后就出炉了这样的结果。所以，校正后的数据不是48∶3，而是38∶36。这里不是说抗抑郁药没用，这些药有时对某些人可能确实有效，用这件事想说明的是公布的数据没有客观反映全部实验结果。[31]

对任何事情不能光看表面，这是重点，要不然就会有几十亿美元的损失，或几十万人丧生。这就是为什么在做决定时，我们要去看看背后的故事，譬如那些失败了的投资基金，那些从未创业成功的硅谷企业家，那些从来没机会发表的学术研究，以及那些在操作中删掉了的临床数据。

到现在为止，这一章讲了太多让人灰心的案例，但我们还是要看到希望。希望就是人们现在对这些问题的认识和理解比5年前要深刻得多。所以，每个人都要努力，让事情往好的方面发展。

对于科研人员来说，他们的努力就像嗝屁网的做法，把失败都摆上桌面。做实验要一清二白，一切都要透明：没有公布的数据要透明，进行了但没有采用的统计测试要透明，在操作中删掉了的临床数据要透明，那些未取得重大突破的研究结果要透明、那些被期刊拒绝或者被塞进文件柜里的论文要透明，只有这样，科研人员才能了解曾经走过的弯路，才能吸取教训，向取得真相的方向更进一步。

负责出版的人也要努力：不仅要勇于发表打假论文，还要和以前的论文对照起来，最好是让那些以前被淹埋的"蚌珠文章"重新发表出来。

我们希望有一天，再求助数据时，不用再像走进了安德鲁·盖尔曼处处迷宫的"小径分岔的花园"。我们可以从上面看迷宫，看到哪里是死胡同，哪里有不常用的路径。只有当所有数据都掌握在手时，全景才会出现在我们眼前。

要达到这样的标准，我们任重而道远。我们确实进步了，虽然这一小步迈得蹒跚，但无论如何开始向前走了。以医学为例，2005年，国际医学期刊编辑委员会宣布，他们编辑的顶级医学期刊将不再发表未预先注册的临床试验。预先注册意味着，在进行试验之前，研究人员必须在公共网站上明示他们计划做什么，计划如何分析结果。预先注册能解决编辑偏好的问题，因为这意味着其他科研人员可以监督试验，防止操作中发生删掉临床数据这样的事。预先注册还应允许其他科研人员阅读试验报告，然后回去看看其是否是按原数据分析计划进行，这样也能杜绝数据出来后改分析方案的事。

预先注册不是灵丹妙药，不可能解决所有的数据造假问题，尤其是社科研究，因为社科研究的一些项目经常是受政府或慈善机构之托，项目时间长，不可控因素多。即使医学期刊要求预先注册，它们也可能无法执行。[32] 牛津大学循证医学中心的本·戈达克和他的同事花了几周时间系统地监测顶级医学期刊上新文章的发表情况。他们发现有58篇文章没有达到这些期刊制定的报告标准。例如，一些临床试验预先设定要统计患者的某些结果，但后来又转而报告不同的结果。戈达克等人及时给期刊编辑写了指正信，但发现他们的信件基本被拒，更谈不上发表了。[33]

这种执行不严令人失望，但考虑到整个医疗系统是靠自我监督，而不是由中央派人稽查的，这样的局面也是不尽如人意。在我看来，在过去的20年里，情况确实有了显著改善：守法意识在提高，违规犯法被处罚，执行标准有胜于无。2006年推出的《试错》等期刊，发表任何结果的临床试验。也就是说，这些试验无论是得出结果了，还是无功而返，无论是令人眼前一亮，还是索然无味，期刊都会一视同仁地发表。这样的杂志就打消了科研人员担心论文结果达不到发表价值的顾虑。还有一个领域在数据打假方面可以大有作为，那就是计算机自动识别，例如：自动识别缺失的数据，自动识别预先注册但随后未发表论文的研究，或者自动发现早期的论文已更新、更正或撤销，但后来仍引用其旧数据的论文。[34]

在心理学界，那场关于人类预知未来的闹剧也产生了积极的结果。心理学研究学者当然都希望发表论文，但大多数也不想写垃圾文章，毕竟他们是搞科研的，以求真为己任。无法复制危机提高了人们对正确研究标准的认识，同时也鼓励了那些做打假实验的人，致力于让造假人员受到严惩。

越来越多的科研人员对打假实验表示欢迎，这也是让人欣慰的事情。例如，2010年，政治学家布伦丹·尼汉和杰森·雷夫勒发表了一项名为"适得其反效应"的研究报告。适得其反效应，简言之，就是如果人们看到一份证明，说某个观点是错的，他们反而会更加笃信那个观点。这引起了一些记者就民众是非观念的担忧，特别是在特朗普上台之后。因为调查事实反而让民众相信了谎言，这又是一个反智的陷阱。但尼汉和雷夫勒鼓励别的研究员做进一步的研究，他们得出的研究表明，适得其反效应并不普遍，人们还是承认事实的。其中一个研究是这样总结的："一般来说，揭露事实可以使人们对观点理解得更透彻。"尼汉自己在推特上引用了这一总结，鼓励人们在科研方面不要人云亦云，亦步亦趋。[35]

法则五　看看硬币的另一面　　105

这场危机让许多统计学家认为有必要重新思考标准统计测试这个基本问题，因为"数据表明有显著突破"这个概念本身就存在严重缺陷。从数学的角度来讲，做个测试很简单。你首先假设测试对象没有效果（譬如药物没有作用；硬币正面朝上的概率是50%；人类并没有预见能力；无论是摆放24种还是摆放6种果酱的摊位，销量应该没有差异），然后做实验，看异常数据有多少。举个例子，假设一枚硬币抛出正面朝上的概率是50%，你抛10次，应该抛出5次正面，但如果抛出了6次，甚至7次正面，你也许还不会太惊讶。但如果你连续抛出10次正面，就会吃惊，考虑到这种概率不到千分之一，你可能开始怀疑你最初的设定——硬币正面朝上的概率只有50%是否正确。"数据表明有显著突破"也是运用同样的方法，先假设没有效果，然后你测试得到的数据和原设定不一样，你就动了心思："是不是可以更正原设定了？"例如，在测试一种药物时，你的统计分析首先设定该药物不起作用；当你观察到许多服用该药物的病人比服安慰剂的病人状况明显改善时，你就可以修正该药物无效这个设定了。一般来说，如果你随机观察到的异常数据（至少像你测试得到的极端数据）的概率小于5%，但你却说"数据表明有显著突破"以此证明某事时，我们就明白所谓药物有效、果酱品种多会降低销量、人类被测有预知能力是怎么回事了。

这个问题很明显。5%是个一刀切的界限吗？6%或4%不行吗？它是不是把标准太绝对化了，就像非黑即白，60分才算及格这样的标准，有没有非量化的标准？如果看到这里你糊涂了，这不怪你，因为从概念上讲，"数据表明有显著突破"是很令人费解的，甚至很落后：它讲的是先假定某理论成立的概率为零，然后在此基础上，实验统计收集非零数据的概率，以此为标准，界定"数据表明有显著突破"。其实，我们觉得倒着来做可能更好，给定数据，看某一特定理论成立的概率。我的感觉是，"数据表明有显著突破"是一个无益的概念，我们应该有更好的界定标准，但其他人更为保守一些。约翰·约安尼迪斯写过一篇文章——《为什么大多数发表的研究结果都是假的》。他认为，尽管这种方法存在缺陷，但"好歹能防止人们信口开河"。

令人遗憾的是，现在还没有找到更好的数据统计标准，能一劳永逸地解决所有这些问题。尽管迈向科学至臻的光明顶有九九八十一级台阶，但至少我们已经上道了。我最近有幸采访了诺贝尔经济学奖得主理查德·塞勒，他曾与丹尼尔·卡尼曼等许多心理学家合作过。他给我的印象是，作为局外人，他认为心理学学科的问题颇多，他的点评也让我印象深刻，"我认为复制实验危机对心理学发展来说是好的，一定要清除学术界的流毒"。[36]与此同时，布莱恩·诺斯克对BBC说："如果从现在开始，我们连续五年坚持做复制实验这个项目，会看到在心理学领域，学术风气一定还有很大改观。"[37]

在这本书前面的章节中，我引用了很多例子，说人们的思维方式和对信息的理解方式，都受到动机和偏见的影响。现在你可能在想："那你说的那些例子就一定客观吗？就没有先入为主的偏见和动机吗？"

老实说，我真不能保证那些实验一定无可挑剔。保不准我引用的例子也可能是下一个果酱实验，或者更糟，下一个诸如听《当我64岁时》会让你更年轻那样匪夷所思的实验。但是在采用这些实验例子时，我用的是本书最后总结的经验。我一再检验这些研究成果到底是具有普遍性，还是只是特例。如果有二三十位学者用不同的方法都得出类似的结论,譬如,我们的政治信仰影响了我们的逻辑推理能力,那么偶尔出一两个意外,我就不那么忐忑了。任何论点要理论和实践都成立,才是好论点。

在大多数事情上,大多数人都不会查阅资料,一探究竟。我们都是靠科技类媒体才对科学发展状况略有耳闻。科技类媒体和其他新闻媒体一样良莠不齐。科技界中夸夸其谈、夸大其词者和炒冷饭者也屡见不鲜。但你也可以发现真正有科学素质和职业操守的科技类新闻记者,他们会真实报道科学发现,不夸大,不贬低。你如果是个细心的读者,会辨别出好坏。其实这不难。你只要想一下,报道这项科研的记者是否让你明白了正在研究的是什么,研究已经进入什么阶段;是对人做的实验,还是只对实验室的老鼠做的实验,抑或只是在培养皿阶段?好记者会让你搞明白这些,然后激发你更大的兴趣追问:研究的效果怎样?这算一个突破吗?好记者会尽量不惜笔墨回答所有疑问,但求让读者搞懂,有所收获。[1]

你如果对某个观点有疑问,可以很容易找到第三方的意见。因为几乎所有学科,不论是理工类还是社科类,只要重大研究一出来,全网的同行业专家很快会了解,并将他们的意见和想法发表在网上。很多科技记者认为,互联网给他们这个职业帮了很大的忙:在一项对约100名欧洲科技记者进行的调查中,2/3的人认同这一观点,只有不到10%的人不认同。[38] 为什么这样说呢?因为在互联网上,

---

[1] 你或者可以这样验证,比如你在脸书上读了一篇介绍一个很酷的科学发现的文章之后,要转述给你朋友听。这时你会发现你要弄懂以下问题才能转述清楚:这项研究做的是什么?研究目的是什么?研究结果符不符合研究人员的预期?如果你的转述是这样的——"一些科研人员发现蓝莓会致癌",那就证明你读到的这篇新闻报道写得不够好。

你可以很容易找到你要看的论文，还可以看到底下的评论，也可以联系到专家，讨教他的意见。

如果你想要了解医疗方面的事，我可以告诉你一个咨询的好去处：科克伦医学文献数据库（Cochrane Collaboration）。它是以医生、流行病学家和循证医学倡导者阿奇·科克伦的名字命名的。1941 年，科克伦在被德国人俘虏投入战俘营后，居然进行了一次临床试验，这需要巨大的勇气、决心和隐忍能力，三者缺一不可。当时监狱里的战俘都病得厉害，科克伦自己也是，所以他怀疑这是由于饮食中缺少某种元素引起的。他知道自己掌握的信息还不够多，没法很有把握地给出治疗意见，但他没有绝望，也没有任凭直觉，而是设法组织他的战俘同伴测试了不同饮食的效果，终于发现他们缺少的是什么了，然后向战俘营军官提供了无可争辩的证据。后来维生素补充剂被及时供给了战俘营，从而挽救了许多人的生命。[39]

1979 年，科克伦感叹道："医学有一大缺憾，就是没有按照某一科或相关细分专业对所有相关领域的随机对照试验进行周期性的总结。"科克伦去世后，伊恩·查莫斯爵士完成了他的遗愿。20 世纪 90 年代初，查莫斯开始系统地收集医学文献，最初只是关于围产期领域的随机试验，即孕妇及其婴儿的护理，后来范围越来越广，发展成一个医学科研人员的国际性群体，他们对各种临床课题进行审查、评价、综合分析，并公布最新数据。[40] 他们自称为科克伦协作组织，也就是科克伦医学文献数据库。这是一个分门别类的在线医学文献数据库。整个数据库不仅对所有国家免费开放，更难能可贵的是可以看到任何课题的综述，以及在随机试验的基础上，人们目前对该课题研究的摘要性描述。

我随便看了一下最近的综述，看看有什么最新动态。网站头版之一是评估"瑜伽治疗女性小便失禁"的综述。嗯，我一不练瑜伽，二没有小便失禁，三不是女人，所以应该算旁观者，对这份报告的评价不会掺杂任何主观因素。

我在查看科克伦医学文献数据库上的内容之前，先在谷歌上搜索了"瑜伽能治疗小便失禁吗？"美国互联网健康资讯网（WebMD）是最先搜出的网站之一。[41]它显示，一项新的试验表明老年妇女练瑜伽能显著改善小便失禁问题，同时也指出这项试验的规模很小。[42]《每日邮报》也有类似的报道：虽然改善显著，但试验规模小。[43]最先弹出的搜索结果是一家私人医疗机构，它只强调效果显著，不提试验规模，尽管它确实给了原试验的网页链接。[44]

这些报道无功无过，也不会造成太大的危害，比我预期的要好。人们练瑜伽，不管出于什么目的，如果身体改善了，然后认为是瑜伽的功劳，虽然事实上很有可能无论怎样身体都会好起来，瑜伽抢功劳也不算太严重的事。

就算这样，这样的网站报道还是失职的，因为它们没有披露更全面的研究状况，只是照抄了别的网站的东西，而没有任何比照试验的数据来说服读者。

相比之下，科克伦医学文献数据库就会提供一个对瑜伽和小便失禁所有知识点的综述，这为我们快速了解这一话题提供了莫大的方便。科克伦医学文献数据库在谷歌搜索的第一页，很好找。

科克伦医学文献数据库的综述，语言简单、易懂。它的总结是："目前只有两项研究是针对瑜伽和小便失禁的，且规模很小，所以证据不足。但有证据表明，对小便失禁，练瑜伽比不练好。"这就是科克伦医学文献数据库的总结陈词，用谷歌快速搜索，搜索到它的页面，一分钟就可以了解该话题的概括总结，又快又好，很高效。（该网页还提供各种语言的翻译版本。）所以，关于瑜伽和小便失禁，是没有太多研究的。如果不是这个数据库的提示，我会疑神疑鬼，认为有许多这方面的研究被藏了起来，需要我们去挖掘，现在可以不用白费那个力气了。[45]

还有一个相关网络——坎贝尔合作组织（Campbell Collaboration），也是一个提供关于社会政策研究的免费数据库，不过涉及的是教育和刑事司法等领域。现在类似的网站资源越来越多，发展得越来越好，我们要了解一项研究是否有意义，是更符合发展趋势，还是为了哗众取宠，也越来越容易了。

法则六
查看统计样本是否覆盖全面

政府拥有很多重要和隐秘的权力,其中之一是有权在收集数据方面不作为。决策者不去收集信息,不了解情况,却可以对我们瞎指挥。

——安娜·鲍威尔·史密斯

大概 70 年前,著名心理学家所罗门·阿什在一项实验中,让 123 名实验对象做个简单任务:他们会看到两幅画,一幅画中有三条长短不一的线段,另一幅画上是条"参考线",阿什让他们在三条线中选出一条与参考线长度相同的。阿什设了个圈套:他给每一个实验对象旁边都安排了他的托儿,这些托儿都会毫无意外地挑选错的线段,这对实验对象造成很大影响,迷迷糊糊地,实验对象往往(虽然不是绝对)也会不由自主地选出错的线段。

阿什的实验不禁让人浮想联翩,我经常在写作和演讲中谈到这个实验。我说人们往往有附和对话者观点的压力,我的说法马上引起共鸣,闻者频频点头。这一幕恰恰又印证了这个观点,真是一个令人难忘的了解人性的窗口。

读了前几条法则,你们现在是不是已经培养起凡事怀疑一下的习惯了?你们会不会怀疑那个实验有假呢?那个实验设计精巧,结论让人印象深刻,和许多心理学家一样,阿什的实验对象都是他那个时代,即 20 世纪 50 年代的美国大学生,近水楼台嘛,这个无可厚非。那个时代，如果让他以全美不同群体的样本做实验未免太勉为其难了，寻找国际样本就更困难了，或者让他在1972年而不是1952年做这个实验，会得出什么结果我们也不得而知了（其他人进行了后续实验，结果发现学生的追随或从众程度降低了，这可能是越战时代，学生开始叛逆的一个迹象）。

然而，人们太容易把所罗门·阿什的实验发现当成一个一成不变的普遍真理了。虽然这个实验只针对了特殊人群，即20世纪50年代的美国学生，人们却把它的结果放大到整个人类身上。我有时也会犯这种以偏概全的错，尤其是在谈话压力下。我们对任何人性的总结不应该是在涵盖各种人后才能得出的吗？所以，现在心理学家越来越诟病心理实验对象的"偏门"，即实验对象都是来自西方工业化的发达国家且受过教育的白人。

1996年，科克伦式的文献回顾发现，阿什的实验激发了133个后续研究，相较以前听不到异议的声音，这些研究得出的总结是让人欣慰的：从众心理很普遍且影响较大，但随着时代的进步，它的影响在减弱。接下来要问的一个问题是：从众的压力是否因要顺从的对象不同而不同？

令人失望的是，后续研究的角度不够多样化，大多数还是在美国本土进行的，几乎所有的研究对象都是学生，但有少数几个例外的实验很有启发性。例如，1967年对加拿大巴芬岛的因纽特人和塞拉利昂的滕内人进行了对照实验，发现前者的从众程度更低。我不太了解人类学方面的知识，但据报道，因纽特人的文化强调个人主义和包容，而滕内人有严格的社会规范，至少在进行这些实验的时期是这样。一般说来，除了日本这样突出的例外，社会学家普遍认为阿什实验中提到的从众性，在强调个性的国家里比较低，而在强调集体主义的、社会凝聚力更为重要的国家则比较高。[1]

因为阿什的实验对象都是来自美国这样强调个人主义的国家，这就意味着他可能低估了整个人类的从众心理。但是，那时的心理学教科书和科普书中往往夸大了阿什发现的人性中的从众性，（阿什的实验对象是有反抗意识的大学生。几乎没有哪个人每次都会受他人左右，所以在重复的几轮实验中，他们有时会做出与他人一致的选择，有时又故意与众不同，就是为了不让别人认为自己太没主见）。所以就这么巧，阿什的低估和教科书的夸大，就让彼此的影响抵消了。[2]

单一文化群体中的从众压力有多大？多元化文化群体会更包容异己吗？好像有那么点苗头，例如，后续研究发现，人们和朋友在一起，往往得听大家的，但和陌生人一起就会自己拿主意。当阿什在实验中让托儿选择各异时，实验对象的从众压力就消失了，他往往就选对了。在这种情况下，即使他的选择和别人的都不一样也不要紧，因为其他人的选择也都不一样。所有这些都表明，解决从众心理的一个办法是在不同人群中做决定，当大家各抒己见时，你也可以畅所欲言。但这种实用的策略很难再验证了，因为最初的实验和许多后续实验都是在同质文化人群中进行的。人们不禁为错过了这样的验证机会而惋惜。

而且我认为，阿什的实验还有一点让我感到不对头，那就是完全忽略了他本该包括在内的一类人，而且这类人可能在实验中表现得完全不一样。所罗门·阿什在宾夕法尼亚州斯沃斯莫尔学院这样一所男女同校的学校任教，但他的实验中，无论是托儿还是实验对象，没有一个是女性，他有必要这样做吗？

巧的是，后续研究表明，全男性实验组比全女性实验组从众性弱。所以，你可以说，这个实验中没有包括女性不算大问题。说得没错。但如果阿什当初既测试了男性，也测试了女性，他的证据是不是更有力？[3]而且，性别也很重要，阿什也可以研究性别对从众心理的影响，或者实验时采用男女同组，再看看结果会不会不一样。但显然他没有想到这一点，糟糕的是，后面关于他实验的报道也很少提到这个瑕疵。

如果所罗门·阿什是唯一做过类似实验的学者，我们就不与之计较了，可惜他不是。他的学生斯坦利·米尔格拉姆在20世纪60年代于耶鲁大学进行了一组遭人诟病的电击实验。我曾经在《金融时报》上这样描述他的实验：[4]

> 米尔格拉姆向公众招募参与"记忆研究"的实验人员。不明就里的实验者一到实验室，就得抽签，看谁扮演"老师"的角色、谁扮演"学生"的角色。一旦学生被绑在电椅上，老师就退到另一个房间控制电击器。如果学生回答错了问题，老师就会被要求对学生慢慢加大电击强度。尽管作为示范，很多老师自己也体验过电击的疼痛，尽管受罚学生已经开始抱怨心脏难受，痛苦的尖叫声和求饶声隔墙可闻，尽管电击器上的开关已经被推到"危险：严重冲击，×××"的挡位，许多老师还是会继续执行可能致命的电击。只不过，扮演老师角色的实验对象并不知道，真正的电击并不存在，从隔壁房间传来的尖叫声是假的。然而，这项实验产生的结果让人不寒而栗。

我的文章本应该提到，或者顺便提一下也好，米尔格拉姆的实验对象全部为男性。但我当时没考虑到这一点,所以跟我之前的很多人一样,我当时压根儿没想到要去对这个问题进行核查。

我希望我现在不会再忽视这类问题了。写了那篇文章后,我就《被隐形的女性》采访了它的作者卡洛琳·克里亚朵·佩雷兹。采访她是很轻松的一幕,她当时带着一只可爱的小狗走进了BBC。当我们谈论数据上的性别差距时,小狗蜷缩在演播室的角落里,一点也没闹。但是佩雷兹的书一点也不轻松,因为书中描述的女性哀其不幸、怒其不争的社会现象令人如此压抑:从为警察制作防弹背心的人忘记了一些警察有乳房,到苹果手机所谓健康应用"综合"程序忽视了有用户是来月经的。她的书总结说,我们生活中那些设计产品和制定政策的人,潜意识里都把顾客或公民默认为男性,女性是事后才被想到的。[5]佩雷兹说我们收集的统计数据也不例外。她毫不留情地说,人们总是轻飘飘地说数据反映的是"没有任何立场的观点",而事实上,这些数据里也掺杂着或深或浅的偏见。

大家回想一下过去在临床试验中,专门为女性做的是不是少之又少。以沙利度胺(也叫反应停)为例,这个药成了一个医学史上的警钟事件。当时的孕妇普遍服用沙利度胺来缓解晨吐,但后来发现这种药物会导致胎儿严重残疾甚至死亡。这场事故之后,为了保险起见,再做药物试验时,育龄妇女都被排除在外。但是,只拿男性进行的药物测试能测出针对所有人的效果吗?这样的所谓谨慎措施有意义吗?岂有此理。[6]

现在情况有所改善,但许多医药研究还是没有对数据进行性别分类,以便探讨对男女的不同影响。例如,西地那非最初是用来治疗心绞痛的,在男性身上进行的临床试验产生了一个意外的收获——治阳痿。这个药现在改名成世人皆知的伟哥,作为治疗勃起功能障碍的药物推向市场。但西地那非还有另外一个意想不到的效果——它可能是治疗痛经的有效药物。我们说"可能"是因为这只是一个小型试验结果，而且这个试验也没有得到药厂的资助。[7]如果治疗心绞痛的药对男女都有效，那么能治疗阳痿的药也应该能治疗痛经。

让人意外的是，药效因男女性别不同而不同的现象很普遍。根据一个在老鼠身上进行的药物研究文献，人们发现受试药物大多数情况下会出现男女有别的效果。很长一段时间以来，研究肌肉干细胞的人员一直困惑于一个现象：为什么干细胞有时会再生，有时却不会。这似乎很没规律，直到有人去核查这些干细胞是来自雄性还是雌性，结果才真相大白：原来雌性的细胞再生了，而雄性的没有。

类似这样的性别盲点尚未完全消除。在新冠疫情暴发几周后，研究人员开始意识到，男性可能比女性更容易感染和死亡。这是行为差异上的原因吗？比如女性洗手更勤，男性吸烟居多？还是男女免疫系统上的巨大差异造成的？现在很难讲，特别是在25个感染人数最多的国家中，超过一半的国家（包括英国和美国）没有按性别对病例进行分类。[8]

就算收集数据时纳入了女性，还会产生一个问题，那就是设计的调查问题都是以男性为导向的。大约25年前，乌干达的活跃劳动力突然激增10%以上，从650万人增至720万人。这是怎么回事？人力资源部门开始着手调查。[9]

调查发现，过去的调查要求人们填写自己的主业或工作，许多打零工、摆摊或在自家地里干活的妇女只能算"家庭主妇"。但新的调查包括了副业，一下子表格里就多了许多靠副业赚钱的女性。乌干达劳动力增加的70万人中大多数是女性。所以，问题不是出在先前的调查忽视了这些妇女，而是出在人们的思想还停留在男的挣钱养家、女的在家管娃的传统家庭模式上。

数据还反映了更细微的差距，即政府通常统计的是以家庭为单位的收入，而不是个人收入。这样的统计方法也算合理，因为在一个家庭里，夫妻是共同承担房租、食物和其他开支的，以家庭为单位统计财务状况是符合逻辑的。我认识一些人，他们（有男有女）不挣钱，在家照顾孩子，由他们的配偶在外挣钱养家。所以要说家庭中没收入的一方生活困顿，那才奇怪呢。

然而，尽管许多家庭是挣钱一起花，但我们不能简单地认定所有家庭都是这个模式。有时，挣钱的一方就成了强势的一方，对不挣钱的一方呵斥或奴役。这些家庭关系不平等的现象在统计家庭收入的数据上是反映不出来的，似乎也和统计目的无关。但如果我们认为没有统计的东西就不存在，那就是在掩耳盗铃。

和阿什的实验一样，人们从没费心思揣摩过家里男主人掌握财政大权与女主人掌握财政大权有什么不同。但我们有确凿的证据证实这真的不同。经济学家雪莉·伦德伯格和她的同事研究了1977年英国的情况。当时的儿童福利金是一种针对有儿童家庭的政府补贴，本来是从个人所得税中抵免（通常是从父亲的收入中）的，后来变成对母亲的现金支付。这一政策的改变使妇女和儿童的服装支出相对于男性服装的支出明显多了起来。[10]

我在《金融时报》上发表的文章中写了伦德伯格的研究结果，一位愤怒的读者写信质问我，我怎么知道把钱花在买女装和童装上就比花在买男装上好。对于读《金融时报》的人来说，这种质问有点不寻常，因为他没有抓住问题的重点：不是说哪种支出模式更好，而是支出模式不同。家庭收入没有变化，但当收入给到家庭的不同成员时，就会被花在不同的事情上。这告诉我们，仅从家庭层面衡量收入，会忽略重要的信息。统一福利金是英国的另一项新福利，它只给付到户主。这种传统做法很可能有利于男主人，但是考虑到我们掌握的数据不全，现在很难判断是否真的如此。

有时，我们禁不住幻想一下，想要某个高质量的统计数据表，它能"啪"的一下从什么地方冒出来就好了，那些数字一定是上帝的意思吧。然而现实中，任何统计事项还是由人来做决定：收集什么信息、不收集什么信息，统计什么、不统计什么，统计对象是谁，这些都有人为的观念、成见和疏漏掺杂其中。

例如，联合国制定了雄心勃勃的"2030年可持续发展目标"。但是，发展专家们开始关注一个问题：我们没有所需的数据来判断这些目标是否已经实现。比如，妇女遭受家暴是否减少？如果没有几个国家收集到高质量的历史数据进行比较，这个目标是否实现就很难说了。[11]

有时，关于收集什么数据的决定也很奇怪。事实核查组织的负责人威尔·莫伊指出，在英国，当局对打高尔夫球人数的统计比被袭击、被抢劫或被强奸人数的统计还要好。[12]这并不是因为政府里的人认为把公家的钱花在统计打高尔夫的人数上比花在统计犯罪受害者人数上更重要。相反，这个统计结果往往是其他调查项目附带出来的。当年伦敦获得2012年奥运会举办权，兴奋之余，政府发起了"体育人生"的调查，该调查覆盖了20万人，人数之多、地域之广，也让我们了解到哪些体育项目在哪个地区最流行。这就是我们得到打高尔夫球人数的原因。

这不是坏事，能让我们这么细致地了解人们如何保持健康真是

法则六　查看统计样本是否覆盖全面

太好了。这难道不也意味着有必要加强英格兰和威尔士的犯罪调查吗？该调查只覆盖了 35000 个家庭，虽然这个调查也可以反映全英国一般性犯罪的趋势，但是如果它能和"体育人生"的调查规模一样，我们也许就能够了解特殊型犯罪、少数族裔或特定城镇的犯罪趋势。在其他条件相同的情况下，涵盖人群越广的调查可以给出越精确的估计，尤其是当你想统计一些不寻常的事情时。

但调查规模也不总是越大越好。因为即使统计了大量的人，也仍然会忽略一些人，从而使统计失真，造成灾难性后果。

1936 年，堪萨斯州州长阿尔弗雷德·兰登成为共和党总统候选人，与时任总统、民主党人富兰克林·罗斯福竞争。一本受人尊敬的杂志《文学文摘》自告奋勇，肩负起预测结果的重任。它通过邮寄问卷的形式，进行了一项大范围调查，被调查人数达到让人震惊的 1000 万，占到了选民总数的 25%。回复的邮件多到难以想象，《文学文摘》对这项调查的规模很引以为豪。8 月下旬，《文学文摘》说："下周，我们就开始对这 1000 万份调查的第一批回复进行统计，我们会核查三遍，进行五次交叉分类，最后汇总。"[13]

在统计了 240 万份回复后，《文学文摘》公布了结果：兰登将获得 55% 的投票当选下届总统，其得票率远超罗斯福的 41%，剩余 9% 的选民会投票给第三候选人。

而最终的选举结果与调查恰恰相反，罗斯福以 61% 的得票率击败了兰登，兰登只获得 37% 的选票。更让《文学文摘》难堪的是，一家名不见经传的小型调查公司，也就是民意调查开创者乔治·盖洛普创办的公司，进行的一项规模小得多的调查预测反而更接近真实结果，他们预测罗斯福将轻松获胜。

盖洛普抓住了《文学文摘》没有抓住的一点：在数据方面，规模并不意味着一切。像盖洛普这样的民意测验是以投票人群样本为基准的。这意味着民意测验要处理好两个问题：样本误差和抽样偏差。

样本误差反映的是这样一种情况：有时纯属偶然，被随机抽样的人没有反映民众的真实意见。"误差范围"就是指这种风险，但是样本越大，误差会越小。1000人的随机采访对任何目的的民意测验都算大样本，据报道，1936年竞选期间，盖洛普进行的是3000人的随机采访。

那为什么3000人的随机采访能预测正确，240万人的调查反而不行了呢？答案是除了样本误差，民意调查还有一个更大的陷阱要避免，即抽样偏差。抽样误差是指随机挑选的样本恰巧没有反映真实状况，而抽样偏差是抽样没有覆盖全样本类型。乔治·盖洛普在无偏差样本方面下了很大功夫，因为他知道这比找到一个大样本重要得多。

《文学文摘》为了更大的数据集，弄巧成拙地将其搞成了偏差样本。他们根据车辆登记表和电话簿上的名单将调查表邮寄给这些人，但至少在1936年，能买得起汽车或家里装电话的都属于小部分人群，是中上阶层的人。还有一个让问题看起来更复杂的现象是，兰登的支持者比支持罗斯福的人更愿意回复调查问卷。这两种偏差一叠加，足以使《文学文摘》的民意调查翻车。所以，情况就成了这样：乔治·盖洛普的民意调查机构每进行一人的采访效果，相当于《文学文摘》收到了800份回复的效果。就这样，《文学文摘》辛苦了半天，还预测反了，这让他们情何以堪。因为对缺失人员（没有被调查的人）和缺失回复没有给予足够的重视，《文学文摘》

犯下了统计史上最著名的投票预测失误。

现在所有的民调机构都提醒自己不要重蹈《文学文摘》的覆辙，所以那些认真负责的民调机构都会遵循乔治·盖洛普的做法，尽量让样本更具代表性。这从来都不是一件容易的事，而且似乎越来越难，因为愿意回答民调询问的人越来越少。这就提出了一个显而易见的问题：那些回答的人是否真的能代表其他人。之所以会产生这个现象，在一定程度上是因为人们不太愿意拿起电话回答无感情、冷冰冰的程序自动设置的问题。例如，"英国选举研究"是一家专做真人采访的机构，它第一次做民调时，调查小组会敲开选民的家，1963 年，这个机构得到的回复率接近 80%，但到了 2015 年，同样是面对面采访，回复率才 55% 多一点。在他们上门调查时，要么没人开门，要么有人开门但拒绝回答调研员的问题。[14]

民调机构想改变这种局面，但找不到一个万全之策。缺失的回复就像统计学家戴维·汉德所说的"暗黑数据"那样：我们知道社会上有不少人持不同的意见，但只能猜却问不到。我们可以忽略暗黑数据，就像阿什和米尔格拉姆在实验中将女性忽略一样，或者我们可以努力去照亮缺失的数据。但这种问题，我们永远无法彻底解决。

在 2015 年的英国大选中，民调显示，时任首相卡梅伦不太可能赢得足够的选票连任。但民调结果错了：卡梅伦领导的保守党赢得了下议院的席位，以微弱优势锁定了胜利。当时人们还不清楚到底出了什么状况，许多民调公司认为，是许多摇摆票在最后一刻投给了保守党。如果民调公司在投票倒计时期间，再进行几轮快速民调,是可以准确预测摇摆票的走向的。

认为这就是民调公司出错的原因也是不对的。后来的研究表明,真正的问题出在那些暗黑数据上。选举后不久,研究人员随机挑选了一些居民,登门询问他们是否投票,以及投给了谁。他们得到了与先前民调相同的答案:保守党选票不足以让卡梅伦继续执政。但是民调人员后来再次登门上一次没人应答的房子或者被拒的人家去调查,结果找到了更多的保守党选民。民调人员一次又一次地调查,有时多达6次,就是想搞清楚预测和事实出现差距是什么原因。他们最终得到了他们原本希望与之交谈的几乎所有人的答案。结论是:这项回顾性民调最终与选举结果吻合,下届政府仍是保守党的天下。

所以,如果问题是摇摆票的最后倒戈,多做几轮倒计时快速调查就可以避免预测错误,但事实并不是这样。因为保守党选民不容易找到,所以民意调查只能以慢工出细活的方式进行。[15]

历史在大倒热灶的美国2016年大选重演,当时的民调一致认为希拉里·克林顿在决定大选最后结果的摇摆州领先唐纳德·特朗普。事实上,的确有最后倒戈给特朗普的选票,但也存在2015年英国大选民调出现过的样本偏差问题。事实证明,民调机构更容易找到希拉里的支持者,而非特朗普的。客观地说,民调预测的误差并不是很大,只不过在人们的印象中,隐隐觉得特朗普不太像一个寻常的候选人,所以胜算不大。但事实仍然是,民调预测错了,部分原因是当民调机构试图寻找一个最有代表性的选民群体样本时,太多特朗普的支持者不在其列。[16]

对于样本偏差问题的最具代表性的解决方案就是不要去找代表

性的人口抽样，而是对所有人进行问卷调查，这其实就基本成了人口普查。然而，即使是人口普查员也不能确定他们已经统计所有人。在美国 2010 年人口普查中，他们只收到 74% 的家庭回复，这就是说还有很多人没有被统计上或主动选择不参加普查。

在英国 2011 年的人口普查中，答卷率为 95%，约 2500 万个家庭参与。这个数字比美国好很多，是吗？乍一看，这个数据几乎完美无瑕：有 2500 万个家庭参加了普查，随机抽样误差应该不会很大。但即使只有 5% 的家庭没有参加普查，样本误差仍然令人担忧。人口普查员很清楚，当一个看起来非常正式的人口普查表"砰"的一声落在你家的门垫上时，哪些人是不太可能回答的，譬如合租的人（就像学生宿舍那样的）、二十几岁的男性、英语不好的人。结果是，5% 的人没有回应。而这 5% 的人却可能与那 95% 很不一样。仅就这一点，就可以说人口普查数据失真。[17]

人口普查是最古老的统计方法之一，而"大数据"是有着和人口普查同样的愿景，期望能涵盖每个人的现代技术。牛津大学互联网学院教授、《大数据》一书的合著者维克多·迈尔·勋伯格告诉我，他最喜欢把大数据集定义为"一个都不少"——我们不再需要取样，因为我们拥有整个人群数据。[18]

大数据的一个获取方式很不起眼，人们往往没有留意到。就拿看电影来说吧。1980 年，你去看电影，只能用现金买票。你这次消遣产生的唯一数据就是票房收入。1990 年，你去当地的录像带租赁店租碟回家看，店老板那时最多有台电脑做个记录，或者直接用纸笔记录你租了什么碟。即使老板那时有电脑，估计也没连接什么数据库。但到了 21 世纪，只要你在网飞或亚马逊一登录，你的数据就进入一个庞大而相互联系的数据世界，你的数据很容易就被拿来分析、对比，或在条件允许的情况下与数据供应商共享。

你申请借书证、缴纳所得税、签手机上网合同或申请护照时，情况也大抵如此。过去，这样的数据只会以小纸条的形式存在于一个按字母顺序排列的巨大档案本里，它们不是为像人口普查那样的统计分析而设计的，只是为政府管理需要而存在的。随着时间的推移、行政数字化和查询算法的改进，这些数据越来越成为统计分析、数据补充，甚至民意测验的一个个小分母。

但"一个都不少"更多是一种理想，而不是事实。正如我们所看到的，政府数据经常会要求你填写谁是户主、谁养家这样的家庭信息，那些本来就对政府敬而远之的人就躲得更远了。此外，不要忘记"一个都不少"和"每个人都在"不是一回事。例如，网飞对它的用户拥有海量数据，但对于不是它用户的人，就没什么数据了，如果它用自己用户的数据去推断别的用户群体，就会酿成大错。

除了政府掌握我们的数据，大数据悄悄窃取我们数据的另一个重要来源是"留痕数据"——我们留下自己的数据时都没有察觉。大家现在走到哪儿都用智能手机、谷歌搜索、在线支付，在推特上发帖，在脸书上晒照，或者在手机上用智能温控 App（应用程序）为房间加热。所以，你不只给了网飞你的名字和信用卡的详细信息，只要你在流媒体上看过东西，你什么时候看的、什么时候停的，或者别的信息，一切的一切，都会在网上留下痕迹。

如果有不怀好意的人从网上窃取了这些信息，他们就可以利用这些信息兴风作浪、为非作歹。获得这些信息一点也不难。例如，我们想掌握舆情动向，可以在推特上运行一个情绪分析算法，就知道哪些人提哪些意见了，连民意调查的钱都省了。推特上可以提供每一条信息供你分析，尽管在实际中，大多数研究员使用的是大数据中的一小部分。但即使我们分析了每一条推特消息，仍然只是了解了推特用户的想法，而不是整个世界的想法。推特用户并不能代表整个世界。例如，在美国，推特用户大概率是年轻人、城市居民、受过高等教育的人和黑人。与此同时，女性更倾向于使用脸书和 Instagram，较少使用领英。西班牙裔比其他白人更喜欢使用脸书，而领英、推特和 Instagram 在黑人族群中比在白人族群更受欢迎。这都是藏在细节中的信息。[19]

"一个都不少"推出的数据其实会误导人，微软研究员凯特·克劳福德收集了许多这样的例子。一个例子是关于 2012 年飓风桑迪的。当飓风袭击纽约地区时，研究人员根据推特用户和当地搜索引擎"方格"提供的数据公布了一份报告，报告显示他们追踪到飓风到达前一天，人们蜂拥去商店买储备物资，飓风过后第一天酒吧和夜总会爆满的情况。看起来数据总结得不错。只不过关于受飓风影响的那些推特用户几乎都来自曼哈顿地区，而科尼岛等地区受灾更严重。事实上，科尼岛的电力因飓风而中断了，这就是为什么那里没人上推特，而人口稠密、富人集中的曼哈顿区智能手机接近饱和，至少在 2012 年情况是这样的，当时的智能手机没有今天这么普及。所以，要想使这种大数据有用，需要付出相当大的努力将推特从现实中分离出来。[20]

另一个例子是 2012 年波士顿推出的一款智能手机应用 StreetBump，它使用苹果手机上的加速度计来检测街道地面上的坑洼情况。当时的想法是，波士顿市民可以下载这个应用程序，当他们在市里开车发生颠簸时，他们的手机会自动通知市政厅，哪里的路面需要维修了，市政工作人员就用不着在街道上四处寻找坑洼了。这个设想很巧妙，它也确实在城市街道上发现了一些坑洼。然而，可惜了 StreetBump 的用途，因为它绘出的坑洼地图，无一不指向年轻人多或有钱人多的区域，因为只有这两种人买得起苹果手机，并且还听说过这款应用。StreetBump 倒是"一个都不少"地忠实记录了每一个造成车辆颠簸的坑洼，但这和把每个坑洼都记录下来不是一回事，所以后来该项目不了了之。

哪怕是使用留痕数据，那些算法也会带上隐匿偏见。例如，算法会设计成主要针对白皮肤和男性声音，所以在识别女性声音或皮肤较黑的人时会不准。这也就是为什么谷歌照片软件会将黑人照片与大猩猩的照片混淆；惠普公司的网络摄像头在指向深色皮肤的人时难以激活；尼康相机的程序是，如果它认为拍摄过程中有人眨了眼睛，就会重新拍摄照片，所以就有了不断地重拍来自中国、日本或韩国人照片的事件，因为东亚人的眼睛较小，它会误认为眨眼。还有 2020 年春季推出的新应用程序，该程序承诺只要听你的咳嗽声，就能检验出你是否患上了新冠肺炎或别的疾病。我但愿它这次不要闹笑话。[21]

有一点是确凿无疑的——如果样本本身就跑偏了，算法再怎么分析，它得出的结论也一定是跑偏的。[22]

社会有多少明目张胆的种族主义者和性别歧视者，你看看四周就知道了。但总的来说，我们统计了什么，或漏掉了谁，都是由自己选择时的粗心、不甚严重的偏见和一些无心之过造成的。

除非我们亲力亲为地收集数据，否则对统计漏失能做的有限。但至少，在别人给我们提供数据时，我们可以，也应该记得问一下，哪些人或哪些内容可能遗漏了。一些数字的缺失是很明显的，例如，有关贩卖妇女或吸毒等犯罪方面的真实数据就没有被很好地收集。其他类型的遗漏只要仔细查看也能发现。比如，研究人员可能没有明说某项实验只研究男性，这种信息有时会隐藏在统计附录中，或者有时根本没处找。但快速调查一下，就会发现这项研究的瑕疵。如果一个实验只研究男性，我们不会认为实验要是包括了女性，还会得出同样的结论。如果政府的统计是针对一个家庭的收入的，我们必须认识到，我们不可能由此了解到太多这个家庭里谁花钱最多的信息。

大数据看起来很全面，也可能用途很广，但"一个都不少"是一种容易让人上当的错觉：一切尽在自己掌握中。其实我们必须常问："数据里少了谁？漏了什么？"这只是我们对待大数据要谨慎的原因之一。大数据代表着数据收集和统计方式的巨大变化，这种变化的影响还有待我们去审视，而这正是我们"数"说真相之旅的下一站。

法则七
要求用算法统计透明

> 我知道我最近表现不佳,但我向你保证,我会很快恢复正常的。
> 我会以最大的信心和热情继续这次任务。
> 相信我,戴夫,我能帮到你。
> ——哈尔9000(《2001太空漫游》中的机器人)

2009年,谷歌的一个研究小组在世界顶级科学期刊之一《自然》上宣布了一项了不起的成就。[1]不用知道医院的就诊记录,他们就能够追踪到流感在美国的传播情况。更重要的是,他们的反应比美国疾控中心快,因为后者依赖医生们上报的信息。谷歌的算法是在疾控中心2003—2008年的病例中进行数据搜索,找出规律,看看流感暴发期间,流感地区的人们在网上搜索什么,以此来建立流感病例和搜索内容之间的相关性。在发现了这种规律或模式之后,该算法就可以根据今天人们上网的搜索内容来估计今天流感的发病人数,这样做比疾控中心发布官方消息要早至少一周的时间。[2]

"谷歌流感趋势预测"不仅快、准、省钱,还不需要高深的理论。谷歌的工程师们甚至懒得去筛选哪类搜索词与疾病传播有关联。虽然,我们也想象得到,搜索"流感症状"或"我附近的药店"是和流感沾边的,但搜索"碧昂斯"就和流感毫无关系了,但在谷歌团队眼里,这都无所谓,他们只管输入流感期间网上最常被搜索的

5000万个词，然后让算法自己去找规律。

谷歌流感趋势预测一炮而红，它的成功标志着商业、科技领域的热门新趋势——大数据和算法。大数据可以有很多种，我们把重点放在上一章说过的留痕数据上，它指的是人们在网络上的各种搜索、信用卡支付和手机搜索附近连接热点留下的上网痕迹，这还不算政府掌握的个人大数据。

而算法像烧菜时教你一步步怎么做的菜谱，[①]在大多数情况下，算法就是指计算机程序。但在过去的几年里，这个词好像有所特指：算法已经成为在海量数据中寻找规律的工具。谷歌流感趋势预测用的就是这种模式识别算法，该算法在5000万个最常见的搜索词中反复搜索，寻找那些与疾控中心汇报流感暴发相符的搜索词。

我在这一章中要讨论的正是这些数据和算法。留痕数据的类型可谓庞杂，数据收集起来成本较低，可以实时更新，但也杂乱无章。随着我们的通信、休闲和商业走向互联网，而互联网又正进入我们的手机、汽车甚至我们的眼镜，生活可以被记录和量化，而这种方式在10年前是很难想象的。商业和管理杂志上，铺天盖地都是关于这方面机会的文章。

除了这些"抓住机会上车"的口号外，大数据的拥趸根据谷歌流感趋势预测的成功还提出了三个令人激动的观点。第一，数据分析能做出精准的预测。第二，每一个数据点都可以被捕获到，就是我们在上一章中说的"一个都不少"，这就显得统计抽样模式过时了（这里指流感趋势捕获到每一次人们在网上的相关搜索）。第三，科学建模也已经过时：根本没有必要建立和验证"流感症状"搜索

[①] 虽然这像个菜谱，但都是最强大脑写出来的"菜谱"。大多数菜谱简单的步骤会一带而过，但如果要让计算机理解一个算法，每个步骤都不能少。

或"碧昂斯"搜索可能与流感传播相关或不相关的公式,因为,引用2008年《连线》杂志中一篇煽动性文章的话,"有了足够的数据,数字能说明一切问题"。

这种模式很有颠覆性。然而,在《自然》那篇文章发表4年后,《自然新闻》却传来一个不幸的消息:最近的流感暴发还造成了一个意外的受害者——谷歌流感趋势预测。在准确地预报了几个冬天的流感疫情后,这个无须建模、数据丰富的模型对流感突然失去了嗅觉。谷歌的模型预测了流感要大暴发,但疾控中心不紧不慢,说它的数据证明谷歌高估了流感暴发的可能性,还有,谷歌的数据一度比真实数据大了一倍多。[3] 不久,谷歌流感趋势项目团队就解散了。[4]

问题出在哪儿了?部分原因在于上面说的第三个观点:谷歌当时不知道,也不可能知道,它的算法中有哪些搜索词是与流感暴发相关联的。谷歌的工程师没有自己做筛选,他们让算法自己在数据中寻找流感暴发的相关统计模式。后来,谷歌的研究团队分析了这些算法算出的模式,发现了一些明显的错误相关性,而他们本可以指示算法剔除这些错误关联,例如,算法会将"高中篮球赛"搜索与流感关联起来。原因并不神秘:流感疫情和高中篮球赛都在11月中旬开始。但这意味着流感趋势部分探查的是流感,部分探查的是冬季球赛。[5] 当2009年夏季流感暴发时,这又成了一个问题:谷歌流感趋势预测仍然在搜索冬季球赛,自然一无所获,也就没预测出来这次非常规季节的疫情,导致他们预报的发病人数只是实际发病人数的20%。[6]

"搜索冬季球赛"问题在大数据分析中也很常见。计算机科学家萨米尔·辛格举了个图片识别的例子。他给计算机输入了许多野狼和哈士奇的照片。算法似乎很快就知道了如何将这两种长得非常像的犬科动物区分开来，但后来才发现，它只要看到一张有雪的照片就会将其识别成狼的图片。贾内尔·沙内在她的书《你看起来好像……我爱你》(*You Look Llike a Thing and I Love You*)中提到的一个例子更典型：让算法识别健康皮肤照片和皮肤癌照片。算法得出的是这样一个模式：如果照片中有尺子，那就是皮肤癌照片。[7]如果我们不搞清楚算法为什么会出现如此荒谬的错误，我们怎么敢把性命攸关的事托付给只会找尺子的算法。

有人说找出算法出错的原因是不可能的。但是找出两个东西是怎么关联起来的不难。一些数据发烧友，比如《连线》杂志那篇煽动性文章的作者克里斯·安德森也说过，除了相关性，讨论别的都没意义。他写道："先从数学的角度处理好数据，然后再为数据设定好语义环境就可以了。"数据自然会呈现一定的规律。如果真是这样，我们是不是可以这样解读安德森的话，"如果高中球赛和流感疫情同时出现在搜索结果中，二者会关联在一起的原因并不重要"。

但这当然很重要，因为这种没有数学建模的简单关联明显不堪一击。所以如果我们不清楚建立关联的逻辑，那么这种关联迟早会出问题。

我们到现在也不清楚到底是怎么回事，继2009年夏季流感预测失败之后，谷歌的流感趋势预测在2012年底彻底失灵了。一种说法是由于2012年12月的新闻里充斥着关于流感的可怕报道，这些报道可能引发了大量健康人群的网络搜索。另一种可能的解释是谷歌自己的搜索算法发生了变化：当人们输入症状内容时，它自动提示诊断步骤，一步步地改变了人们在谷歌中输入的内容，这就让

拼凑真相　　132

流感趋势算法难以判断这样的数据该如何归类。谷歌很可能意识到问题所在，或者知道补救方法是什么，但它没有去补救，可能它已经不想在这个还有可能再失败的项目上投入那么多精力和财力了。

或者我们猜想的都不对。其他公司的电脑专家也想搞清楚问题出在哪里，但苦于没有谷歌的数据，只能瞎猜，后来谷歌和这些人共享了一些数据，也对外开放了一些数据，但我们不能指望它会把所有数据和盘托出。

我书架上最显眼的位置放了两本很棒的书，讲述的是我们对大数据的看法在短短几年内是如何演变的。

一本是2013年出版的《大数据时代》，作者是肯恩·库克尔和维克托·迈耶·舍恩贝格。书中举了许多例子，像物美价廉的传感器、大数据集和模式识别算法，正如这本书的副标题所示，"大数据改变了我们的生活、工作和思维方式"。你猜作者在书中用的什么例子开篇？就是那个谷歌流感趋势预测。不过两位作者没料到的是，这本书付印之后，谷歌算法就彻底失灵了。

《大数据时代》出版三年后，凯西·奥尼尔的《算法霸权：数学杀伤性武器的威胁与不公》[①]于2016年问世，你可能也猜到了，作者对大数据非常不看好，书的副标题告诉我们大数据"加剧不平等，威胁民主"。

两本书看大数据的视角不同：库克尔和舍恩贝格的视角是数据时代人怎么利用数据；奥尼尔的视角是数据时代人怎么被数据利用。视角不同，看法不同。这就好像一把榔头，对木匠来说，它是个有用的工具；但对钉子来说，它就是敌人。

---

① 该书简体中文版已于2018年9月由中信出版社出版。——编者注

法则七 要求用算法统计透明

两本书的不同观点正好也反映了2013—2016年人们对大数据看法的转变。2013年，了解大数据的人还比较少，人们常常把自己想象成木匠，觉得可以利用大数据，大有可为。到2016年，许多人意识到自己就是颗钉子，逃不出大数据的掌控。大数据从备受推崇的划时代技术变成被人诅咒的技术灾星，有些人甚至为此在报纸上大声疾呼（比如美国有线电视新闻网上的一篇报道——"算法有种族主义"）。大数据还掀起了一场政治上的轩然大波。剑桥分析公司是一家和特朗普竞选团队有瓜葛的咨询公司，它被指控利用脸书在用户隐私规则方面的漏洞，在用户不知情或未授权的情况下，窃取了大约5000万人的信息，并向他们精准投放拉票广告。大吃一惊的评论员甚至怀疑就是这些精准投放的拉票广告送唐纳德·特朗普坐上了总统的宝座，尽管事后经过冷静分析，人们认定剑桥分析公司的能力还没有达到精神控制的水平。[8]

我们每个人都在网上留下了点点滴滴的数据，而这些数据被悄悄地收集起来，汇成数据的海洋，这样算法和大数据编织成了我们生活的天罗地网，从匹配对象到法律援助，它们似乎都可以帮到我们。所以，我们需要了解这都是些什么样的数据，以及我们该怎么利用它们。我们到底应该喜欢大数据还是害怕大数据？我们想当个木匠，但会不会无意中成了钉子的角色？

答案是，这都取决于我们自身，所以在这一章里，我希望能告诉你怎么才能让大数据为我所用。

2012年，人们还坚定地认为大数据给我们提供了无限遐想。记者查尔斯·杜希格敏锐地捕捉到这个迹象，他在《纽约时报》杂志上发表了一个发生在美国塔吉特百货公司的故事，为大数据时代的到来拉开了序幕。

在杜希格的报道中,他说塔吉特公司收集了客户的大量数据,而且会认真分析这些数据,所以显得这家公司特别能洞悉客户需求。[9] 这个让人印象深刻的故事是这样开始的:一名男子冲进明尼阿波利斯附近的一家塔吉特公司,向经理大发雷霆,问该公司给他十几岁的女儿邮寄了妇婴用品优惠券是什么意思。经理忙不迭地道歉,后来又专程打电话再次道歉,结果却被告知女孩真的怀孕了。她父亲当时不知情。

其实塔吉特在分析了她购买无味湿巾和维生素补充剂等数据后,就已经洞悉这个事实。

统计真的这么神奇吗?我后来和许多人说起这个故事,大家反应不一。大多数人觉得难以置信。但我经常打交道的两拨人却另有想法。记者们往往嗤之以鼻,怀疑杜希格夸大其词、捏造故事就是为了搞噱头。(我怀疑他们是嫉妒。)另一方面,数据专家和统计学家听了这个故事,眼皮都不抬,他们认为不用对此大惊小怪,这太稀松平常了。我觉得统计学家是对的。

首先,让我们想一想,根据一个人在商场买的东西来推测她是否怀孕是不是件很难的事:应该不太难。请参考国家卫生局关于维生素补充剂叶酸的建议:

> 建议所有准备生育的女性在备孕期间和怀孕前12周每天补充400微克叶酸。如果你在怀孕前没有服用叶酸补充剂,发现自己怀孕后请马上开始服用。确保你摄入适量叶酸的唯一方法就是服用补充剂。

法则七 要求用算法统计透明

看到了吗？有这个常识的人，如果听说有个女人开始购买叶酸，除了她可能怀孕了，你还能联想到什么？这很好猜出来，不需要大数据告诉你。所以大数据没那么神。塔吉特的算法还没到超人的思维，没有显得比人更聪明：同样的信息，它算出来的结果，任何人都算得出来。

当然，有时人类的反应会慢一拍。汉娜·弗莱写了另一本关于算法的好书——《你好，世界：在机器时代如何成为人类》。她在书中讲述了一位妇女在英国超市乐购网上购物的例子。[10] 她买避孕套时显示为回购商品，这就是商场算法暗示她家有人以前买过避孕套。这位女性就很纳闷，因为她没有买过，她丈夫应该也不会买，因为他们在一起是不用避孕套的。所以她认为一定是电脑出错了，要不然这怎么解释？

然后这位女士就联系乐购进行投诉，乐购经理私下一商量，觉得她丈夫出轨这件事还是不要由他们捅破为好，于是他们装作真心实意地道歉："哦，真的吗，女士？电脑出错了？您说得没错，肯定是电脑错了。我们对给您带来的不便深表歉意。"弗莱告诉我，这是现在乐购员工的第一守则：顾客是上帝，不管什么先道歉，然后归咎于电脑。

如果顾客买过避孕套，他们可能会回购。如果有人买了早孕试纸，然后购买孕妇才会服用的维生素补充剂，你可以打赌，这个人一定是女性，而且再过几个月，她可能会开始买母婴用品。所以这些算法没什么神奇的，只不过是它们看到了这些东西（避孕套、孕妇维生素），而人类（百思不得其解的妻子、暴怒的父亲）可能没注意到而已。我们惊呼算法神奇，是因为我们没看到魔术师丝巾下不过如此的手法。

杜希格关于塔吉特算法的故事以另一种方式让我们认识到我们高估了计算机的数据分析能力。

数据学家冯启思多年来就是为商超和广告公司开发类似算法的专家，他说："这个故事其实反映了一个似是而非的问题。"他的意思是有些没怀孕的女性也收到了母婴优惠券，只是我们不知道而已。但报上的故事很容易让人得出这样的印象：塔吉特的算法太准了，收到优惠券的人必定都是孕妇。其实从来没有人这样承认过，而且实情肯定也不是这样的，也许每个人都收到了优惠券。所以我们不能天真地认为塔吉特的电脑有读心术，还需要想一想他们天女散花般地发优惠券，射击目标错误的太多了。

目标错误的应该不在少数，因为这也不难猜，就拿"买叶酸的女人可能怀孕了"这个说法为例。其实购买叶酸不一定怀孕：这个女人可能因为别的原因需要服用叶酸，或者她可能在替别人买，或者她可能怀孕了但孩子没保住（这样的话她在看到母婴优惠券时该有多难过），或者她想怀孕，但没怀上。你觉得塔吉特的算法能神机妙算到能把这些例外都剔除掉的地步吗？这是不可能的。

在查尔斯·杜希格的故事中，塔吉特商场提供的母婴优惠券里其实还混有其他商品的优惠券，比如酒杯优惠券。如果真有孕妇想喝酒，当意识到商场电脑连这个都能算出来，她们会不会感到害怕？但冯启思是这样解释的：塔吉特给顾客寄某种优惠券的同时还附带上其他商品的优惠券，不是因为给孕妇只寄一些母婴优惠券会显得突兀，而是因为公司知道，收到母婴优惠券的未必都是孕妇。

所以，当时那个接待女孩父亲的经理应该这样说："您不用担心，我们的很多顾客都会收到那样的优惠券，不是只针对您的孩子。"他没那样说，是因为他和我们普通人一样，都不知道商场算法是怎么算的。就像谷歌一样，塔吉特可能不会向外界和竞争对手开放其算法和数据集，所以没人知道算法是怎么得出来的数据。

情况很有可能是这样的：通过顾客购买的商品，怀孕的顾客很容易被甄别出来，因此塔吉特的大数据肯定比盲猜的准确率要高一些。然而，毫无疑问，它肯定不是百发百中。孕妇大概率出现在15~45岁的女性中，如果让你盲猜谁是孕妇，你也有大约5%的命中率。如果塔吉特算法能把命中率提高到10%或15%，那也很值。因为即使某商品的优惠券投放精准度哪怕提高一点，也有助于提高商场的利润，但商场绝不应该为了利润率去深挖顾客的隐私。

因此，有必要给这些炒作降降温，不要认为剑桥分析公司已经掌握了人的思想，然后以为机器统治世界的时代来了；也不要昏了头，认为大数据轻松取代烦琐的老式统计方法（如疾控中心对流感的调查）就万事大吉了。当我第一次与大数据打交道时，我给剑桥大学教授大卫·史匹格哈特爵士打了个电话——他是英国顶尖的统计学家之一，也是一位杰出的统计知识传播者。电话里，我总结了那些看好大数据的人的观点：不可思议的准确性；全数据覆盖把抽样统计比了下去；建模可以抛弃了，因为"数据自然会呈现一定的规律"。

他觉得没有必要用专业术语来表述以显得高大上。他说，那些说法都是胡扯，没一句对的。

要让大数据发挥作用，说起来容易做起来难。200年来，统计学家们一直都很警惕，当我们试图通过数据来了解世界时，数据会给我们设什么样的误区。如今数据更大、更快、更易得，我们不要以为误区消失了。不，它们一直都在。

史匹格哈特说："小的数据问题在大数据中比比皆是。并不是数据多就不会出问题，有时数据多了，问题更大。"

像查尔斯·杜希格写的塔吉特商场精准投放母婴优惠券那个故事，读者信了也就算了。但要是当权者也被他们不懂的算法吓到，并依靠这些算法做关系民生的重大决定，那就麻烦大了。

凯西·奥尼尔在《算法霸权：数学杀伤性武器的威胁》一书中列举的最典型的例子之一是华盛顿特区用来评估教师教学质量的算法 IMPACT。书中是这样描绘的：该市各个学校中，许多受学生爱戴的教师因为在系统上打分很低，突然被解雇了。

IMPACT 算法声称衡量的是教学质量，也就是以考试成绩为准，检查每个教师在班上带的学生是进步了还是倒退了。[11]其实，衡量教学质量很难，有时学生成绩高低与老师无关，原因有二。第一，不管老师教得如何，学生的成绩都会因人而异。所以一个班 30 个学生里，肯定有一些是算法应该排除的干扰项；又或者，如果有那么几个孩子，在开学考试中，运气好，蒙对不少答案，得到了高分，到了期末考试，运气差，得分低了，就把老师坑了，因为这样老师排名就会降低。所以，这种排名有运气的成分在里面。还有一种情况，孩子的学习还受其他因素影响，这些因素也是老师不可控的。譬如，孩子生病了，或在学校里被人欺负了，或者家里爸爸妈妈因故被监禁了，等等。这与学生运气好、蒙对题得高分不同，这是由某些具体原因导致的，可能是造成学生成绩下降的真正原因。所以，在评估老师的教育质量时，将这些课堂外的因素也考虑进来才是有意义的评估，而不分青红皂白地把学生成绩下滑都归咎于老师，这种做法不仅愚蠢，而且不公平。

IMPACT 算法不公平的第二个原因是，不想公平竞争的老师也可以用算法作弊，这样就是老实人吃亏。譬如，六年级的老师在改卷时，如果故意给他的学生放水（这不是什么难事），那么他会得到嘉奖，但接班的七年级老师下一年就惨了，因为她的新班将都是些高分的孩子，除非她也找到作弊的方法，否则这些孩子的高分已经没有进步的空间了。

因此，奥尼尔的观点是可信的，即如果数据里干扰项太多，我们不能指望算法可以公平地评估教师的教学质量。如果强行这么做，自然会出现算法结果和学生口碑结果不符的现象。但有什么用呢？华盛顿特区的教育局还是我行我素，2011年还是开除了206名未达到算法标准的教师。

到现在为止，我们讲的问题主要是我们过于相信算法的结果了。其实还有一个相关的问题：我们也过于相信数据集的质量或完整性了。

我们在上一章探讨过数据的完整性问题。《文学文摘》积累了可以说是大数据的东西。以当时的标准来看，那无疑是一项规模巨大的调查，事实上，哪怕以今天的标准来看，240万人口的数据集也令人刮目相看。但是，如果"回复《文学文摘》调查的人"与"选举投票的人"并不能完全画等号，那《文学文摘》预测的选举结果就不可信。

谷歌流感趋势预测记录了谷歌上的每一个流感相关的搜索，但不是每个得流感的人都会在谷歌搜索。预测的准确性取决于流感患者"一定会上谷歌查流感知识"，但这是不可控的。我们在上一章中还谈到了没有成功的坑洼探测应用程序，因为它以为"在城市里开车的人"一定会"听说并安装坑洼探测应用"，这叫自以为是。

数据集的质量会出什么问题？这里有一个年代比较久远的关于

大数据的例子，比 1936 年美国大选民调更能说明问题。这是一个关于测定人体体温的故事。19 世纪的德国医生卡尔·温德里奇用了 18 年时间，收集了 25000 多名病人的 100 万份体温测量数据。100 万次测量！当时是用纸笔记录的年代，不得不说这非常了不起。温德里奇最后测定人体正常体温为 98.6 ℉（37℃）。没有人怀疑过他的认定，一个原因是他收集的数据集大得让人敬畏，另一个原因是用规模更大、更精准的数据集去挑战它是几乎不可能的。菲利普·麦考维亚克博士是研究温德里奇的专家，他说，"那时既没人有胆量，也没人愿意再去收集这种规模的数据"。[12]

然而，温德里奇的数据就是错的。我们的正常体温比他测定的要低一点（低大约 0.5 ℉）。[13] 温德里奇的数据规模如此惊人，以至于 100 多年后人们才敢相信，这位好医生居然搞错了。[①]

那么，这么大的数据集怎么可能是错的呢？麦考维亚克博士在医学博物馆里看到卡尔·温德里奇用的一个旧温度计，他仔细检查了一下，发现它的基准值被调高了 2℃，也就是近 4 ℉。温德里奇医生主要是用腋下测温法，而不是我们现代的口腔测温法，这在一定程度上抵消了那个错误。你可以读取 100 万个温度读数，但如果你的温度计坏了，你还在腋下测量，那么你的结果就是精准的错误答案。零乘一千次还是零，输入的数据错，结果必定错。

大家应该已经看出来了，上一章我们讨论的数据集因偏差导致

[①] 计量单位的转换也使这个问题错上加错。温德里奇原来的测量结果是以摄氏度记录的，即人的正常体温在 37℃ 左右，这意味着有上下一度的浮动空间，也就是 36.5℃~37.5℃ 之间都算正常。但当温德里奇的德语文章被翻译成英语时，为了吸引更多的读者，温度从 37℃ 转换为 98.6 ℉，用华氏度上的一小格去测量比用摄氏度上的一小格去测量精度几乎要高出 20 倍。但无奈计量单位已经变了，这是造成混乱的另一个主要原因。

统计失灵和温德里奇医生的错误本质是一样的,而且这类问题很容易失察。2014 年,世界上市值最高的公司之一亚马逊开始用算法筛选简历,希望电脑对比以往录取者的相似性,从大数据中找到模式,挑选出最适合的求职者。实际上,亚马逊以前录取的绝大多数是男性,可是算法不会意识到这个问题,它只会按程序来——找出模式并运行。所以算法找到的模式就是既然过去录取的大多数是男性,那就优先考虑男性吧。这种算法的性别歧视和专门举办"21 岁以下女子足球赛"或"女子国际象棋冠军"如出一辙,女性是被降格考虑的。亚马逊在 2018 年弃用了该算法。目前,尚不清楚这一算法在该公司人才招聘方面造成了多大损失,但亚马逊承认,它的招聘人员此前一直在参考算法对求职者打分。

还记得"算法有种族主义"的标题吗?算法不会种族歧视,也不会厌恶女性,或仇视同性恋,或有其他偏见。倒是人会有这些偏见和歧视。人类现在正努力消除这些偏见,但如果电脑还在用那些含有偏见的旧数据,这些偏见就会借尸还魂。[14]

我希望我前面的例子已经说服了你,就是我们不应该急于把我们的决定权托付给算法。但我也不希望矫枉过正,完全拒绝算法,因为我们现在还没有找到可靠的替代方案来做决定。我们必须要在算法和人类之间选择,人会有偏见,会疲劳,会受到干扰,会力不从心,会受很多主观因素的影响,这是人类的特性。

20 世纪 50 年代,心理学家保罗·米尔做了一个实验:电脑依据以往的数据统计,给人看病,看它的诊断准确率能否超过有经验的医生。例如,一个病人到医院时主诉胸痛,那这是消化不良还是心脏病引起的?电脑问诊程序是这样的:胸痛是主要症状吗?有心脏病史吗？以前用过硝酸甘油来缓解胸痛吗？心电图有异常吗？[15] 米尔将有经验医生的诊断结果和电脑这种简单的层层排除法结果进行了比较。结果令人不安，电脑诊断得更准确。这不是唯一的例子，米尔发现，与电脑的层层排除法相比，医生们在大多数情况下，判断得都不如电脑准确。所以，米尔在他的书《临床与统计的预测》中做了预警："我的这本书可能会让大家看了以后感到不安。"[16]

所以，看问题要公平，我们可以比较一下，同样的情况下，现在的算法和人做出决定，哪个错误率更高。我们就以汉娜·弗莱的《你好，世界：在机器时代如何成为人类》一书中的一个例子开始。

故事发生在 2011 年伦敦骚乱期间。最初是对警察暴行的抗议，随后每天晚上，伦敦和其他几个城市的秩序失控，示威演变成暴力骚乱。商店会在下午早早关门，守法的市民会赶紧回家，因为他们知道，随着天色渐暗，趁火打劫者就会上街。在 3 天的骚乱中，警察逮捕了 1000 多人，其中包括尼古拉斯·罗宾逊和理查德·约翰逊。在混乱中，罗宾逊顺手从伦敦一家被敲碎玻璃的超市里拿了一包瓶装矿泉水。而约翰逊开车去了一家游戏店，蒙了块头巾，跑进去抱了一大堆电脑游戏机出来。约翰逊盗窃的物品价值更高，而且是有预谋的，不是一时兴起。然而，罗宾逊被判了 6 个月的徒刑，而约翰逊却根本没有入狱。这不是算法做的不公判定，这是法官做的奇葩裁决。

法官依据案件的一些情节做出不同判决也是常有的事，但对于这两个人的不同处理，最有可能的原因是，罗宾逊是在骚乱发生两周后被审的，当时大家都还神经紧绷，政府要严惩骚乱分子，以起到警示作用。等几个月后，约翰逊被审时，人们对骚乱的记忆已经逐渐淡化，甚至都想不起来当初骚乱的起因是什么了。[17]

但一个以数据为根据的算法会不会免除这些干扰，给出更公平的判决呢？我们无从得知，大概率会吧。有充分的证据表明，法官们的标准并不十分统一。有这样一个测试，有人假设了一个案子，让不同的法官审，看看他们的裁定是否一致。结果是：都不一样。此外，法官甚至自己的标准都不能保证前后一致。2001年，在英国的一项研究中，被测试的法官被要求对各类不同案件做出判决。有些案件（为了掩盖测试的真实目的，不同案件时间相隔很远）其实是重复案件，就是把名字和不重要的细节改了。法官们毫不知情，对同一个案件，他们甚至做出了和自己之前完全不同的判决。这样的失误对计算机来说是不可想象的。[18]

经济学家森迪尔·穆莱纳坦和他的4位同事最近在美国进行了一项研究，他们分析了2008—2013年纽约市的75万多起案件。在一些案子中，一些被告被拘留，法官对这些被告做了不同的裁定，有些被释放，有些被羁押，有些被允许取保候审。然后，研究人员核查了这些被告后来的犯罪情况。此后，他们利用这些案件中的其余一部分（22万件）让算法来裁定，看是释放，还是羁押，或者保释。他们用这些剩下的案例来检验算法相较于法官是否能做出更好的裁决。[19]

结果是：机器再一次表现得更好。算法对一群被告裁定为羁押，这将犯罪率降低了近25%，因为案宗显示，这群被告的确是释放后马上又犯案了。还有，算法也准确裁定了另一群人可以释放或保释，而这些人的确没有再滋事端，也就是说，算法的准确率可以将拘留人员减少40%。以22万件案件来算，意味着成千上万宗的犯罪本来可以被提前终止，或者成千上万的人提审前无须拘留。在这个例子里，算法的表现远远优于法官。

法官们常犯的一个失误是法学家卡斯·桑斯坦所说的"现行犯罪误区",也就是说,在是否允许犯罪嫌疑人取保候审时,法官们的注意力主要集中在被告目前被指控的罪行。即使被告的犯罪记录表明他们是惯犯,但如果他们这次被指控的罪行轻微,那么法官仍把他们视为危害不大的罪犯,准予保释;另一方面,如果一个被告当前罪行严重,但他的犯罪记录不多,法官也仍视他为危险性大的罪犯,拒绝保释。在判案时,算法会将一个案件的所有有用信息作为考虑因素,但是法官们,尽管他们训练有素,有头脑和经验,也往往会考虑不周。

考虑不周似乎是人类无法避免的。正如前文提到的尼古拉斯·罗宾逊和理查德·约翰逊的案子。我把两个人的犯罪事实都说了,也没有提供罗宾逊和约翰逊的其他信息。或许,对你我来说,不用来龙去脉,长话短说,只要把他们两人的犯案情况简明扼要地说出来就好。但算法会去搜寻两人更多的信息,并将其列为考量因素。人类可能做不到这样。

对于重要的事,到底是相信算法,还是相信人类,许多人都有直觉的判断。有些人对算法顶礼膜拜,有些人还是全然相信人类的智慧。事实是,有时算法会比人类做得更好,有时则不然。如果我们想释放大数据的潜能,让它更好地为人类服务,我们需要对具体算法具体评估。但实际操作的难度总是比我们想象的要大。

譬如这样一个例子。警察局或社会救助机构接到某人的电话,称有孩子处境危险,打电话者可能是孩子的邻居、爷爷奶奶、医生、老师,或其他担心孩子的人。有时报的警是实情,有时是虚惊一场,有时是想象过头,有时甚至是恶作剧。最好的情形是,警察对任何报警电话都不敢掉以轻心,他们会立即拉起警报出警。但现实是，警力有限，不可能每个报警都出警，所以就要考虑优先出哪些警。这样一来，他们对真正紧急的报警错失率就很大了：美国官方数据显示，2015年有1670名儿童因父母虐待或失职而死亡。这个数字很惊人，但相较针对儿童的400万人次报警电话，这只是个很小的比例。

那么到底哪些报警电话需要出警，哪些不用呢？许多警署和社会救助机构求助于算法来做决定。伊利诺伊州引进了这样一种算法，叫作"Rapid Safety Feed back"（快速安全反馈，简称RSF）。它对每一次报警进行数据分析，和以前的案例结果进行比对，将儿童可能死亡或受到严重伤害的风险用百分比的形式做了预测。

预测效果很一般。《芝加哥论坛报》报道说，该算法给369名儿童打了100%的概率，也就是说，这些儿童一定会受重伤甚至死亡。但是，我们说，即便一个家庭的环境很恶劣，如果算法预测儿童一定会死亡也过于悲观了。这样的算法还可能产生连带的不良影响，譬如，无辜的父母被控虐童或失职，这对父母和孩子都会造成可怕的后果。

也许算法是出于谨慎，夸大了伤害的风险，目的是不遗漏任何一个可能的风险？并非如此。因为也存在一些可怕的案子，由于算法打的风险分值低，没有出警，结果幼儿死了。所以，最后伊利诺伊州认定这项技术没用，甚至会让情况更糟糕，于是停止使用了。[20]

这个故事的寓意并不是说算法不可以用来评估儿童伤害报警电话。我的意思是最后一定还是由人来做决定要不要出警。错误在所难免，为什么算法没有比人工客服判断的正确率高也无法解释。[21]这个故事的寓意在于，因为这个特定算法给出了明显荒谬的数字，

拼凑真相　　　146

让我们知道了这个算法的局限性，从而对它的正确性警觉起来。

统计学家安德鲁·盖尔曼解释说："算法给出的是数字概率，这是好事，因为这暴露了它判断上的失误，让我们警惕起来。如果算法给报警按'高风险'、'中风险'和'低风险'来评估，这反而糟了。"因为问题可能永远都不会暴露出来。[22]

所以问题不在于算法，也不在于大数据集。问题是算法需要审查、有透明度和允许讨论。我认为，解决的办法古人已经给过我们提示了。

17世纪中叶，炼金术和现代科学开始分道扬镳，如果我们想让大数据和算法发挥应有的作用，这个划时代的事件是我们应该牢记的一课。

1648年，布莱斯·帕斯卡的姐夫在这位伟大的法国数学家的敦促下进行了一项著名的实验。在小城克莱蒙费朗的一座修道院的花园里，他拿了一根装满水银的管子，把它的开口端滑进另一个装满水银的碗里，然后将管子扶正，管子一端浸在水银碗中，另一端伸出水面。管子里的一部分水银立即流进碗里，但不是全部，还有711毫米高的水银柱留在了管子里，管子内部上方空出了一截儿。大家都吃惊地在想：水银怎么不往下流了？那管子的顶端空间里装着什么？空气？真空吸尘器？神秘的乙醚？[23]

这只是帕斯卡的实验的第一阶段，他也不是第一个做这种实验的人。加斯帕罗·贝尔蒂曾在罗马用水做过类似的实验，尽管用的是水，但玻璃管需要超过10米长，那时制作一根玻璃管绝非易事。伽利略的学生埃万杰利斯塔·托里拆利就是那个想到用水银代替水的人，水银需要的管子短一些。

帕斯卡的想法，或者可能是他的朋友笛卡儿的想法（因为他们两人都认为是他们的主意），是在地势更高的地方重复实验。因此，帕斯卡的姐夫负责把易碎的玻璃管和几公斤水银带到多姆山的山顶，那是法国中部的一座休眠火山，海拔比克莱蒙费朗高1000多米。在山顶上，水银柱的高度不再是711毫米，而是627毫米。在半山腰，水银柱比在山顶时长，但比在花园里时短。第二天，帕斯卡又在克莱蒙费朗大教堂的顶部对这根水银柱进行了测量。那里比在修道院花园里时还短4毫米。帕斯卡发明了我们现在所说的气压计，同时还发明了高度计（一种测量气压和间接测量高度的仪器）。1662年，也就是14年后，罗伯特·玻意耳提出了著名的玻意耳定律，描述了在温度不变的情况下，气压和气体体积之间的关系。这是科学向现代迈进的巨大一步。

然而，人们对古老的炼金术也一直没有停止过探索，炼金术就是要寻找一种方法将贱金属转化为黄金，或炼出长生不老药。我们现在都知道，这都是痴人说梦、天方夜谭。[1]但如果炼金术是用科学方法进行的，人们好歹还能从失败的实验中获取一些经验教训，并逐步向现代化学演变。

事情没有如我们预期的那样发展，炼金术并没有演变成化学。它停滞不前，并终于被科学推下了历史舞台。但有一段时间，炼金术和科学真假难辨，同时存在，那么是什么将它们分开了呢？

现代科学当然是用清楚无误的实验来证明自己的。帕斯卡勤勤恳恳的姐夫——托里拆利和玻意耳，他们所做的实验是最好的证明，

---

[1] 粒子加速器的确可以将贱金属转化为黄金，但成本不菲。1980年，研究人员轰击了衰变的类铅金属铋，制造出少量金原子，成本是天价的每盎司100万亿美元，所以我们离点石成金还早着呢。——译者注

但炼金术也是如此。炼金术士也是不屈不挠、毫不逊色的实验者。只不过他们的实验没有产生可以推动这个事业向前发展的成果，所以实验并不能解释化学繁荣发展而炼金术萎靡消亡的原因。

那么，是人的因素吗？也许像罗伯特·玻意耳和艾萨克·牛顿这样早期的伟大科学家比那些炼金术士更敏锐、更聪明、更有创造力？这个理由也很牵强。16世纪两位顶尖的炼金术士恰恰是罗伯特·玻意耳和艾萨克·牛顿。他们两个都曾兴致勃勃，甚至狂热地炼金。谢天谢地，他们也没耽误对现代科学做出巨大贡献。[24]

所以，炼金术士和用同样的实验方法了解世界的人往往是同一个人。科学史学家戴维·伍顿说，区别就在于炼金术秘而不宣，而科学则开诚布公。16世纪40年代后期，包括帕斯卡在内，法国各地的实验者，组成了一个小型联盟，同时致力于真空实验。从1643年托里拆利做实验到1662年玻意耳发现定律，其间至少有100人进行过这类实验。伍顿说，这身处各地的100多人可以算是第一批具有实验精神的科学家群体。[25]

这群求知学者的核心人物是马林·梅森，一个修士，也是个数学家，他倡导科学合作和公平竞争。梅森不仅和帕斯卡、笛卡儿相熟，还和一些思想家如伽利略、托马斯·霍布斯等是朋友。他会把他收到的某个科学家的来信抄上好几份，再寄给他认为可能会感兴趣的人。因为他收发的信件特别多，被人戏称为"欧洲的邮筒"。[26]

梅森于1648年去世，三周后，帕斯卡就在多姆山山顶进行了水银柱实验。其后不久成立的伦敦皇家学会（1660年成立）和法国科学院都秉承了梅森的精神，将他集思广益、科学合作的思想作为学术宗旨。以实验证明相关内容这种新方法受到了大家的推崇，因为它的优点之一在于可再现性，正如我们在第五章中看到的，这可以揭露弄虚作假和谬误。在任何有小山甚至高大建筑的地方，任何人都可以重复多姆山实验。帕斯卡写道："所有好奇的人都可以随时自己做实验。"不少人真的做了。

然而，当真空、气体和水银柱的讨论通过信件、出版物和在巴黎梅森家中举行的会面进行时，炼金术实验同时也在秘密进行。为什么要秘不示人呢？原因很简单：如果人人都知道怎么把铅变成金子，那金子就不值钱了。所以，生怕别人从自己这里获得有价值的信息，就是实验失败，也没有一个炼金术士愿意和别人分享自己的教训。

炼金术神神秘秘地持续了很久。之所以能持续那么久，甚至像玻意耳和牛顿这样杰出的学者也投身其中，其中一个原因是，人们以为早在几代人以前炼金术就已经成功了，但一直秘而不宣，然后就失传了。颇具讽刺意味的是，当年牛顿说的那句名言"我之所以看得远，是因为我站在巨人的肩膀上"，只适用于他的科学研究，作为一个炼金术士，他没有任何人的肩膀可站，也没有看到任何东西。

有一次，玻意耳想对外发表一些他的实验发现，以此找到其他炼金术士。牛顿警告他马上停止这种做法，要保持"绝对沉默"。所以，在这种泾渭分明的做法下，年轻、开放的科学界蓬勃发展，而古老而神秘的炼金术几十年里兀自凋零。伍顿用下面这段话概括了炼金术的命运：

> 我们的做法是坚持实验，并且必须在出版物上公开实验报告，报告里要清楚阐述做了什么和怎么做的，实验必须可以再现，最好是有第三者见证，以证明它的可信度。炼金术做不到

这些，所以它消亡了。炼金术士们都是关起门来自己研究……有些东西可以算化学研究，但大部分是糟粕，不能理解和不可复制，要抛弃。神秘的学说已被新的知识形式取代，这种知识形式既要以出版物的形式广而告之，还可以当众展示给人看。[27]

炼金术和收集大数据及开发模式识别算法不是一回事。首先，炼金术就是缘木求鱼，是不可能的，而大数据可以提炼出规律和趋势。然而，两者之间也颇有相似之处。像谷歌和塔吉特这样的公司并不热衷于分享它们的大数据和算法，就像牛顿不愿分享他的炼金术实验一样。有时公司不对外公布数据也情有可原，其中有法律或道德上的原因，例如，一个顾客想保守她怀孕的秘密，她是不愿意塔吉特让别人也知道她购买了叶酸的。但最主要的还是商业原因，对于亚马逊、苹果、脸书、谷歌和微软来说，它们庞大的客户数据就是个宝藏。如果人人都有了找到宝藏的秘籍，那么这个宝藏就不能算宝藏了。

即便牛顿这样伟大的科学家，在秘密实验中也没有取得突破，基于秘密数据的秘密算法很可能也会错过改进的机会。还是那句话，如果塔吉特错过了一个更有效的方法来精准投放母婴用品优惠券，那没什么大不了。但是，当错误的算法让好教师丢了饭碗，将宝贵的救助服务资源导向错误的家庭，或者女性求职者被打分过低时，这就是大问题了，我们必须让它们接受审查。

但是怎么做呢？

一种方法是由茱莉娅·安格温领导的ProPublica[①]调查记者团队使用的。安格温的团队希望仔细研究一种被广泛使用的算法，称为COMPAS（罪犯惩戒管理分析，用于替代制裁）。COMPAS使用含有137个问题的问卷来评估罪犯再次犯罪的风险。它起作用了吗？公平吗？

调查困难重重。COMPAS的技术由一家叫Equivant的公司（前身为Northpointe）拥有，该公司没有义务分享其工作原理和细节。因此，安格温和她的调查小组不得不辞劳苦地从佛罗里达州的布劳沃德县警署调取资料，该州的警署很公开透明，安格温的小组可以通过调取算法分析结果来判断算法的公平性。

以下是"以人民的名义"调查小组如何开展工作的自述。

我们向佛罗里达州的布劳沃德县警署申请调阅监狱记录并获准。我们获得了2013年和2014年两年共计18610人的COMPAS打分情况。COMPAS给每个被告出庭前打了至少三种分数："累犯风险"、"暴力行为风险"和"拒不出庭风险"。每个被告的COMPAS分数是1到10之间，以10为最高风险。COMPAS将1到4分标记为"低风险"，5到7分标记为"中风险"，8到10分标记为"高风险"。从COMPAS得分数据库开始，我们要评估的是每个被告在得分前后的表现和得分预判的一致性。我们又从布劳沃德县警署办公室网站下载了截至2016年4月1日本地所有的案件记录，大约8万宗犯案记录，然后以姓名和出生日期为准，将我们数据中的被告和

[①] ProPublica是一间总部设在纽约市的非营利组织，自称为一个独立的非营利新闻编辑部，为公众利益进行调查报道。——编者注

拼凑真相　　152

下载的犯案记录进行比对。我们数据中的被告不在狱时间平均为 622.87 天（标准偏差为 329.19）。[28]

这项工作量很大的调查工作就按这样的程序展开了。

调查结束后，他们发布了调查结果。尽管 COMPAS 算法没有以违法者的种族作为预测指标，但是预测结果却有明显的差异性。算法更容易给黑人违法者打高分（预测他们会再次犯罪，但事实上他们没有），而给白人违法者打低分（预测他们不会再次犯罪，但恰恰相反）。

这不免让人担忧：人类有种族歧视的劣根性，但已经将其视为不道德也不合法的行为；如果算法也会导致这种行为，我们同样不能容忍。

但随后，四位专业技术人员萨姆·科贝特·戴维斯、艾玛·皮尔森、阿维·费勒和沙拉德·戈尔指出，问题没有那么简单。[29]他们利用 ProPublica 调查小组辛苦整理的数据，通过另一个重要指标证明了算法是公平的，即如果算法给一个黑人、一个白人两个违法者打的是相同的风险评级，而实际表现中，这两个人的再次犯罪概率也的确是一样的，从这个角度讲，算法并没有种族歧视。

此外，技术人员还指出，算法不可能同时在两个方面对所有种族都公平，要么在错误率的比例上平等，要么在风险评分上平等，但不可能两个同时兼顾：数据没法平衡。

因此，要看这个算法打分是不是公平，唯一的方法是忽略违法者群体的年龄、性别、种族、发色、身高等差异，纯粹看他们的实际行为和算法得分的匹配度。但算法如果以这种标准打分，出来的结果势必在年龄、性别、种族、发色或身高等方面有不稳定的表现，就会被视为有失公允。所以，不管算法是否将以上因素考虑进去，都会顾此失彼，难以平衡，这是事实。换作法官也是如此，所以这是一个取舍的问题。

茱莉娅·德莱塞尔和汉尼·法里德都是计算机专家，他们一直关注这场COMPAS是否产生了有种族偏见结果的辩论。他们认为辩论忽视了一点。德莱塞尔对科普作家埃德·扬说："大家在争论COMPAS的时候，潜意识里似乎都认定这个算法比人预测得准，但我找不到任何证据证明这一点。"[30]

由于有了ProPublica调查小组的基础工作，德莱塞尔和法里德也可以就他们的疑惑展开调查。即使COMPAS的算法还是个秘密，但ProPublica已经公布了足够多的算法预测数据，允许人们再调用它，用其他变量进行有意义的测试。其中之一是一个简单的数学模型，只有两个变量：罪犯的年龄和以前犯罪的次数。德莱塞尔和法里德发现，双变量模型和广受吹捧的137个变量的COMPAS模型的准确率是一样的。最后，他俩做了人与算法准确率对比的实验。他们测试了一些普通人，给他们看了每个违法者的7条相关信息，让他们预测这些违法者是否会在两年内再次犯罪，结果是其中一些普通人的预测平均值高于COMPAS算法。

这个结果有点让人猝不及防。正如法里德说的，如果算法将一个违法者评为高风险者，法官可能会听信，但如果我们告诉法官"我们在网上进行了20个人的采访，他们都说这个违法者会再次犯罪"，法官不大可能会考虑我们的意见。[31]

要求COMPAS算法的准确率高于20个来自互联网随机网民的判断过分吗？这个要求高吗？然而COMPAS算法居然没有达到这个水平。[32]

既然COMPAS预测的公共数据已经是公开的了，那么其他技术人员就可以对它进行技术解剖了，找出它的缺点也就不难了。炼金术士对自己的数据和方法遮遮掩掩，每个人都是刻意隐瞒，结果大家都没有进步。而科学仰仗开诚布公，信息共享，集思广益，这样才能发展进步，这才是科学家的心态。

在保守派政客的演讲和媒体评论中，我们经常会听到"人们正在失去信任"或者"我们需要重建信任"这样的言辞。这个话题的权威——奥诺拉·奥尼尔男爵夫人认为，这样扼腕叹息只能说明人们思想上的懒惰。她说，我们不要也不应该凡事都随便信任：特定的事，要托付给特定的人或机构去做。（例如，我从不会拜托我的一位朋友替我寄信，因为他总忘，但我会经常拜托他照顾一下我的孩子。）所以，信任也要有针对性，信任值得信任的人，没有诚信或别有用心的人当然就不能信了。[33]

就像人一样，算法也分可以相信的算法和不可轻信的算法。这与区别对待他人一样，不要问："我们应该相信算法吗？"我们应该问："我们可以信任哪些算法，我们可以把什么东西交给算法去做？"

奥诺拉·奥尼尔认为，如果算法要证明它的可信度，首先要证明"它的智能经得起检验"。为此，她列了一个清单，即智能经得起检验应该具备的四个属性。首先，数据应该是可访问的，这意味着它们不是被深藏在某个秘密数据库的深处而不能为公众所用的。其次，数据结果应该清晰易懂。再次，算法结果应该以可利用的形式呈现，也就是说，结果应该是标准的数字格式的。最后，算法结果应该是可测评的，即任何有时间和专业知识的人想要严格测评算法有效性，都可以调取算法的详细资料。

奥尼尔的原则很有道理，毕竟很多算法都事关人命，例如，是否应该释放一个案犯，接到虐童的报警电话是否出警。所以我们应该引进外部的专家来测评算法的有效性。人类有法律保证，例如，禁止种族歧视和性别歧视，我们需要确保算法也不能出这样的纰漏，至少在法庭上不会被找到这样的漏洞。

《算法霸权：数学杀伤性武器的威胁》的作者凯西·奥尼尔认为，数据专家应该像医生一样，成立一个专门的组织，来规范职业道德。至少，这可以为有问题要举报的人提供一个去处。"这样，当老板（比如脸书）要求我们做一些自己认为有违道德标准的事情，或者至少这种做法伤害了客户对我们的信任，就有可以投诉之处了。"[34]

算法与医学实践还有一点类似，重要的算法也应该使用随机对照试验进行测试。如果一个算法的程序员声称他的算法可以测评出老师是否应被解雇，或者犯罪嫌疑人是否应被保释，我们的回答是"证明它"。医学发展史告诉我们，很多理论听起来无懈可击，但操作起来就不是那么回事了。算法不是药物，简单地克隆FDA这样的组织是行不通的；我们需要在更短的时间内进行试验，并从不同的角度看待知情同意（临床试验对于批准新药用于人类的标准很高；我们也还不清楚能否将这些标准运用于教师或犯罪嫌疑人评估的算法上）。不过，任何对他们算法有信心的人都应该欢迎公众的检验。所以，除非那些算法可以证明自己，否则我们是不能把学校和法院这样重要机构的评估托付给算法的。

当然，不是所有的算法都值得被如此关注。让外部专家去审核塔吉特母婴用品优惠券的算法，就小题大做了。需要审核哪个算法要看具体情况，对算法可信度和透明度的要求也要具体情况具体分析。

例如，我们对YouTube（油管）的视频推荐算法和网飞的电影推荐算法要求就不一样。YouTube上有大量不良视频，其推荐引擎也因经常推荐这些不雅或暗黑的视频而遭人诟病。目前，是否有证据证明YouTube引擎的激进主义还是个未知数，但如果没有更多的算法透明度，就很难说清它不是这样的。[35]

网飞的问题是另一个类型的：担心竞争。它的推荐算法是依据客户以往观看过哪些电影这样巨大的秘密数据库而搭建的，亚马逊也有一个类似的巨型数据库，但它们都不公开这些数据库，这无助于算法的提高。假设我是一个很有想法的年轻企业家，想根据人们以前的观影习惯，用一种新的算法来预测人们会喜欢哪些电影。如果没有大数据来检验，我的好点子永远无法付诸实践。是的，亚马逊和网飞的观影推荐算法没有什么可指责的，但是有没有办法强迫它们公开自己的数据库，促成算法设计方面的竞争，最终让消费者受益呢？

这当然涉及隐私问题。你可能认为这是一个很容易解决的问题：只需从记录中删除姓名，数据就成匿名的了。没那么简单：有了一个丰富的数据集，并通过与其他数据集进行关联，很容易就可以知道#961860384是谁了。网飞曾经举行了一个寻找更好推荐算法的竞赛，为此向技术人员发布了一个匿名数据集。不幸的是，结果发现它的一个会员在网飞上发表了对一部家庭录像的评论，但又以真实姓名将同一评论发布在互联网电影数据库网站（IMD）上。这样网飞用户就知道她是谁了，要命的是她的评论表明她是个女性同性恋者，这是她的死穴，也是不希望别人知道这事。[36]此事闹得沸沸扬扬，她起诉网飞"暴露"了她的隐私，最后双方私下和解了结了此事。

尽管公开数据库这个问题十分棘手，但是必须找到解决方法。方法之一是允许被授权的技术人员接触数据库。另一种方法是发布"模糊"数据，即所有单个数据都模糊处理，但不影响整个数据结构的完整性。因为不解决数据库公开的问题，就难以保证商业上的公平竞争。像谷歌和脸书这样的公司，因为它们拥有巨大的数据库，从而获得了绝对的竞争优势，可以轻易把小的竞争对手扼杀在萌芽状态，或者使用一个服务（如谷歌搜索）的数据来推广另一个服务（如谷歌地图或安卓系统）。如果这些数据中的一部分被公开，其他公司就能够从中学习借鉴，并提高或改善算法，以更好的服务向大公司发起挑战。不仅商界人士，科学家和社会学家也可以从大数据库中受益。一种可能的模式就是要求私人"大数据库"在若干时间后公开，并提供适当的匿名保护。三年前的数据对于许多商业用途来说是过时的，但对科学研究可能仍然具有巨大的价值。

这有一个先例可以借鉴一下：专利发明人必须先同意专利到期后开放其技术，才可以得到知识产权保护，也许对拥有大数据集的私有企业也可以用同样的思路来要求它们公开数据库。

"大数据"正在改变我们周围的世界，如果电脑以人类不能理解的方式代替人类做决定或预判，自然会遭到排斥。我认为人类的担心并不多余。现代数据分析可以产生一些奇迹般的结果，但大数据往往不如小数据可信。小数据通常可以被核实，大数据往往被深藏在硅谷的地库里。分析小数据的统计工具也容易检验，但模式识别算法则容易成为商业领域敏感的神秘黑匣子。

所以我认为我们既要抵制人们对大数据和算法的炒作，也要警惕对它们的全盘否定。涉及要紧的事情，我们应该就事论事地不停追问：底层数据是否可访问？算法的性能是否进行了严格的评估？例如，通过随机试验，看看人们是否在没有算法帮助的情况下做得更好。是否允许外部专家对算法进行评估？他们的结论是什么？我们绝不可以把算法和人都绝对化，认定一个怎么都比另一个好，这样一刀切的想法才是个大大的陷阱。

但是，我认为有一个数据来源，至少对大多数富裕国家的公民来说，应该更值得信任，我们现在就来谈谈它吧。

法则八
统计数据来之不易

"你的事实依据是什么？"

"国际货币基金组织和联合国提供的数据。

这些数据毋庸置疑，无须解释。所以我是对的，你是错的。"

——汉斯·罗斯林[1]

1974年10月9日，星期一。在华盛顿特区的白宫旁，有个景色迷人的潮汐湖（Tidal Basin）。不远处，在树荫掩映下，静悄悄的深宅隐蔽其中。凌晨两点，汽车的轰鸣声划破寂静的夜。黑暗中，一辆车在飞驰，而车的前车灯却没有打开。一名警察发现异样，勒令车路边停靠，随后，一名衣饰浮夸、化浓妆的女人从副驾上跳下来，嘴里疯疯癫癫地时而英语，时而西班牙语地乱喊乱叫，并沿着街道跑开，后来居然跳入湖中。警察把她从湖里捞出来后，她还要冲着往里跳，最后警察不得不给她戴上手铐。而开车的老家伙也是酒气熏天，眼镜都碎了，划得脸上都是小口子。[2]

这个女人叫安娜贝尔·巴蒂斯特拉，也有人叫她芬妮·福克斯，外号阿根廷小辣椒，银履夜总会的脱衣舞娘。这个男人则是美国政要之一——威尔伯·米尔斯，他从20世纪30年代以来一直担任阿肯色州国会议员，并长期担任众议院筹款委员会主席，他对大多数立法拥有一票否决权。所以当这名警察认出这位可以呼风唤雨的人物时，马上变得毕恭毕敬，自告奋勇用自己的车将他送回家。几周后米尔斯又成功连任筹款委员会主席。

但是选举刚刚成功，米尔斯又一次因醉酒闯祸了，这次他在福克斯表演时爬上了表演台子，直到一亲芳泽，才从舞台上下来。与脱衣舞娘乱来这种事，一次被抓算倒霉，两次被抓就是做事不周了。后来他的同僚悄悄递了个话，威尔伯·米尔斯旋即辞去了筹款委员会主席职务，加入匿名戒酒协会反省去了。芬妮·福克斯后来自称"潮汐湖性感炸弹"，并写了一本爆料回忆录，但随着时间的流逝，也最终被人们淡忘了。[3]

今天，大多数人只是依稀记得这件事位列美国最大性丑闻的第三位。但是，史海钩沉，这桩丑闻还促成了另外一件有意义的事。当时，美国国会就是否有必要设立国会预算办公室这样一个新的机构不能达成一致意见，该机构的目的是针对不同政策提案进行成本预算，以便为国会提供参考意见。国会的一名重量级大佬尤其反对该办公室拟任命一名女性为主任。但威尔伯·米尔斯的突然辞职引发了政府内一系列的职位变动，间接促成了国会预算办公室的成立。国会预算办公室如期成立，那位大佬也被打发到国会别的部门去了。现在一切障碍都被扫除了，爱丽丝·里夫林①成为众望所归的人选，并顺利当选预算办公室第一届主任。40年后，当她回忆当初的情景时，感慨道："我要感谢芬妮·福克斯帮我获得了这份工作。"[4]

就这样阴差阳错地，爱丽丝走马上任了。事后证明，国会预算

---

① 爱丽丝还曾出任美国经济协会主席、美联储副主席、管理和预算办公室主任。正如《华盛顿邮报》说的，她还"拯救了华盛顿"，因为她帮助华盛顿特区走出了20世纪90年代的地方财政危机。有这么丰富的履历和战绩，难怪一位同事称她为公共服务领域的"十项全能冠军"。

法则八　统计数据来之不易

办公室在政府中的作用可谓厥功至伟。国会成立预算办公室的初衷是掣肘尼克松总统过大的权力，不过是权宜之计，但后来国会逐渐认识到数据的价值和情报分析对政策制定的影响。里夫林是这样定位预算办公室的角色的，她说：预算办公室不是为多数党炮制谈资的，也不是为国会各部门主席随便编纂报表的；它只对国会负责，为其提供不受各方利益影响的、有洞见的数据信息。有学者认为，预算办公室势必成为华府一个举足轻重的部门，为政府就预算和经济提供权威信息数据。[5]

爱丽丝·里夫林的副手罗伯特·赖肖尔后来也出任过预算办公室主任，她形容预算办公室就像一个马路窨井，当国会要商讨一个议案是否可行时，他们就会掀开井盖，把议案扔下去，然后你会听到机器吱嘎作响，20分钟后就会有一张纸递上来，上面写着的成本估算决定了议案的可行性。这种机制你是看不到的，但它就在地下某处执行着这个功能，如城市的下水道系统一样可靠。[6]

这个比喻很贴切，因为城市下水道系统虽不在公众视线内，但值得信赖，而独立公正的统计部门，像下水道系统一样，是现代生活不可或缺的组成部分。但正是因为人们对下水道系统日复一日正常运转太习以为常了，没料到有一天它也会崩坏。同理，人们对预算办公室太过信任，就会对它失察，导致有些人或为谋一己之私，或出于无知，掺杂了不当的东西，使数据失真。

预算办公室等机构提供的官方数据统计和分析比人们想象的重要，因为它们尤其关系到民生。所以我们一定要捍卫这样的机构免受任何方面的威胁和压力，更不能让它因不检点的国会议员和脱衣舞娘的命运反转而受影响。

拼凑真相

还记得预算办公室成立的初衷是针对尼克松政府的吗？但是预算办公室还没开始运作，尼克松就辞职了，而第一位与预算办公室闹僵的不是尼克松这样的共和党总统，反而是民主党总统吉米·卡特。20 世纪 70 年代末，随着油价飙升，当时的卡特总统雄心勃勃，要提高美国的能源效率，但爱丽丝领导的预算办公室在评估了总统团队提出的各项计划后，得出的结论是计划难以达到总统的预期。

里夫林后来回忆说，这让卡特政府很不高兴。同样不高兴的还有同是民主党人的众议院议长，他一直努力想让计划在众议院通过，而预算办公室的做法太没眼力见了。[7]

没眼力见就对了。预算办公室就是有不用看谁脸色的底气：爱丽丝·里夫林知道这个部门绝对不能是当权派的宣传工具，它的价值就在于客观独立性。不久，共和党再次上台执政，在见识了预算办公室毫不让步的做派后，这次轮到他们开始大声抨击预算办公室了。1981 年，里根执政，预算办公室认为实际预算赤字会比政府说的高得多，气得里根总统大骂预算办公室的数字是假的。

1983 年，里夫林在执掌国会预算办公室 8 年后卸任。预算办公室头顶上的压力从来就没有停止过，例如，在 20 世纪 90 年代，民主党领袖就曾希望预算办公室对克林顿总统的医改议案高抬贵手，但预算办公室还是一如既往地不为所动。[8] 预算办公室并不完美，它干的都是些苦差事：大多数时间他们都在扒拉着算盘，计算着国家的收入和支出之间会有多大的窟窿。正如我们将在第十章讨论的一样，这样的经济预测其实很难，有时候他们也会出错。不过，预算办公室给人印象最深的一点是，他们的原则性很强，不会为了拍政治马屁而篡改预测结果。人们对预算办公室的评价是：它的工

法则八 统计数据来之不易

作水准符合我们的要求，而且，关键是够客观公正。①9

在英国，预算责任办公室（OBR）扮演着与美国国会预算办公室类似的角色。它也是个独立机构，但到2010年才成立。以前，政府支出、税收和其他经济变量等的预测是英国财政部的工作，相关人员更直接地对政府官员负责。这让我们能够做一个有趣的对比：两个国家的预算办哪个预测得更好？事实证明，英国预算责任办公室表现得更好，而且还不是好一点点。[10]这对英国预算责任办公室的声誉是个大大的提升，未来的工作也更好做了，但这也反映出此前存在的一个问题，即2010年以前，财政部的经济学家一直都在瞎编预算以讨好上司。

无论是英国的预算责任办公室，还是美国的预算办公室，它们都不是唯一需要保持政治独立性的统计机构。预算办公室的工作是预测拟征税收或政府支出变化对未来的影响，还有许多政府机构是负责当下的现实状况的。譬如人口普查，即调查一个国家不同地区的人口数量以及人口基本信息的机构；经济统计数据，像通货膨胀率、失业率、经济增长率、贸易与居民收入差异等；社会统计数据，像犯罪、教育、居民住房条件、移民和福利等；也有些研究是针对特定行业的，例如，环境污染等问题。

每个国家对于这些官方统计数据都有自己的谋划。在英国，许多是由国家统计局这一组织制定和出版的。在美国，这项任务分散给了一系列机构，包括经济分析局、劳工统计局、人口普查局、美联储、农业部和能源信息管理局等。

---

① 例如，2000年发表的一项由两位学者进行的同行评议研究发现，共和党政府往往过于担心高通胀，而民主党政府对失业率过于忧虑。国会预算办的预测没有受政府意图影响，反映的事实总体上比政府设想的更准确。

拼凑真相

这些统计用途大吗？非常大，大得你难以想象。这些机构提供的数据构成了一个国家的记账簿，相当于一个国家的家底和底细。当记者、智库、学者和审计人员想了解某些社会状况时，他们的分析通常直接或最终和这些统计挂钩。在本章后面的内容中，我会对编制专业的、公正的官方统计数据的成本及各种好处做更详细的说明。但对这些数据价值最生动的理解也许是看看有人是怎么千方百计地想把它们抹黑、诋毁或干掉的。

2016年，唐纳德·特朗普竞选美国总统时，他面临一个难题。他的竞选团队想给外界造成美国经济在前任手上已经崩溃的印象，但官方统计数据显示，当时的失业率非常低，不到5%，而且还在下降。其实，他对这个数字本可以有聪明的诠释，比如，低失业率并不能反映工作机会都是高质量的。但特朗普直接采取了一种简单粗暴的方式：他一再申明失业率数据是假的、全是虚构的，并声称真实失业率为35%。

捏造数据通常是独裁者才会使用的伎俩，而不应该是奉行民主制度的党派候选人采用的竞选策略，但特朗普先生显然认为这一招很管用。也许他赌对了，因为他的支持者居然相信了他：他的支持者中只有13%的人选择信任政府提供的经济数据，这一比例在希拉里·克林顿的支持者中是86%。[11]

当选总统后，特朗普的态度又变了。根据官方数据，他上任后失业率继续创下新低。这时，特朗普则希望人们认为这都是他的功劳、他的政绩。他的发言人肖恩·斯派塞直截了当地说："我刚和总统谈过，他清楚表示，要引用他的原话告诉大家，统计的失业率数字以前可能不对，但现在一定真实。"厚颜无耻到这个地步也是可笑了，但这也可能造成一个令人担忧的后果，以后特朗普先生的对手也可以效仿他，随便污蔑政府的数据是假的。[12]

特朗普先生除了在民众中败坏自己国家硬脖子的统计机构外，还把手指指向了别的国家。例如，在2015年，德国总理默克尔采取了较为冒险的政治举措，允许近100万难民入境。特朗普想把德国拉出来给各国以警示，于是，2018年6月，他在推特上说，"德国的犯罪率正在上升"。去看看那些难民惹下的祸乱！

不幸的是，对特朗普总统来说，总有一群人跟他过不去，他们就是德国统计学家。他们在特朗普发推特前一个月公布的最新数据显示，德国的犯罪率不仅没有上升，而且是1992年以来的最低水平。[13]对此，在发完上一条推特的几个小时后，特朗普毫无愧色地在推特上回应："德国的犯罪率上升了不止10%（警察不上报而已）。"[14]

这一指控真是无稽之谈。原因之一是德国负责统计犯罪数据的部门是霍斯特·西霍夫领导的，他是一位在移民问题上赞成强硬手段的鹰派人士。他在2018年还威胁说，如果德国的移民政策不收紧，他就辞职。所以如果犯罪率真的上升了，他巴不得赶紧公布高数据呢。另外一个原因是德国历来没有权利干预统计的惯例。

遗憾的是，并非每个国家都是这样。在世界各地，篡改数据的压力不仅存在，而且非常普遍，如果统计学家不照做，后果可不是高管骂几句就完事了。

2010年，经济学家安德烈亚斯·乔治乌离开了工作了20年的国际货币基金组织，带着自己的小女儿从美国华盛顿特区回到他的祖国希腊。他回国的目的是接手希腊新的统计机构ELSTAT。

当时，希腊的统计部门情况很糟糕。它不受重视，也没有多少拨款。2002年，经济学家保拉·苏巴基访问希腊统计局时，发现它居然藏在雅典郊区的一个住宅区里，"四周都是些普通商店，我费劲地在一个20世纪50年代的公寓楼里找到一个门洞，从那个门洞上楼，找到一个落满灰尘的房间，房间里只有几个人。我好像没看见那个房间里有电脑。这也太离谱了，堂堂一个国家的统计局，没有一点该有的样子，成何体统。"[15]

但到2010年，乔治乌回国时，他要担心的不止灰尘和跟不上时代的统计方法。当时，全世界对希腊官方的统计数据都已经下了这样的定论：希腊的统计数据和它历史上造的特洛伊木马一样，都是骗人的。欧盟统计局曾多次批评希腊官方经济数据的可信度和质量。欧盟委员会还就该问题发表过一份措辞严厉的报告。[16]

希腊统计局如此失职的根本原因在于希腊政府希望将预算赤字保持在一个适度的水平。预算赤字是政府每年为弥补支出与税收之间的差额而借入的资金，也就是外债。欧元区成员国的一项规定是，减免某些特殊款项的支出后，成员国应将赤字控制在国内生产总值（GDP）的3%以下（从经济学的角度来说，这个规定并不十分明智，但这不是本书要讲的内容）。对于希腊来说，这个目标几乎不可能达成，那为什么不干脆调整账本，让数据好看一点？有一年，希腊的账本就抹掉了几十亿用来支付医疗费用的欧元借款。还有一年，他们又故意漏掉了一大笔军费开支。他们还与投资银行高盛私下商定好，将一笔借款做成贸易的形式，这样可以不计入赤字。[17]

2009年，在全球金融危机的冲击之后，人们意识到希腊多年来一直在谎报外债数额，它的实际债务已经高到只能赖账的地步。欧盟和国际货币基金组织按惯例，对希腊一方面救助，一方面要求它采取严格的财政紧缩政策，希腊经济就此崩溃。安德烈亚斯·乔治乌面临的就是这种境地。他觉得他可能无法力挽狂澜，但希望至少能恢复一点希腊统计局的信誉。

乔治乌的首要任务是查看 2009 年的赤字数据。希腊财政部最初的预测赤字占国内生产总值的 3.7%，这与欧盟定的目标相差不远，但不幸的是，这一预测没有多少说服力，甚至在乔治乌回国之前，希腊当局就已经将这一比例修正到了令人震惊的 13.6%。欧盟统计局仍然不相信。几个月后，乔治乌公布了他的结论：赤字实际上是 15.4%，这非常高了，但至少这是可信的，欧盟统计局也认可了这个数字。

但这也就是乔治乌噩梦的开始。首先，希腊统计局里的形势已经波谲云诡。一场轩然大波后，警方调查发现，乔治乌的电脑邮箱被自己的副手，也就是副局长入侵了。随后，负责经济犯罪的希腊检察官宣布对乔治乌提起诉讼，指控他故意夸大希腊赤字，给希腊经济造成严重损害。此外，还有其他各种指控，包括他禁止让希腊统计局的董事会就赤字数字进行表决。（希腊预算赤字的结果要通过表决来决定？这有点魔幻了，你确定这不是歌手大赛，导师要拍按钮，转椅子？）乔治乌的"罪行"够判他终身监禁的。检察院曾 6 次驳回对他的指控，但希腊最高法院一再恢复指控。事实上，他的定罪、无罪释放和重新定罪反复多次，让人不知何时是个头，这真是卡夫卡小说中才有的荒诞。[18]

当然，你可以认为乔治乌可能就是个卖国贼，但这个观点站不住脚，因为有 80 名来自世界各国的前国家统计局局长联名抗议他遭受的不公正待遇，欧盟统计局也多次为他的工作质量背书。2018 年，他得到了国际统计协会等一批受人尊敬的专业机构的特别嘉奖，美国统计协会和英国皇家统计学会表示："感谢他在逆境中展现出来的才干和实力；他为提高官方统计的质量和可信度，以及改进官方统计的完整性和独立性所做出的种种努力值得嘉奖。"[19]

安德烈亚斯·乔治乌并不是唯一一位在逆境中表现出非凡勇气的统计学家，长期任职的阿根廷统计学家格拉西埃拉·贝瓦卡也是一位佼佼者。阿根廷长期以来饱受高通胀之苦。阿根廷政府在民粹主义总统内斯托尔·基什内尔（2003—2007年任总统）和克里斯蒂娜·费尔南德斯·基什内尔（2007—2015年任总统）夫妇的领导下，并没有打算采取实际措施来解决这个问题，而只打算做做笔头工作，改一改通胀数据就好了。就是在这样的情况下，贝瓦卡女士收到一些让她良心不安的命令。

例如，上面要求她将每月通胀数据的小数点不再进行四舍五入，直接按整数位的数字计算就好了，就好像阿根廷的电脑都没有小数点进位功能一样。这个影响比你想象的要大得多，因为省去的小数点最后加起来也不是个小数字：每月通胀率是1%的话，一年就是12.7%；如果每月的通胀率是1.9%的话，一年就是25.3%。所以，可笑的局面就是，阿根廷官方年通胀率的数字接近第一个数字，而非官方统计更接近第二个数字。

当贝瓦卡女士在2007年初给出每月2.1%的通胀率时，她的主管们拉长了脸，心想：不是告诉过她要拿出一个低于1.5%的数字吗，她怎么还不识趣？所以他们直接让她休假，等她回来后就撤了她的职，把她从统计局踢到了档案室，并把她的工资削减了2/3。贝瓦卡很快就愤而辞职。[20]

没有了贝瓦卡女士碍手碍脚，阿根廷的官方通胀数据显示，阿根廷的通胀率低于10%。按照发达国家的标准，这个数字很高，

法则八　统计数据来之不易

但以它的实际情况来看，仍然低得令人难以置信。大多数专家估计，数字应该接近25%。后来一群专家编制了自己的非官方价格指数，并参考了贝瓦卡的意见。结果贝瓦卡很快就被指控散布虚假信息，被罚25万美元。

和乔治乌一样，知情者从世界各地声援了贝瓦卡女士，随着阿根廷的新政府上台，她的处境不会太难了。至于乔治乌，他在希腊统计局坚持了5年后，最后还是回到美国，但他留下的肃整后的统计局，多少换回了些民众的信任。乔治乌可能免了牢狱之灾，但政府对他的迫害已经对其他希腊统计学家起到了杀一儆百的作用。乔治乌在接受《意义》杂志采访时说："统计师们现在已经有心理阴影了，他们知道如果他们不撒谎，做真事，他们的前途，不仅职业上的，还有其他方面的，都会受到影响。"他补充说：从长远来看，希腊政府不止损害了它的统计事业，也损害了自己的国际信誉和形象。而危机爆发之前的那些助纣为虐的造假统计师却没有被追责，这是很不公平的。[21]

尽管乔治乌和贝瓦卡在对抗强权上表现出了令人钦佩的英雄气概，但我们不要天真地以为每个统计师都会如此铁骨铮铮，或者每一次强权干涉统计事务都会引起公众的注意。丹尼斯·利维斯利教授是业界一位受人推崇的统计学家，她告诉我，一位来自非洲的同僚接到警告，如果他不能给出国家总统所要求的数字，他的孩子们就会被杀掉。出于众所周知的原因，她无法透露这位同事的姓名。[22] 所以，如果这个同僚照做，我们也只能表示理解。

要让政府里的统计部门听话还有更奇葩的方法。2018年底，坦桑尼亚政府通过一项法律，将批评官方统计定为刑事犯罪，可处以罚款或至少3年监禁。那里的总统候选人如果想效仿特朗普称失

拼凑真相　　170

业数字造假，他们可要掂量掂量说这话的后果。坦桑尼亚政府的这一举动真是胆大妄为，这不仅公然践踏了公民的言论自由，而且这样一来，错误就永远没有被纠正的机会了。世界银行对它进行了谴责，但这已经拉开了各国政府裹挟统计机构为其政治服务的序幕。[23]

在印度，莫迪政府悄悄叫停了2019年失业数据的公布。莫迪曾在公众面前郑重承诺会创造更多的就业机会，但在那一年大选（他轻松赢得大选）前夕，就业数字还是令人难堪的，所以他的政府干脆就找了个借口停止公布，等到数据"好看"了再恢复。一位印度专家向英国《金融时报》解释了事情的来龙去脉，他总结说："很明显，长期以来，政府就是打算把民众蒙在鼓里。"[24]

即便在知识分子心目中名声最好的国家，政治家和统计学家之间也会产生严重的冲突。加拿大统计局长期以来以其工作水平和独立性受到世界各国统计机构的赞赏，但逃脱不了远香近臭的真理。第一次冲突是总理史蒂芬·哈珀执政时期，他领导下的政府计划废除传统的人口专员做人口普查的方法，取而代之的是自愿调查，即百姓自己去报户口。这种自愿调查可以节省开支，操作也简单，但约束性太差，全凭百姓自觉。统计局局长穆尼尔·谢赫公开表示反对并辞职。[25] 另一次，哈珀政府希望将IT（信息技术）的基础设施交由一个名为"加拿大共享服务"的机构负责；而下一任总理贾斯汀·特鲁多政府也积极推进该计划，继任的统计局局长韦恩·史密斯也以辞职表示了不满。他说，如果他部门的计算机和数据存储都是由另一个机构来掌管，他无法保证那些数据的机密性，同时他也不能确定统计局是否还能保持独立性，因为任何能管得了"加拿大共享服务"的官员都会通过这个机构向他们施压或牵制他们。

法则八　统计数据来之不易

公平地说，加拿大统计局稳健独立的声誉就是通过这一桩桩的抗争事件建立起来的。但是，如果有一方政治派别排斥统计局，就会有另一方政治势力力挺统计局，那么统计局难免会染上党派的色彩。这样一想，加拿大两位统计局局长先后辞职以示抗议时，幸好他们是在两个不同的政府领导下辞职的，并非派别牺牲品，这反而让我们放心了一点。[26]

在波多黎各，政府对不听话的统计部门做得更绝：在2017年9月灾难性飓风过后不久，政府想把它的国家统计署彻底解散。表面原因是统计署太烧钱了，政府可以把拨给统计署数以百万美元的预算花在收益更大的地方。

这都是说辞。你可能还记得，那次飓风过后不久，特朗普总统对飓风造成的人员伤亡甚为满意，因为他听到的16或17人的死亡人数的确不多，不像12年前席卷新奥尔良的那场飓风，造成了"人间惨剧"。他信口说的"人间惨剧"，真的在波多黎各慢慢应验了，因为后来官方统计的死亡人数开始上升，刚开始勉强超过50人，但很多人认为这个数字还没有反映事实，于是许多民间团体开始自己数人头，不仅包括风暴直接致死的人员，还包括那些后来因为在医院得不到及时救治而死亡，以及因道路阻塞和电线杆倒塌得不到援助而死亡的人。亚历克西斯·桑托斯就是这些研究人员之一。他是宾州大学的人口统计学教授，当飓风来袭时，他的母亲就在波多黎各。桑托斯教授估计，大约有1000人直接或间接死于飓风。这让波多黎各成了个大新闻，但是后面公布的数字更为严重。

波多黎各统计局这样再三更改死亡人数的神操作让其政府极其难堪。与此同时，统计局还在添乱，起诉波多黎各卫生部，说对方没有给出罹难者准确、及时的信息。[27]这样的招架让本来面子上挂不住的政府大为光火，尤其觉得统计局工作不力，所以一气之下要解散它。

所以，人们不禁要问：统计局每年花政府这么多钱，它的产出价值有它花的钱多吗？这个问题问得聪明，因为统计局要证明自己的价值的话，这是一个绕不过去的问题，但很少有人算过这笔账。

在2011年人口普查前夕，英国进行了一项针对人口普查的成本收益调查，结果是普查能带给人们诸多好处和便利，譬如，依据人口信息制定养老金政策，依据人口分布建学校和医院，以及在人口数字的基础上统计其他数据等。像那些带"人均"的统计数据，从犯罪率到少女怀孕比例，从人均收入到失业率，都必须用人口作为分母。

分析师们也明白，"统计数据本身并不会产生收益，它们的价值在于政府、公司、慈善机构和个人可以利用统计数据更高效地做出合理决策"。[28]言之有理，而且这样的例证不少。例如，伦敦市警察局利用人口普查了解到老年人较集中的街区，就在这些地区加强警力防止诈骗犯和小偷对这些老年人下手，另外，凡是政府计划涉及百姓的事宜，从大众健康宣传到核灾难应急措施，都是以知晓他们的居住地为前提的。

然而，令人失望的是，那次做成本效益调查的人完成调查后却耸耸肩，声称那些数据很有用，但难以用钱来估值。不过，他们倒也发现了一些他们认为可以量化的收益，他们评估的价值是每年5亿英镑，平摊到每个英国居民头上是人均接近10英镑。由于人口普查本身花费不到5亿英镑，但这个数据可以管10年，所以10倍的回报率是对人口普查最保守的估值。

新西兰是另一个算过人口普查收益的国家。它的人口普查花费了2亿新西兰元（约1亿英镑），据估计至少产生了10亿新西兰元的效益，回报率是5倍。这项研究认为，更新人口基本信息，譬如哪些人住在哪里，可以让政府对市政建设，如建医院和道路的投资更合理，其他的政策制定也更有的放矢。[29] 即便是要被总统威胁解散的波多黎各统计局，也忙不迭地要为自己辩护说它也有证明经济价值的地方，例如，它启用的新系统就可以堵上医疗收费中的漏洞，这个数额也是算得出来的。[30]

但是，要证明统计数据的性价比，除了它们为决策带来的益处，也许还要用它的低成本来体现。以美国国会预算办公室为例，它每年为国会4万亿美元的预算开支提供意见，而政府每年对它的拨款是区区5000万美元。换句话说，美国政府每支出8万美元，里面有1美元是给预算办的，让它审计剩余79999美元的开支合理性。[31] 那预算办公室工作的成本只占政府总支出的0.00125%，物美、价廉、好用，说的就是统计局没错了。

同样，如果你要知道波多黎各政府的年总开支是100亿美元左右，是它拨给统计局100万美元的1万倍时，你顿时就会觉得统计局并不费钱了。英国国家统计局每年的费用约为2.5亿英镑，就是英国政府每花3000英镑，统计局的成本不到1英镑。美国有13个主要的统计机构，它们的成本是每2000美元中的1美元。[32] 所以，如果这些勤勤恳恳、公正客观的统计机构能够提高政府决策的合理性，哪怕只是一点点，那么它们就值公众开支中那很小比例的钱了。

没有了统计数据，政府的管理就像盲人摸象般不明就里。但也有一个悖论，那就是既然政府无能、管理无方，给它再多的信息也没用，反而更会让它瞎指挥。

这一观点有一位著名的拥趸——郭伯伟。郭伯伟是20世纪60年代的香港财政司司长，当时的香港还是在英国治理之下，经济正在腾飞，但是它的经济增长速度到底有多快，大家却不知道，因为郭伯伟拒绝统计。后来获得诺贝尔经济学奖的经济学家米尔顿·弗里德曼遇到了郭伯伟，问他为什么，郭伯伟解释道，他拒绝了政府提供此类数据的要求，因为他坚信，一旦数据公布，政府是管不住自己那喜欢指手画脚的手的。[33]

他说的话不无道理。香港的快速发展部分归功于中国内地移民的涌入，但郭伯伟和弗里德曼都坚信造就香港繁荣的是自由经济。郭伯伟供职的香港政府当时实行低税收制度，相应地，公共服务设施也少。但他认为，私企往往比国家能更快、更有效地解决人们的需求。既然如此，何必多此一举再提供数据给政府让它去干预呢？郭伯伟认为，英国政府对香港就应该无为而治，前者知道的东西越少，就越会放手。

这种观点不乏认同者。詹姆斯·斯科特在他的洞见之作《国家的视角》中指出，国家层面收集的统计信息挂一漏万，尤其各地的具体民情难免遗失。举个例子，在东南亚农村，土地的使用情况比较复杂：每家每户按人口多少一起耕种一片土地，粮食收割后，这片土地就变成可供大家放牧的公共土地，大家也可以在那儿拾柴，但是村里的面包师和铁匠可以拾得比别人多。等新的国家土地局派人来这里统计时，问"这块地是谁的"，谁也说不清楚，所以你看，事情没那么简单。

因此，忽略某些重要的细节会造成严重后果。斯科特认为，由于国家机器强大，国家对一个事物的错误认识会产生实质性后果。

法则八　统计数据来之不易

有时候，即使政府有意为民众谋福祉，如果无视当地民情，不尊重他们的自我管理能力，也会制定出水土不服、令他们不满的政策。[34] 所以，在刚才的那个例子里，最后的结局很可能是问不出任何结果的办事员最后决定在他的记录簿上写下这片土地由地方政府拥有，然后几年后，村民们惊奇地发现，这片土地好像和他们没什么关系了，因为政府正在派人清理这块土地，准备开辟棕榈种植园。

所以，要反驳政府掌握数据的必要性，还可以反面论证：如果政府就是准备鱼肉人民呢？这样细思极恐的事是不是提醒我们：到底要不要让政府对我们了解得太清楚？如果希特勒对自己的社会不是那么了如指掌，结局会不会不一样？会不会少一些祸害？是不是政府对我们了解得越多，它们就越想控制我们？

这个观点似乎有道理，但我不敢苟同。某些国家喜欢监控人民，它们的统计方法也与西方国家的截然不同。而历史表明，集权统治的国家要么对统计不重视，要么统计能力不足。

在纳粹统治的德国，希特勒计划用数据施行统治。他们本打算推广打卡机（一种最新的技术）来监视人民的一举一动。但正如亚当·图泽在《统计在德国》一书中所说，在纳粹统治下，统计标准实际上已经乱了："从来没有设计出一套可执行的标准。"[35] 官方统计所遵循的准则，如个人的隐私、数据的保密和统计结果的独立性，与纳粹统治的目的都格格不入，所以，最后这个打卡机计划在政治高压和派系内斗中流产了。

这些前车之鉴让我能很好地理解詹姆斯·斯科特的论点（我在《混乱》一书中更详细地讨论了斯科特的观点），对郭伯伟的观点也不反对。总结起来就是：国家机器要意识到自己了解情况有局限性，因为从国家角度看问题，就像鸟瞰的视野一样，宏大和宽广，容易产生世界尽在我脚下，我无所不能的错觉，这种自以为是的态度会误国误民。

郭伯伟拒绝向英国政府提供统计数据的策略似乎在50年前对香港起了作用，但香港当时处于一个非常特殊的境地，它是一个日落西山的帝国的海外领地，在这个帝国的辉煌时代，大政府是主流模式，哪怕你是在6000英里以外的地方，也要凡事听命于英国。但这都是非常规的例子。

但是，拒不统计的策略只能对一个奉行自由主义、政府不作为的政权有意义。而事实是，大多数人并不看好这种做法。不管是好是坏，人们都希望自己的政府有所作为，如果政府要有所作为，它们就要摸底。统计数据有助于政府对自己国家知根知底，这样才能制定出有的放矢的政策，尤其是关于犯罪、教育、基础设施等的政策。

在贫穷国家，官方统计机构往往资源不足，通过更好的统计来改进决策的余地特别大。有个例子正好说明这个问题。教育在减少文盲方面有多大的功效？搞清楚这个问题就可以更好地制定教育及教育投入方面的政策。因此，世界银行的研究人员查阅了联合国教科文组织整理的统计数据，发现教育对识字率起着决定性作用：无一例外地，受教育人数越多的国家文盲率越低。这显然是教育的功效，世界银行的人兴奋地公布了这个结果。[36]

不幸的是，它没有注意到教科文组织的统计报告底下的小字说明。教科文组织根本没有资源自己收集想要的所有数据：它只有70名统计人员，而联合国有220个会员国，它的统计任务又多种多样，要统计识字率只是其中的一个任务。（在巴布亚新几内亚这样的地方，识字率就更难统计，因为它有400种语言，其中一些压根没有文字形式）。鉴于此，教科文组织不得不走捷径，他们找一个可以换算的关联数据来推算想要的数据，这一般是在不得已的情况下的对策。他们认定如果一个人的正规教育不到5年就可以视为文盲。难怪世界银行的研究人员发现教育和识字之间有着如此密切的关系。

如果教科文组织有更多的人手，它就不需要用关联数据来推算了，研究人员也就能更好地解答教育如何促进识字等问题。在贫穷国家，统计工作的基础非常薄弱，以至于国际援助中的每300美元就有1美元用于资助统计工作。所以，在贫穷国家，如果能在统计方面哪怕是多投入1美元，都有可能让剩余的298美元产生更高的经济效益。[37]

郭伯伟对米尔顿·弗里德曼说的话中还包含了一个暗示：政府统计数据不仅仅是例行公事，它是有所图谋的，所以他提出与众不同的观点，即不收集统计数据的政府才是好政府。但主流观点还是与他的相反。在美国创建国会预算办公室时，国会也是抱着这样的初衷：预算办公室就是为国会提供信息的，它成立的目的就是辅佐政府工作。正如美国那位非常有远见的总统詹姆斯·麦迪逊在1790年所说的，政客们应该好好调查，得到准确的数字，"以便他们说话时讲的是事实，而不是信口开河"。[38]

政府收集统计数据是为了对整个国情心中有数，但政府官员们在以数据治国的时候，会养成一种惯性思维，认为国家统计的数据属于他们的工作内容，不关其他人的事，外部审计多此一举。这样，统计数据仿佛成了对立于民众的国家私有资产，它不再是公器，而成了强权的工具。

拼凑真相

德里克·雷纳爵士就是这种观点的一位支持者。[39]德里克此前成功经营着堪称英国名片之一的玛莎百货，他后来成为英国政府能效管理方面的咨客。1980年，英国首相撒切尔夫人请他评估一下政府的统计工作。德里克欣然领命：他认为统计本质上是一个管理工具，那些对国家治理有用的可以保留，没用的可以丢弃，而且没有必要郑重其事地公布这些数字，省得有人找碴儿。

德里克的观点大错特错。准确的统计数据不仅仅为政府规划者服务，它们的服务对象还可以很多。在商业部门，企业依靠政府收集的数据来规划生产什么产品，在哪里为工厂、办公室和商店选址等事宜。劳工统计局、人口普查局、能源信息管理局和经济分析局收集的数据可以让银行、房产中介、保险公司、汽车生产厂、建筑公司、零售商和许多其他公司在国家大经济数据下制定自己的小蓝图。数据对于那些靠数据做生意的企业，如彭博社、路透社、房地产网、市场调研公司和金融服务公司等，更是意味着命脉，意味着数十亿美元的年营业额，为此它们会为有用的统计数据一掷千金。很少有人意识到这些商业帝国的大厦其实是以政府数据为基石的。[40]

除了商业部门，公民也有权利知道他们周遭世界的准确信息。政府的统计数据通常是向所有人免费开放的，其中一些是私人机构无论如何都收集不来的。譬如政府做的人口普查，公民有义务配合，而私人机构则不能对公民做这样的硬性要求，所以，既然私人机构收集数据也是花了巨大的财力和物力，他人想要获取也必须付高昂的服务费，私人机构就靠收取每年数万美元的信息服务费赚得盆满钵满。当然，有时，私人公司也会向人们提供免费数据，但这往往是为了推广某些商品。

政府数据公开也有助于有识之士用它们向民众宣传和呼吁紧迫的社会问题。仅举一个例子，历史学家、社会学家和民权活动家杜博伊斯在19世纪末领导了一项卓越的数据可视化工作，并以此参加了1900年的巴黎博览会。[41] 他的团队制作了漂亮新颖的图表，展示的是当时美国非裔的状况，图表包括人口、财富、不平等事例等数据，其中一些数据是杜博伊斯及其团队在亚特兰大大学收集的，但一些最引人注目的图表数据源于美国人口普查等官方统计机构。这只是一个例子，但足以说明对于那些想了解世界的人、为变革而奔走呼吁的人、两者兼而有之的人，官方统计数据可以助他们一臂之力。

有了可靠的统计数据，公民就可以问责政府，这样会督促政府做出更负责任的抉择。如果一个政府认为统计数据是政府的内部事务，没必要公开，那么缺乏监督的政府决策就没有改进的可能，政府的公信力也会大打折扣。

因此，德里克的观点震惊了统计学界。部分原因是它给英国民众传递的有毒信息："这些数字不是给你们普通人看的，它们是给重要人物看的。"但是，即使像德里克认为的那样，统计数据只是为重要人物提供的，我们还是有充分的理由让数据公开：只有数据公开，才可以保证数据的真实性。正如我们在上一章所看到的，公众监督是至关重要的，这就是科学与炼金术的区别。如果大家都可以看到或接触到政府数据，那么学者、政策研究员或任何有时间、能上网的人都可以对它们进行分析和审核，错误才可以被发现并改正。

事实也证明了德里克爵士观点的荒谬。他倡导的改革在10年内将失业的定义调整了30多次，无一例外地是为了降低总体失业率。[42] 这就是由于缺乏民众的监督，政府肆无忌惮才会发生的事情。不出所料，人们对这些统计数据极尽嘲讽挖苦，就像唐纳德·特朗普可能会说的那样："假的。"政府这样欲盖弥彰的行为只会失去民众的信任。

经过改革后的英国统计机构花了25年时间才努力恢复了自己在民众中的信誉。信任就是这样的，失去容易难再得，想要再得到就要付出加倍的时间和努力。不过，民众对英国国家统计局的好感比对英格兰银行、法院、警察和公务员等的多一些，比对政客和媒体的就更多了。[43]

德里克的观点——政府的统计数据主要是为政府管理者提供方便，公民没有特殊的权力不可以看这些数据——谢天谢地，在大多数成熟的民主国家中已经被抛弃，但难免有余孽影响。特朗普在2018年6月1日（星期五）无意中就明显表现出了这一点，这一天也是《月度就业报告》公布的日子。

早上7点21分，特朗普在推特上以不可思议的方式卖了个关子，他说："很期待今天早上8点半看到就业数据。"市场心领神会，闻风大涨。69分钟后，就业报告如期发布，令人惊喜，数据确实都是好消息。

特朗普料事如神吗？当然不是。他只是提前看到了数据，并忍不住要通知全世界期待好消息。

政治和金融往往都对官方的统计数据很敏感。例如，如果最新的失业数据显示新增大量的工作机会，那么金融市场会做出与经济严峻时截然不同的反应。这些数字有时也会影响政治斗争。因此，官方的统计数据在计算和核对时是非常保密的，并只能在规定的时间分秒不差地公布。

但在一些国家，包括美国和英国，有些人被允许提前看到某些官方统计数据。这种被称为"提前知情"的做法很有争议。这样做的理由是允许部长们有时间准备记者会上记者可能问到的问题等。因此，各种政治幕僚、新闻官员等经常被列入享有这种特权的人员名单。英国内阁办公室还就这一做法给自己贴金，说新闻官员认为，停止提前知情做法的话"将会酿成混乱，因为媒体在没有官方正式的论调时会随意揣摩并编造故事"。[44]

现在大家明白那些政要为什么要提前得到数据了吧？就是可以让他们提前准备好两种说辞：数据好了，他们可以奏功洋洋；数据难看了，他们也要想好说辞让事情说得过去或找个背锅的。我们尚不清楚这样做是否符合公众利益，我们就是纳闷，为什么数字已出炉，各方人士和民众不可以同时知道数字呢？提前知道的人总有抢跑之嫌。

（有一个折中的办法：部长们可以提前 30 分钟收到统计数据，然后在一个单独的地方，静静地准备记者招待会的诘问，不能用手机与外界联系。这其实也是新闻界采用的做法，有时记者们也会提前得到敏感的官方消息，但也只能私下准备而不能提前爆料。记者们也都遵守这一默认的规定，不像提前得到消息的官员们有时会像提前知道考题的考生，有不公平之嫌。有人给我讲过这样一件事，一位加拿大统计学家在一次国际统计大会上解释了这种方法。俄罗斯同行插嘴问了个问题："如果部长们提前知道了数据，但有异议，那数据是公布还是不公布呢？按谁的来？"问得好！）

这种做法不仅仅是公平不公平的问题，它还有一些隐患。在英国，许多官员和顾问通常都能提前获得失业统计数据，而市场观察人士也注意到一些奇怪的现象：在数据公布前夕，汇率市场或政府债券等关键金融市场有时会大幅波动。而当这种情况发生时，其后公布的数据也果然有比较大的变动，就好像春江水暖鸭先知，或者山雨欲来风满楼，市场总是心有灵犀地吹响前奏。

为了搞清楚市场这种未卜先知的反应是否有人为因素在里面，经济学家亚历山大·库罗夫对比了英国和瑞典的情况。之所以是瑞典，是因为瑞典在经济上与英国非常相似，但它没有提前知情的做法。瑞典官员、新闻官和其他人一样，是同一时间知道这些数字的，结果是瑞典克朗的交易员似乎就没有英镑交易员那样奇异的超级预测能力，市场反应总是应声起落，而不是提前预演。[45]

我们现在没法证明市场波动有人为因素在里面，但大概率是有人知道内幕后提前交易了。他或他们是谁呢？嗯，有118人在可以提前知情的名单上，但这也并不好指认（如果你好奇为什么要有多达118人为媒体准备"适当的官方评论"，我也在问这个问题）。

特朗普这次在推特上提前吹风危害倒不大，毕竟，推特人人都可以看到。事实上，总统可能在无意间做了件好事，把提前知情这种可能滋生权钱交易的暗箱操作搬到了桌面上，现在大家都在议论是否会有商家提前知情而进行不公平交易。

除了提前知情可能滋生内幕交易之外，更糟糕的是，它破坏了人们对官方统计机构的信任。英国新闻局的人想紧抓着这种特权不放，他们抗议说，如果部长们不能就数据立即发表一些精辟的言论，公众对这些数据就会产生疑虑。但事实恰恰相反，严格禁止提前知情的国家，也是公众对官方数据信任度最高的国家。那些新闻官员可能对此不大相信，但我相信这是真的，因为公平。

值得庆幸的是，已经有人开始带头起诉这种做法了。在英国，英国皇家统计学会就极力反对这种陋习。它说，为什么要员们需要提前看到这些数字才能撰写新闻稿,"岂有此理。这会误导人们对数据的看法,给人们留下官员操纵数据的印象"。在英国,我们对官方统计数据的信任度不如一些国家,它多少辜负了我们的信任,但它仍然远远高于我们对政客的信任度。我能理解为什么政客们要执意染指数据公布的事,难道不是天下攘攘,皆为利往吗?

因此,我要告诉大家一个好消息,英国决定效仿瑞典,到2019年7月1日,终止提前知情权的做法。在新规定中,在这些数字公布之前,只有统计人员才知道。让那些部长震惊难过去吧,是挽救统计局的信誉的时候了。

这一章我一直在为我们恪尽职守、勤勤恳恳的统计人员发声,他们在政府中做着重要的工作,但经常会遭遇民众的漠视、权贵的干涉和各方的怀疑。

我不能说每个国家的官方统计机构都无懈可击。我们已经看到,阿根廷和希腊的官方统计数据被证明是骗人的;英国的失业数据在整个20世纪80年代每隔几个月就被调整一次;加拿大的统计人员被迫辞职以抗议政客们的决定;一些统计学家不得不因其家人收到的死亡威胁而担惊受怕;有些统计学家则公开承认,部长们可以随意更改数据。假如我们以为这些问题就是全部,并且最终邪不压正,都解决了,那我们就太天真了。

即使官方的统计数据如我们所愿,客观、公正、不受任何干扰地编制出来了,它们也不会永远完美无瑕,因为我们关心的一些事情很难用数字衡量,比如家庭暴力、逃税或露宿街头的情况。所以,官方统计学家无疑还有很大的进步空间,比如让他们收集的数据更具代表性、相关性,更契合日常生活实情,并且完全公开,无所保留。他们越往这个方向努力，就越能赢得我们的信任。

尽管官方统计局存在种种问题和缺点，但它们仍然是我们最可信任的机构。当一个国家挑出一群统计上的精兵强将，并爱护他们时，他们会不遗余力地将事实以精准数据的方式呈现给大众来回报这份信任。但当一个国家的统计机构辜负了这种信任时，它们也会受到国际同行毫不留情的鞭挞。当一个刚正不阿的统计学家受到政客的陷害时，同样的群体也会起来声援他。统计人员大多比我们想象的勇敢无畏。他们有捍卫数据真理的职业操守，我们决不能无视，更不能轻视这份操守。

作为公民，我们也有捍卫统计这个国家公器的责任。无论是出于私人目的，还是以监督为目的，如果我们想了解国情，那么我们通常会从机构或组织，如国家统计局、欧盟统计局、加拿大统计局、劳工统计局和国会预算办公室等处提供的统计数据开始。

世事纷繁，但作风硬朗、思想独立的统计机构可以让民众看到真相。所以感谢安德烈亚斯·乔治乌、格拉西埃拉·贝瓦卡，以及已故的爱丽丝·里夫林。当然，也不能忘了芬妮·福克斯的功劳。

法则九
不要被漂亮的信息图迷了眼

我们现在有个不好的苗头，就是同样的统计错误会屡犯不止，但却以更漂亮的形式出现。

——迈克尔·布拉斯特兰，BBC广播4台《或多或少》撰稿人

弗洛伦斯·南丁格尔的名字在维多利亚时代的英国可谓家喻户晓：她是人们口中的守护天使，也是2002年之前唯一出现在英国钞票上的非王室女性。她的传奇一直延续到今天，为了满足抗击新冠疫情的需要，在几天内建成的拥有4000张床位的伦敦医院被命名为南丁格尔医院。

在弗洛伦斯·南丁格尔生活的时代，比她知名度更高的女性恐怕只有维多利亚女王本人了。在克里米亚战争期间，南丁格尔穿梭在伊斯坦布尔斯库塔里战地医院的各个病房里，以其"温柔"却又勇敢的形象赢得了全国人民的爱戴。《泰晤士报》1855年2月8日的一篇社论说："在这些医院里，毫不夸张地说，她就是一个救死扶伤的天使，她忙碌的纤弱身影悄然来到每一张病床前，可怜的伤员们看到她，无不心怀感动，脸上绽开笑容。"

不过，我对她更感兴趣的是她作为统计学家的贡献。

南丁格尔是第一位成为英国皇家统计学会会员的女性。她"纤弱的身影"不是在走廊里忙碌奔波，让病人宽慰一笑，就是在斯库

塔里认真地整理有关疾病和死亡的资料。她从这些数字中看到些东西，让她萌发去改变英国军队和英国人民的想法。从克里米亚回来后不久，在她经常参加的一个知识分子晚宴上，她遇到了威廉·法尔。法尔比她大 13 岁，出身贫寒，没有南丁格尔那样的名望、前线经验和政治人脉。但法尔是英国最好的统计学家，这是南丁格尔最看重的，他们成了朋友和合作者。南丁格尔的众多传记作者之一休·斯莫尔生动地描绘了南丁格尔和法尔如何巧妙地用她收集来的数据，把英国人的平均寿命提高了 20 年，并挽救了数百万人的生命。[1]

在 1861 年春天南丁格尔和亦师亦友的法尔的一封信中，有一句名言："你总觉得你的报告太枯燥了。枯燥就对了，越枯燥越好，不能为了有趣而有趣。统计数据本就应该是最没水分的文本。"据几位传记作者记载，这封信是法尔写给南丁格尔的。[①] 这是有道理的，年轻热情的女性想要有所作为，而中年保守的统计学家告诫她一动不如一静，这是很符合常理的事。事实上，传记作者错了。这

[①] 这么多研究南丁格尔的专家怎么会弄错这个细节呢？现在还不清楚一开始是谁先搞错了，但一开始错了，后面就以讹传讹了。我在给《金融时报》写的一篇文章中也误用了这个信息。后来当我查阅一本不太出名的威廉·法尔的传记时，我第一次意识到这可能搞错了，因为这本传记里说这封信是写给法尔的，不是法尔写的。我马上联系了大英图书馆的那些工作非常出色的档案管理员求证此事，知道了这封未署名的信是个草稿，原信已经找不到了。草稿是约翰·萨瑟兰博士的笔迹，他是南丁格尔的密切合作者，也经常替她记录些东西，所以这封信绝对是写给法尔的。即使这不是南丁格尔授意的信，也基本是她的观点。林恩·麦克唐纳教授是编撰过多卷南丁格尔作品集的编辑，他跟我说："可能她没有授意，而是自己亲自写了同样内容的信并寄给了法尔，只不过现在那封原件找不到了。他们（萨瑟兰和南丁格尔）看问题的观点是一致的，所以你可以说这是南丁格尔的观点，也是萨瑟兰的观点。"（电子邮件，2019 年 5 月 31 日）

法则九　不要被漂亮的信息图迷了眼

封信是南丁格尔写给法尔的，他们两人正在为如何将统计数据的效果最大化而苦思冥想，南丁格尔坚信事实只能以确凿、枯燥的数字表现出来。（她在同一封信中写道："我们只需要呈现事实。'实事求是，只求事实'是一切统计工作的座右铭。"）[2]

但这并不意味着数据的呈现方式必须是干巴巴的，南丁格尔也会冒一些语惊四座的金句。比如，她说非战争时期的军队也有居高不下的死亡率，相当于把1100个人带到索尔兹伯里平原枪决了他们，这样的死亡是多么没有意义。

现在回到她在统计学的贡献上来：她设计了一个在数据可视化中具有里程碑意义的图像。她的"玫瑰图"可以说是有史以来第一张信息图。因为她意识到人是视觉动物，忙得挤不出时间的领导人对一张生动的图肯定会比对数字表格印象更深。在一封写于1857年圣诞节的信中，她勾勒了一个用数据可视化进行社会变革的计划，这时距离她上次被《泰晤士报》赞美还不到3年的时间。她宣布计划在陆军医疗委员会、骑兵卫队和陆军部给自己的图上色、装裱并挂在墙上。"他们以前就该这样做，现在才学！"她写道。她甚至计划游说维多利亚女王，并且她非常清楚，漂亮的图表一定会起奇效。正如南丁格尔在把她的一本分析册子寄给女王时调侃的那样："不管怎样，女王也许会有兴趣瞟一眼吧，因为上面有好多好看的图案。"[3]

南丁格尔虽然把自己的图调侃得有点卑微，但图表真的有事半功倍的魔力。人类的视觉能力很强，也许太强了。"看见"这个词常被用作"理解"的同义词："我明白你的意思。"然而，有时我们看到了，却不一定明白；更糟的是，我们看到了，然后自以为"明白"了其实是假象的东西。做得好，一张数据图抵得上千言万语，因为它不仅有说服力,而且展示了我们以前未曾留意过的东西:混乱中的规律。然而,这在很大程度上取决于图表创造者的意图和读图者的智慧。

那么,本章将讨论的是当我们把数字变成图表时会发生什么状况,尤其是陷阱在这个过程中是怎么产生的。不过我们先继续南丁格尔著名的玫瑰图故事,来阐述清晰而准确的可视化数据的功效有多大。

今天我们随处可见的图表无一不是用各种艺术设计突出重点,力求效果最佳。但是艺术化处理数据的方式却南辕北辙了,因为许多媒体把数据图表化工作交给了美工部门,所以图表的处理不是由统计人员,而是由擅长插画或图案设计的美工完成的。[4] 在美工的处理下,数据被喧宾夺主了,最后人们的印象就是看到了一幅图。

> The most egregious examples of numbers as decoration are nothing more than the same old number in a large, striking font.

我们举个例子,你现在看到这个大大的数字 19 了吗?这是上句的单词数,在满篇的文字中,这个数字是不是特别醒目,但这个数字没什么深刻的意思,何况,那句话正确的单词数是 21,而不是 19。所以永远不要被漂亮的图案看花了眼,这种视觉爽快会让你为忽略了图表中的错误买单。

另一种图表美术风格叫"仿物法"。[5] 大白鸭本来是纽约市附近的一座建筑,由一位养鸭人在 20 世纪 30 年代建造,作为他售卖鸭蛋和鸭子的场所。如果你知道这个大白鸭建筑酷似一只 30 英尺

（约9米）长的白鸭子，你应该不会太吃惊。建筑师丹尼斯·斯科特·布朗和罗伯特·文图里用"鸭子仿物法"这个词来形容任何设计成类似于相关产品或服务的建筑，比如一个巨大草莓形状的草莓摊，或者一架飞机形状的深圳机场。

钻石是女孩最好的化妆品
1克拉D级无瑕钻石的平均价格

60000 美元
50000 美元
40000 美元
30000 美元
20000 美元

1978　1979　1980　1981　1982

资料来源：钻石资讯平台（The Diamond Registry）
© 奈杰尔·霍姆斯，《时代周刊》，1982。

图形大师爱德华·塔夫特则借用了"鸭子"这个词来描述图形表达法中类似的趋势：美国宇航局的预算做成了一个火箭形状的图形；高等教育的图形必定像个学位帽；或者像奈杰尔·霍姆斯为

《时代周刊》创作的一张关于钻石价格的图那样,用一位戴着钻石的美女的那双穿着丝袜的美腿勾勒了一颗 1 克拉无瑕钻石的价格。有时,这些视觉联系确实能使广告信息给人们留下深刻印象,[6] 但它们往往只是糟糕的幽默尝试,不过是为了让数字看起来不那么乏味。这样的仿物数据图形不仅格调不高,甚至会掩盖或歪曲真正的数字信息。①

这种效果和历史上的一些手段很相似:迷彩伪装。在第一次世界大战中,战舰随时可能被神出鬼没的潜艇击沉,所以它要千方百计地瞒天过海。对于一艘庞大的舰艇,在风云变幻的大海上劈波斩浪会留下波纹,再加上巨大的烟囱,想把自己混入海天一色的背景是不可能的。迷彩伪装,顾名思义,就是船身用五颜六色的颜料涂以各种或弯或折的线条,让人产生视觉眩晕,从而忽视船体本身。这种迷彩喷涂倒是有几分毕加索的立体派艺术的味道。[7]

迷彩伪装的真正发明者是诺曼·威尔金森,一位极具魅力的画家。他一战伊始就加入了皇家海军预备队。他后来解释说:"既然不可能把船漆成潜艇看不见的样子,那么就反其道而行之。换句话说,不为隐身,但求障眼,能从潜艇军官眼皮底下溜掉就好。"

由于鱼雷划过水面击中目标需要一段时间,所以潜艇潜望镜操作员必须迅速判断出船只的速度和方向,才能准确算出鱼雷发射所

---

① 不可否认,有时以一种直接的方式绘制基础数据时,的确会像罗夏墨迹测试那样,从图上的墨点中浮现出另一个图像。例如,如果你绘制一张日本失业率与通胀的图,经济学家称之为菲利普斯曲线,你可能会注意到一些有趣的东西,就像 2006 年的一篇经济学论文指出的那样,"日本的菲利普斯曲线看起来就像日本地图的轮廓"。

法则九　不要被漂亮的信息图迷了眼

需的时间和角度,击中航行中的舰艇。潜望镜视野很小,舰艇又伪装得让人看花了眼,操作员知道他在看一艘船,但很难找出对于鱼雷瞄准至关重要的线索。这些弯弯曲曲的形状看起来像船头的波浪,而五颜六色的图形则让人搞不清楚是船体的哪个部分。结果是,操作员在舰艇的速度、行进的角度、大小和远近方面都可能产生误判,甚至有时候,操作员还会把一艘船看成两艘船,把船头误认为船尾,从而瞄准的是舰艇的后面而不是前面。迷彩大法果然好。

一个多世纪后,这种障眼法又被用在了信息图表中。从电视到报纸,从网站到社交媒体,我们的周围充斥着各种图形和图像,吸引着我们的注意力,并希望能被分享和转发,但它们也有意无意地想要蒙蔽我们的双眼,将一些错误信息暗度陈仓给我们。如果潜望镜操作员没有看明白他在看的是一艘船,他至少知道他看的东西有些不寻常。但现在,许多人被信息图表迷惑得不知所以了。

这些事情对于当时还是一个小女孩却对数据充满热情的南丁格尔来说,都是遥远的未来。她9岁时,就开始给花园里的植物画分类图。再大一点,她说服父母给她找了好老师教数学。在一次晚宴上,她与查尔斯·巴贝奇一见如故,巴贝奇是个数学家,也是最早提出计算机概念的人。由此,她也成了巴贝奇的同事艾达·洛夫蕾丝的座上宾;她与伟大的比利时统计学家阿道夫·奎特莱特经常书信往来。奎特莱特推广了"平均数"的概念,这是用一个数字总结复杂数据的数学创新。他还史无前例地建议将统计数据的运用范围拓展到天文学和化学之外的学科,如分析自杀、肥胖或犯罪等社会、心理和医学等领域。巴贝奇和奎特莱特后来成为皇家统计学会的创始人,正如我前面提到的,南丁格尔也成为该学会的第一位女性会员。

直到30多岁,南丁格尔一直都和这些数学先驱交往甚密,但她的职业是位于伦敦哈雷街的一家小医院里的护士长。她不仅整理了台账，还盘点了医院的基础设备，甚至把调查表发送到欧洲各地的医院，询问它们的管理方法，并将结果制成表格。

1854年底，她被陆军大臣、她的老朋友西德尼·赫伯特说动，率领援军护士团前往伊斯坦布尔，护理克里米亚战争中受伤的英国士兵。这场战争是沙皇俄国和包括英国在内的其他几个欧洲大国之间的权力游戏，但付出的代价是前线士兵的伤亡。南丁格尔到达前线。女性出现在战场，这是前所未有的。之所以派她去，是为了安抚民心，因为在报上看到战地医院惨不忍睹的状况，国内民众的愤怒情绪已经沸腾。在《泰晤士报》连篇累牍的报道中，克里米亚战争就是一个将我们的亲人变为炮灰的人间地狱。等到战争结束，民众唯一抱有好感的人也许只有南丁格尔，而对从战场归来的将军们已经寒心，痛斥他们的奖章是士兵的血染成的。

伊斯坦布尔斯库塔里的战地医院是个离死亡一步之遥的场所。来自克里米亚前线的数百名士兵挤在狭小的空间里，旁边就是臭水沟，有时候战场上受的伤还没来得及治，他们就被斑疹伤寒、霍乱和痢疾要了命。南丁格尔来了之后，发现到处都是老鼠和跳蚤，连一些基本物资如床、毯子、食物、烧饭的锅、吃饭的碗等都没有。当《泰晤士报》将这些报道后，舆论哗然，南丁格尔赶紧利用这个机会在报纸上向读者募集捐款，并向组织不善的英国军队施压，要求其立即整改。

造成战地医院如此惨状的背后还有一个原因，那就是医院的统计也是一团糟。当时，英国各陆军医院之间没有统一、标准的医疗记录，这似乎没什么大不了的，但南丁格尔知道这是个严重的问题。如果数据不全或不准，就搞不清楚为什么会有这么多士兵死亡，也不可能对症下药。有时候，士兵死了，一埋了事，人数都没有被统计。南丁格尔看着这些混乱局面，一方面尽其微薄力量纾困：她甚至还要给每一个阵亡士兵家属写告知信；另一方面，她知道除了自己身边的情况，她还必须获得整个英国战地医院的数据和资料，目的是了解这是不是通病。她希望对医院的数据进行标准化改革，让人能通过这些数据对医院的实际情况一目了然。

战争结束后的很长一段时间，南丁格尔都在为这个目标辛勤工作。与法尔搭档，这项工作具体做起来其实是极其琐碎且枯燥的。例如，他们要将对不同疾病和死因的描述标准化，法尔负责专业方面的标准制定，而南丁格尔要对外宣传这些标准。1860年，她写信给国际统计大会，主张各大医院应该采用法尔的方法，按照统一的标准收集和统计数据。这不是多此一举，将数据统计标准化意味着不同的医院可以进行比较，相互学习。这是我们许多人忽视的统计功能之一，但正如我们在本书中多次看到的，没有标准的统计记录，无据可考，无证可查，一切也就无从说起。当数字没有清晰的定义时，混淆是经常的事。

南丁格尔是个有想法的实干家，她的想法绝非空穴来风，而是掌握了实实在在的数据。她有备而来。

但那些数字化图表不是这样的，它们最直接的问题就是把数据弱化了，只见图表，不见数字，所以它们就像一块发霉的统计蛋糕上撒的诱人的糖霜，真相被粉饰了。

有一个叫"债务"的动画视频特别能说明这个问题。这是几年前由《信息之美》的作者戴维·麦坎德利斯制作的一部令人印象深刻的动画片。[8]为了向当年风靡一时的电脑游戏《俄罗斯方块》致敬，他设计的动画也是一个个大小不一的方块在立体声配乐中缓缓落下。方块的大小象征着美元数字的大小。"600亿美元：2003年伊拉克战争开始前的预估成本"，然后落下的一个巨型方块是"3万亿美元：伊拉克战争造成的损失总额"，然后是沃尔玛的收入、联合国的预算、金融危机成本等方块一一落下。这个短片的效果非常好，方块落下时的音乐会萦绕在你的脑海中，一目了然的方块对比一下子就能激起你五味杂陈的情绪。

但是，这个动画的趣味性有多强，它的迷惑性就有多大。因为它把两个没有可比性的东西放在了一起，这种比较就像比较储备资金和流动资金、买房资金和租房费用等，两个不是一个概念，混淆起来危害不小。所以把净值和总值放在一起对比，相当于将一家公司的利润与其营业额进行比较。

伊拉克战争前后的成本对比结果令人震惊，但这样的比较不公平。（诚然，公平的比较可能也会显示出惊人的差异。）战前考虑的成本只涉及一个项目：这次军事行动的花费。但战后的数字涉及项目非常广泛，包括阵亡将士抚恤金，因为战争引起的油价飙升付出的代价，受战争影响而导致的宏观经济不稳定的巨大代价，还有2008年金融危机的部分责任也归咎于战争。这种广泛的成本估算并非不合理，不合理的是将两个傻傻不分的数据放在一起而不做解释。貌似只是对前后成本对比，但对比涵盖的项目不对等，这些是看动画的人不会意识到的问题。

《债务》这部动画是2010年出品的，很快成为我警示用的典型案例。这个动画告诉我们可视化效果和数据表达不过是金玉其外、败絮其中的障眼法。几年后，在一次会议上有人把我介绍给戴维·麦坎德利斯。我觉得有点尴尬，因为他不在场时，我一直在抨击他的作品，此前我也没有给他发过我对他作品负面看法的邮件。所以我想是不是他从来没有注意过他在动画中犯的这些错。我觉得有必要提醒他一下。

"怎么说呢，戴维，我注意到你的那部动画好像有些地方不对劲。"

"我知道你在说我的动画。"他一语双关地回答我。

我不知该如何继续了。不过值得赞扬的是，他最近的作品同样很轰动，但对数据的处理谨慎多了。例如，他的动画《10亿英镑》还是那个套路，把储备资金和流动资金混为一谈，不过在画面上标了数字。[9]麦坎德利斯的动画除了数据计算片面以外，好的一点是他都标出了数据出处，而很多其他动画压根没这个意识。

所以，信息很美，但错误的信息也经常穿着美丽的外衣。给错误信息套上美丽的外衣已经易如反掌。

以前图形的制作和复制费时费力。即使是只有直线、折线和色彩的简单图形，也需要专业的绘图技巧和昂贵的印刷方法。在一本1983年出版的书中，爱德华·塔夫特对使用对角线构成黑白阴影的图案极为反感，说它们会产生一种闪烁错觉，让人眼花。他批评说："当今绘图中，这种使用线条造成动态效果的技法被用滥了。"这种技法在当时可能很常见，但在今天的绘图中早已不见踪影，现在的人直接用高饱和度的色彩来轰炸你的眼球。

现在制图哪里还需要技法，各种强大的软件工具可以迅速将数字转换成图形。但是在使用任何强大的工具时都应该小心，因为它们能将好看的图形即刻呈现，也就意味着它们只是按设计好的模板出图，而不会考虑数据的效果好不好。萝卜快了不洗泥。

出图容易，分享更容易。脸书上的一个随手点"赞"或者推特上的一个转发都会加快图表在网上流传的速度。图形已经胜过千言万语，因为社交媒体上流行轻量化阅读。所以，现在的图表设计要么图形惊艳，要么数字惊人，针对性强和数据准确是次要的事。

说个布莱恩·布雷特施奈德的逸事吧。他是一位气候学家，有时喜欢给地图搞些气氛来应景。2018年感恩节期间，他制作了一张显示"各地区最受欢迎的感恩节派"的地图，其中包括中西部的椰子奶油派、西海岸的红薯派和南部的酸橙派。作为一个英国人，我对感恩节了解不多，我最喜欢的馅饼是冷猪肉派，不过我听说在美国人眼里，这张地图似乎画错了。美国人很较真，他们责问怎么没有南瓜派？苹果派在哪里？地图在推特上疯传的同时也一路点燃了网民的怒火。参议员特德·克鲁兹是一位著名的共和党政治家，他讨厌将酸橙派作为得克萨斯人的最爱，所以他在推特上说"一派胡言"。

他一语中的。这一切都是布雷特施奈德瞎编的，他不过是在逗闷子。他按照某些网红地图模式，模仿出了这么一幅各州最爱馅饼图。当他听说有100多万人关注了这条推特地图后，布雷特施耐德开始惴惴不安，他纳闷了：难道这些人没有幽默感吗？没看出来这是个玩笑吗？虽然我们现在也不知道这些网民中哪些人看出这只是一个玩笑，哪些人有点愤愤然，并转发给了朋友，还有哪些人真的相信那就是事实，但我们可以十分肯定的是，一个生动的图形可以让它在网上迅速火起来。布雷特施奈德写道："人们对地图很信赖，总觉得制作地图，信息一定是精准的。如果是出现在地图上的东西，人们认为那一定不会有错。如果我在推特上讲一些关于各地区最喜爱的馅饼的笑话，人们可能笑笑就行了，但如果是以地图的形式出现，就不由得当真了。"[10]

法则九　不要被漂亮的信息图迷了眼

心有戚戚焉。我和布雷特施奈德的看法相同，但我觉得问题不仅限于地图。任何生动的图形都有可能走红，不管是真是假，还是亦真亦假。这本书一开始就告诫人们要小心那些能挑动我们情绪的数据。图形也一样：图形更能唤起我们的想象力和情绪，因为有时我们自己还没有怎么消化那些信息就先转发了它们。如果我们自己不够审慎，上当是必然的结果。

斯库塔里医院简直就是个灾难现场。南丁格尔后来写道："在外人看来，斯库塔里这些大楼看起来很气派。对我们来说，改造前的这些大楼无异于士兵的坟墓、害虫的天堂。"[11] 到那时为止，她还没搞清楚那么多士兵死亡的原因。

从现代医学的角度来看，我们很容易判断出卫生条件差是导致大量士兵死亡的直接原因：那个地方肮脏不堪，蚊虫肆虐，细菌当然传播得快。但是，人们那时还没有多少现代医学常识，譬如疾病可以通过微生物传播，而使用消毒剂和保持物品清洁就可以预防疾病的发生。少数医生听说过这些观点，也只是认为这是一种猜测，更不用说相信了。南丁格尔也不例外，她认为斯库塔里的高死亡率是由于士兵缺乏食物和其他日用必需品，所以她试图通过在《泰晤士报》公开募捐和呼吁的方式引起大家对这个问题的重视。

尽管如此，她还是请求派人来帮助清理医院。1855 年春，一个"卫生工作组"从英国来到这里，粉刷墙壁，用推车运走垃圾和死亡的动物，并冲洗臭水沟。这些工作主要是希望让医院看起来像样点，但却立竿见影地将死亡率从 50% 以上降至 20%。

南丁格尔一下子困惑了，不知道为什么会这样。就像理查德·多尔和奥斯汀·布拉德福德·希尔一样，她以为只要她把数据认真核对，就能找出死神的蛛丝马迹。卫生工作组的工作展开之后，她一丝不苟的数据记录也相应地发生了急剧变化。

当南丁格尔从战争中归来时，维多利亚女王召见了她，邀请她参加王室的聚会。南丁格尔说服了维多利亚女王指派皇家委员会去调查军队的健康状况。她还向委员会推荐了威廉·法尔。由于法尔出身低微，所以皇室并没有重用他，只把他任命为委员会一个不领薪水的顾问。

南丁格尔和法尔最后明白过来：是克里米亚战地医院的卫生条件差造成了士兵的大量死亡，而且大多数部队医院和医疗专业人员都没有得到过这个教训，所以这个问题并不只存在于这一次战争中，如果不广而告之，今后在军营、百姓医院和其他地方，类似的公共卫生灾难还会发生。因此，两人开始为更好的公共卫生措施、租住房更严格的卫生法，以及改善全国军营和医院的卫生条件而四处奔走，大声疾呼。[1]

南丁格尔是英国最著名的护士，但身处男性统领的世界，很多事不是她一时就能改变的。她不得不由医疗大臣约翰·西蒙掌管的医疗部门和军事机构打交道，提醒他们此前的做法都是错的。西蒙当然不以为然，他在1858年写道，传染病导致的死亡"实际上是不可避免的"，以后还会有人这样死去，这是无能为力的事情。从此，南丁格尔下定决心要找出证据证明他是错的。

---

[1] 《大事件》（*The Big Issue*）杂志在2020年3月将南丁格尔设为封面人物。其标题为"向勤洗手女王致敬：南丁格尔如何帮助我们抗击冠状病毒"。但是，要推动一场公共卫生革命，需要的不仅仅是洗手，还需要统计调查工作。病毒提醒我们要勤洗手，但更重要的是，抗击疫情需要尽可能快、尽可能完整的信息。近200年前，南丁格尔女士就明白了这一点，所以我宁可把她当作一位数据先驱，而不仅仅是个号召洗手的女王。

法尔的女儿玛丽后来回忆说，她曾无意听到父亲和南丁格尔较早的一次谈话。玛丽回忆说，法尔曾警告南丁格尔不要跟政府作对："你这样做会给自己树敌的。"她气愤地站起来，回答道："只要我收集到证据，我一定会向他们开炮的。"[12]

南丁格尔给她的朋友、陆军大臣希德尼·赫伯特写信说："每当我因自己的无能而生气时，我就画一张新的图来惩罚自己。"[13] 统计数据曾是她瞭望真相的望远镜，现在她需要一张图，让其他人也看见真相。

"一张好的图不是一个插图，而是一个直观的论据。"阿尔贝托·开罗在他的书《数据可视化陷阱》中开门见山地说道。[14] 他的书名毫不隐晦地表达了他对图表运用的担心。如果说一张好的图是一种视觉上的论证，那么一张糟糕的图要么让人不知所云，要么虽然作为视觉上的论证，但目的是混淆视听。不管怎样，我们精心设计了图，就是为了传递某种信息。正如人们用语言阐述观点时，可以以理服人，也可以以情动人；可以表达坚决的立场，也可以暗示模棱两可的态度；可以是表述清晰的，也可以是颠三倒四的；可以是开诚布公的，也可以是欲盖弥彰的。图形所进行的论证也是如此。

我这里要说明一下，并不是所有好的图形都是为了起视觉论据的作用。一些数据图表不是为了论证什么，而是为了看图说话，是解释性的。如果你正在处理一个复杂的数据集，用不同的图形来展现同一个内容，你会看到效果迥然不同。如果图形选得对，趋势和模式会跃然纸上。例如，可视化专家罗伯特·科萨拉建议用螺旋图形来演绎周期性，比如，每7天或每3个月重复一次的数据，人们在常规曲线图中只能看到波动，但没法像螺旋曲线图将规律演绎出来。

类似地，当数据转换成图片时，某些类型的错误会一下子凸显出来。譬如，有一个数万名医院病患的身高和体重的数据集，图表中突然会显示出 50 英尺（约 15 米）或 60 英尺（约 18 米）这样不可能的身高。这一定是数字输入错误。还有一些病人的体重为零，这可能是因为医护人员在电脑上填写病历时，还没来得及给病人测体重就按了"回车"键，转入下一行。如果你要求电脑计算平均值或标准偏差，或者自己查看这些数据，也许会漏掉这些输入性错误，但是，如果把数据转换成图表形式，错误就立即显现出来了。

假设你已经核查了你的数字，现在你想把它们变成一个可视化图形，咨询界的专家或学者一般都会建议你在图形上加标题或文字说明，以突出数据的特征和结论。[15]

《用图表说话》是管理学界的圣经，这本书就把这个流程做了清楚的阐述。作者吉恩·泽拉兹尼说，首先，你要确定好想用图表说明什么，一旦决定了，就意味着形式的比较，也就是意味着决定采用什么形式的图形，比如散点图、曲线图、条形图或饼状图。最后，给图加个标题，说明你要传递的信息。不要只写"1~8 月的合同数量"，而是写一些类似于"合同数量增长"或者"合同数量的变化趋势"的话，起什么标题取决于你希望读者的关注点是什么。泽拉兹尼的意思是由管理方来定调人们看图的视角，所以选择的图形和注解都是为这一结论服务的。

我并不认可这种图表数据为结论服务的制作思路。这个思路一切以结论为宗旨，然后再找出适合的数据图表来支持这个结论。坦白地说，信息大多是这样的。报纸文章以标题开头，然后再展开详述。科技论文的开头也有一个与报纸标题类似的摘要：它告诉你做了什么、意义何在。但是，一个优秀的记者在开始报道时不会急于下结论，而一个合格的科学家也不会在实验开始前就得出结果（我不敢保证一个好的管理顾问会怎么做）。但是一旦记者或科学家发现了有价值的信息，他们就会给读者一个交代。图表设计者也应如此。

爱德华·塔夫特是信息设计的先驱者。他主张在图形中把信息内容最大化，装饰或说明最小化。在他的《构想信息》一书的前言中他很郑重地告诫读者："制作精良的图表值得好好研究。它们不仅信息量大，设计精巧，而且意味深长，会引人深思。"所以塔夫特建议读者认真看，勤思考，不能只见树木不见森林。塔夫特理想中的图表是会让读者坐下来细细品味的图表。他说："那些信息量太少的图表会连累其数据，因为它让人由此及彼地怀疑起数据的质量。"[16]

他说的有道理，但我们现在知道，图形中的数据密集度与数据的准确性无关：有时数据不多的简洁图形可以以一当十，而烦琐的图形也可能是个把人搞糊涂的数据迷宫。

但有时即便数字是准确的，图形数据也翔实，可以让人细细品味所有数字，这张图仍然可能是说服力有余而知识性不足。有这么一个例子令人印象深刻：2013年的《纽约客》网站上有一张城市居民收入不平等的信息图。这张由拉里·布坎南设计的信息图以纽约市著名的地铁线路图为底稿，读者可以点击不同的地铁线路，看看每条线路上人们的平均收入是如何变化的。这是一个令人印象深刻的数据可视化"仿物图"：各个站点区域里人们的收入被高高低低地连成线，随着地铁线路延展出去。它仔细复制了纽约地铁站点和地铁线路牌等独特的设计元素。[17]

这张信息图之所以有说服力，是因为它让我们不由自主地进行了比较，并立即联想到数字背后的人：我们看到人们的平均收入沿着我们选定路线的不同街区变化，脑海里马上会产生一串联想，比如一趟简单的地铁旅程就反映了地面上贫富街区的转换，地铁的乘客也拥有各自的冷暖人生，一个穷人旁边也可能坐着富豪，如此近，又如此远，等等。这张信息图给人一种强烈的情感冲击。

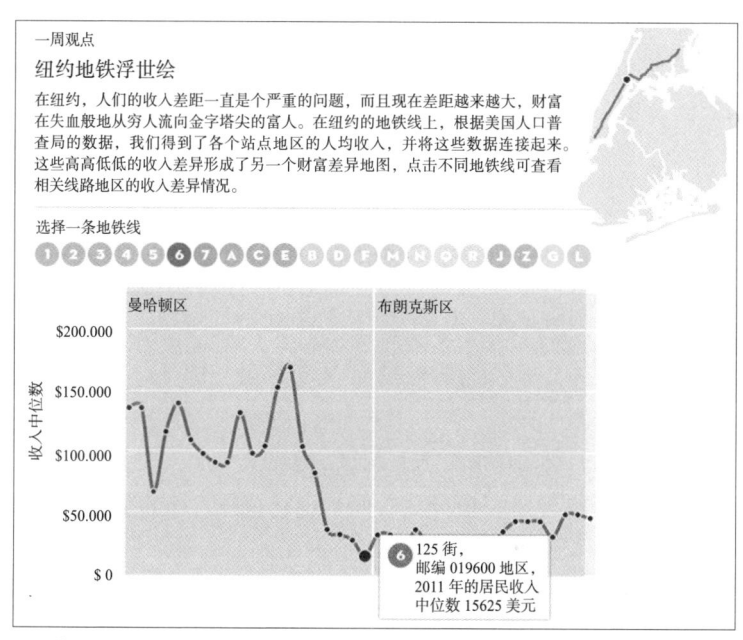

一周观点

纽约地铁浮世绘

在纽约，人们的收入差距一直是个严重的问题，而且现在差距越来越大，财富在失血般地从穷人流向金字塔尖的富人。在纽约的地铁线上，根据美国人口普查局的数据，我们得到了各个站点地区的人均收入，并将这些数据连接起来。这些高高低低的收入差异形成了另一个财富差异地图，点击不同地铁线可查看相关线路地区的收入差异情况。

选择一条地铁线

⑥ 125 街，邮编 019600 地区，2011 年的居民收入中位数 15625 美元

资料来源：拉里·布坎南，《纽约客》，2013

它是否有启发性呢？没多少。当我们四处点击时，我们很难再领悟到别的东西。这幅信息图不能将一条地铁线与另一条地铁线进行比较，除了知道不同收入的人在不同街区生活外别无所获。

但当我们阅读信息图附带的简短文章时，更多的信息就一点点显现出来了。在这个由纽约地铁运营公司赞助的地铁沿线人口普查中，家庭收入中位数最高为 205192 美元，最低的是 12288 美

元。文章还介绍了收入差异最大和差异最小的地铁线路，以及哪两个站点之间的收入差距最大。这些信息非常详尽，虽然我们也不清楚这些信息有什么用。有博客跟帖指出，曼哈顿收入差异程度与莱索托或纳米比亚的状况相似。有这么糟糕吗？听起来很糟糕，但除非你碰巧随身带着一份记录地球上每个国家收入差异的清单，否则你怎么判断这是否糟糕？但是谁会随身携带那样一份资料呢？所以这幅信息图的目的不是提供反思，而是煽动感情。如果这篇文章将纽约的收入差异与伦敦或东京等全球其他城市，以及芝加哥和洛杉矶等美国的一些城市进行比较，我们或许会得到一些有价值的东西。

所以，这幅信息图的效果华丽，但真正的信息量还不如一张地图多，它不过是一幅披着统计分析外衣的煽动性图片，它让人有很强的代入感，会让我们一下子想起不公平的事，让我们愤怒，想呼吁什么，但我们真的获得更多有洞见的信息了吗？

写文章争鸣没错，我写文章偶尔也会这样，但我们应该诚实，明白这种为了争鸣的文章是有煽动性的。

另一个例子是汤森路透公司资深设计师西蒙·斯卡尔的一幅图。这幅图描绘了2003—2011年伊拉克每个月的死亡人数。这是一个倒转的柱状图：当月死亡人数越多，悬垂下来的条柱就越长。斯卡尔把他的条柱涂成了红色，整幅图看起来就像是从页面顶部某个骇人的伤口流下的鲜血。为了让人们明白作者的用心，图形有个"泣血鸣告：伊拉克的死亡人数"的标题。如果拉里·布坎南的收入差异地铁图能牵动人心，斯卡尔的图会让人心痛。这幅图后来获得了设计奖，应该实至名归。[18] 和地铁图不同的是，斯卡尔的图确实给了你相关的信息，所以它既有说服力，又有信息量。

泣血鸣告：伊拉克的死亡人数　　曙光在望：伊拉克的死亡人数在下降

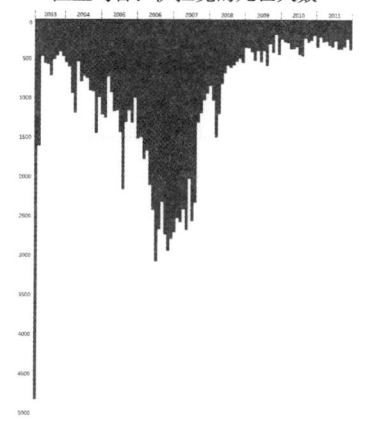

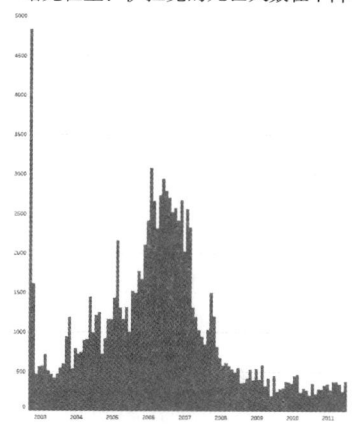

资料来源：安迪·科特格雷夫，西蒙·斯卡尔。

当数据可视化专家安迪·科特格雷夫看到斯卡尔的图时，他做了个新的尝试。首先，他给图重新上色，把那些条柱用冷色调的蓝灰色显示，然后他把图上下颠倒，最后，他把标题也改了，"曙光在望：伊拉克的死亡人数在下降"。新的图带给人的感受一下子就变了，它让人振奋。这样，两幅图形成了强烈的对比：斯卡尔的原图能引起人强烈的哀痛和愤怒，而科特格雷夫的新图带给人的是一种冷静，甚至安慰的感觉。哪幅图更好？这取决于制图者的用意。斯卡尔的图向人们呼吁着"停止杀戮"，科特格雷夫的图平静地说"至暗时刻已经过去"。两条信息没有孰对孰错，但这个例子是个很好的警示，即同样一幅图，只是这么简单地把颜色和排列改变一下就可以改变图的寓意和人们的反应，正如你说话的语气稍稍改变一下，听的人就会听出不同的含义一样。[19]

那么没有背景的统计师威廉·法尔和身为弱女子的南丁格尔，

他们又是用的什么方法说服那些冥顽不化的医生和政府要员的呢？

　　首先，他们必须确保他们的数据准确翔实，经得起别人的检验。他们务必反复核对，保证没有偏差。法尔和南丁格尔很清楚，他们的数据一定会被反对者挑刺。在一封信中，南丁格尔就提醒法尔，让他有所准备，有人要准备对他的最新统计分析开刀。法尔回复说他胸有成竹："我们按兵不动，就在这里等他们。我们不会吓得不知所措，但也不用虚张声势。让他们指出我们所谓的错误。如果真的是我们错了，我们就大大方方地承认，但是他们别以为这就能驳倒我们，或者我们就此认输了，他们没那个本事。"[20]

　　然后等到时机成熟，他们开始行动。南丁格尔于1858年开始宣传她的玫瑰图，并于1859年初印刷了图册。她的行动很迅速，这距离她离开斯库塔里医院不过几年的时间，而约翰·西蒙医生断言传染病几乎是不可避免的也不过是几个月前的事。玫瑰图是一个出色的视觉论证。我在皇家统计学会的图书馆近距离地欣赏到一份原始的印刷品。这是一幅漂亮的彩色楔形花瓣图，显示在斯库塔里医院卫生改善前后死于传染病的人数，不仅有美感，而且令人震惊。

　　如果你对这幅图不以为然，你可以说它不过类似于现在的饼状图。严格地讲，这是一张"极地图"，很可能是有史以来第一张这种类型的图。它不是对统计数据的枯燥陈述，它讲述了一个故事。

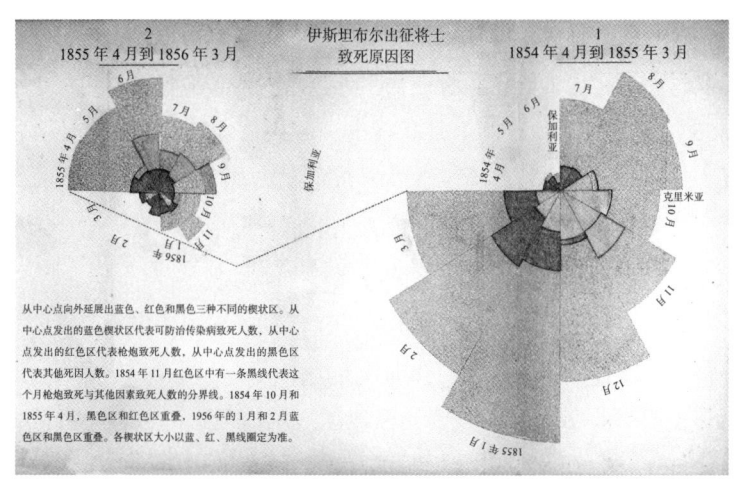

| 2 | 伊斯坦布尔出征将士 | 1 |
| 1855年4月到1856年3月 | 致死原因图 | 1854年4月到1855年3月 |

从中心点向外延展出蓝色、红色和黑色三种不同的楔状区。从中心点发出的蓝色楔状区代表可防治传染病致死人数，从中心点发出的红色区代表枪炮致死人数，从中心点发出的黑色区代表其他死因人数。1854年11月红色区中有一条黑线代表这个月枪炮致死与其他因素致死人数的分界线。1854年10月和1855年4月，黑色区和红色区重叠，1956年的1月和2月蓝色区和黑色区重叠。各楔状区大小以蓝、红、黑线圈定为准。

资料来源：美国国家医学图书馆/科学图片库

要想知道这幅图的叙事能力有多强大，我们可以把它与用柱状图做诠释的图对比一下。（下面的例子是南丁格尔的传记作者休·斯莫尔利用威廉·法尔的数据绘制的。）

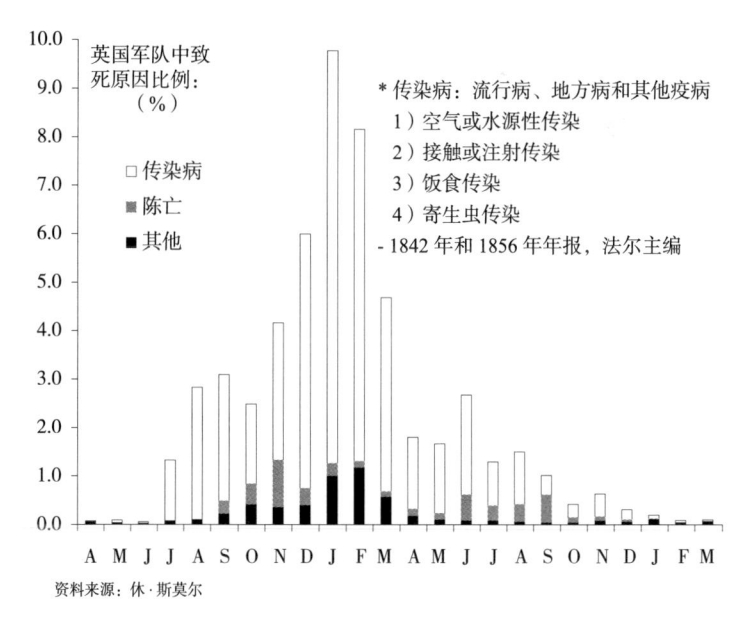

英国军队中致死原因比例：（%）

□ 传染病
■ 陈亡
■ 其他

* 传染病：流行病、地方病和其他疫病
1）空气或水源性传染
2）接触或注射传染
3）饭食传染
4）寄生虫传染
- 1842年和1856年年报，法尔主编

资料来源：休·斯莫尔

法则九　不要被漂亮的信息图迷了眼

乍一看，斯莫尔的柱状图清晰得多，也更容易理解，但它却把观众引向了错误的结论。看柱状图时，人们很容易将注意力集中在1855年1月和2月这两个月高得出奇的死亡人数上，这会让人误以为这些死亡是由严冬低温造成的，而春天气温回升就缓解了。此外，这幅柱状图也使得死亡人数看起来是一种平稳的锐降，让人感觉这是一个过程，而不是急剧的转变。

相反，极地图将死亡人数分为两个时期——卫生设施改善前和改善后。这样做，就让人们在视觉上产生了一个明显的分界线，这是只提供数据做不到的。因为极地图显示的死亡人数与楔形区的面积成正比，而不是像柱状图里与条柱的高度成正比，所以它让1855年1月和2月的死亡程度看起来没那么突显，也没有将它们简单地归类到"卫生小组到来之前"那部分可怕的图块中。

南丁格尔想通过图形，让人们对改善卫生设施的重要性一目了然，让人们相信，斯库塔里的奇迹可以在整个大英帝国的医院、军营甚至民宅中再现。为此，她制作了非常有说服力的"前后"对比图来强调这一点。

这种彩色的图也是一种迷彩伪装吗？我并不这么认为，因为它的数据确凿无疑，且一目了然。它与"债务"动画不同，它没有对统计数据断章取义或做无益的比较；它与地铁沿线收入差异图也不同，它并非徒有其表，缺乏洞见。它更像是"泣血鸣告：伊拉克的死亡人数"，但它更含蓄，它让读者自己得出结论。关于玫瑰图的解读讨论很少，这恰恰说明它没有让人产生歧义。南丁格尔想要就事关人命这样的大事改变人们的观念，但她巧妙地用图向人们灌输了正确的观点，把宣传化于无形，无声胜有声。

南丁格尔向西德尼·赫伯特解释说，这幅图"可以影响那些不识字的人，他们通过看图片，就能领会我们想要表达的意思"。为了让更多的人看到这幅图，南丁格尔想请思想先进的作家哈里特·马蒂诺写一本煽情的书，讲述克里米亚战争和英国士兵在那里的困苦。马蒂诺了解了南丁格尔的观点，并称赞它们是"有史以来最杰出的政治或社会成果之一"，所以应允了她的请求。南丁格尔在马蒂诺的书中把她的极地图作为可折叠的封面画。可惜的是，这本书并没有传到多少士兵的手中，因为军队图书馆和兵营将它拒于门外。[21] 但是，南丁格尔对赫伯特说，她的图有更特别的读者群：

> 搞学问的人才会有耐心和智力去看考证的数据和资料，我的图的受众不能只有他们，我的图必须是面向普通大众的。普通大众又包括谁呢？（1）女王；（2）阿尔伯特亲王……（7）欧洲所有的皇室首脑，通过大使或卫生大臣传递；（8）军队中所有指挥官；（9）所有的军队医生和医务人员；（10）（议会）两院的卫生大臣；（11）所有的报纸、评论和杂志。

那些老医生，他们过去本以为士兵们患上流行病就无力回天，现在也逐渐接受了南丁格尔关于改善卫生条件的论点。19世纪70年代，议会通过了几项公共卫生法案，英国的死亡率开始下降，平均寿命开始上升。

南丁格尔之所以让人佩服，是她不仅将统计数据作为工具，还作为铲除旧医学陋习的武器。这让她清楚认识到扎实基础工作的重要性，这不仅包括标准化定义和让每个人填写正确表格的烦琐工作，做经得起任何抨击的"最坚实"分析，同时还包括对数据进行必要的改造，并选择用效果最大化的方式呈现出来。所以她精心制作的这幅图将世界医护事业向前推进了一大步。

南丁格尔做了正确的事情，推动了历史的进程，但许多滥用美丽信息图的人却可能正在做相反的事，因此，当我们看那些美丽的图形的时候，要警醒，要先用我们在本书中学到的方法辨别它们的良莠。

首先，也是最重要的，要稍安毋躁。因为视觉会触发感受，所以要先审视自己看到图后的情绪反应，是觉得胜了，还是想辩解，是生气，还是想庆贺？要警惕这种情绪对你正确解读信息的影响。

其次，你要问自己这些问题：我是否理解图上的术语？轴线代表什么？统计对象是什么？统计的范畴说了吗，还是取样有限？如果图片反映的是复杂的分析或实验结果，我看懂这个过程了吗？如果我判断不出图片描述的是否属实，那些专家的意见能信吗？我有没有向谁讨教过经验呢？

当你看到可视化的信息时，你要知道有人在输出观点。正如话有三说，用图说话也无可厚非。只要图说的有道理，我们也不应故步自封，要随时以图为镜，矫正自己的错误看法。这是我们下一章的主题。

法则十
适时而变，识势而变

> 有执念的人很难听劝。你说你和他的看法相左，他就说道不同不相为谋，直接不理你了。你用事实或数字证明他的错误，他马上质疑你消息来源的可靠性。你跟他分析他观点的逻辑错误，他和你胡搅蛮缠。
>
> ——利昂·费斯汀格、亨利·瑞肯和斯坦利·施赫特，《当预言失败时》[1]

欧文·费雪是历史上最伟大的经济学家之一。[2]

"他的思想比他的时代超前了 10~30 年。"这是 20 世纪 40 年代后期，第一位诺贝尔经济学奖获得者拉格纳·弗里希在受了费雪半个多世纪的影响后，对费雪的评价。保罗·萨缪尔森继弗里希之后，次年获得诺贝尔经济学奖，他说费雪 1891 年的博士论文"是有史以来最伟大的经济学博士论文"。

100 年前，"欧文·费雪"是经济学界如雷贯耳的名字，不仅同行们钦佩他，公众也仰慕他，但现在只有老一辈的经济学家才依稀记得他的名字，取而代之的是米尔顿·弗里德曼、亚当·斯密或约翰·梅纳德·凯恩斯这些经济学泰斗，其中凯恩斯是比费雪年纪稍轻的同时代人。是什么让费雪跌下了神坛，这就是我们本章要学的经验教训。

费雪的光环退去当然不是因为他不思进取。"我还有那么多的目标要实现！"他在耶鲁读书时给一位老校友写信道，"我总觉得时间不够。我想多读书，我想写很多东西，我想赚很多钱。"

费雪对钱的执念是可以理解的。就在年轻的费雪刚上大学的那一周，他的父亲死于肺结核。命运对他不公，但给他补偿了才华。费雪的干劲和才智让他很快脱颖而出：他在希腊语和拉丁语、代数和数学、公开演讲（成绩仅次于后来的一位美国国务卿）等方面屡获奖项，同时还是班上的优秀毕业生代表和划艇队成员。尽管成绩斐然，但这个年轻人求学时期却一直囊中羞涩，尝尽了在富人堆里困窘的滋味。

然而，在26岁的时候，费雪终于时来运转。玛格丽特·哈扎德——他的青梅竹马嫁给了他。玛格丽特家道殷实，因为她爸爸是企业主。费雪和玛格丽特于1893年成婚，婚礼极尽奢华，轰动纽约，甚至《纽约时报》都报道了这场婚礼。婚礼宴请了2000余名宾客，有3位牧师，一顿饕餮大餐和一个重达60磅的婚礼蛋糕。婚礼过后，他们开始了为期14个月的欧洲蜜月旅行，等回来时，玛格丽特的父亲精心为他们准备的结婚礼物也已经备好，那是家人趁他们不在时为他们建造的一座位于纽黑文展望街460号的全新别墅，豪华的别墅里甚至贴心地配有图书馆、音乐室和宽敞的办公室。

关于欧文·费雪，我们需要知道三件事。

其一，他是个狂热的养生专家。这不难理解，因为他父亲在他青年时期就过早地死于肺结核，15年后，这个病也差点要了他的命。难怪他恪守一套严格的养生制度：不碰任何酒、烟、肉、茶、咖啡和巧克力。有一次，一位客人在他家吃了一顿丰盛的晚餐，同时也注意到了他的怪癖："那么多好吃的，我吃得都停不下来，他却只吃了些蔬菜和一个生鸡蛋。"[3]

他不仅自己养生，而且四处宣传养生理念。他创立了"长寿研究"，并说服刚刚卸任总统的威廉·塔夫脱担任该研究所的所长（这似乎很可笑：塔夫脱非常胖，可能是美国史上最胖的总统。然而，正是体重问题使得塔夫脱开始重视饮食和运动问题）。1915年，当费雪快50岁时，他出版了一本书，名为《养生：基于现代科学的健康生活规则》。这本书当时极其火爆，虽然现在看来，它的诸多观点很搞笑："我主张晒太阳浴，晒多久和晒到什么程度依个人感受而定……吃饭不能狼吞虎咽，要细嚼慢咽，嚼到不自觉吞咽的程度为止。"他甚至还讨论起走路时脚与脚之间的正确角度："脚趾向外大约有七八度的样子。"[4]

还有一小段是关于优生学的，不过现在已经没多少人记得是怎么说的了。

尽管我们现在嘲讽这本书，但《养生》在那个时代在很多方面都和费雪的经济分析一样很有超前意识。费雪将科学的思维方式运用到养生上，在书中，他畅谈如何锻炼，如何打坐冥想，在大多数医生都吸烟的时候，他就警告说烟草会致癌。

其二，他相信经济学或别的学科可以用理性、严谨的数学分析来研究。他甚至计算了一个人得了结核病在经济上的损失。他对素食主义和细嚼慢咽身体力行，发现这两样可以提高人的耐饥能力（1917年的一则名为《葡萄坚果的早餐麦片》的广告就引用了费雪教授的话）。在《养生》一书中，他还好心地告诉读者："在现代科学服装的研究中，有一个新的单位——'克罗'，是用来测定衣服'舒适感'的。"

很难说是不是他对数字的狂热使得他后来误入歧途。例如，当费雪对禁酒的好处进行量化时，他做了个小小的研究，得出结论：空腹喝烈酒会使工人的工作效率降低2%。费雪计算出，禁酒令可以为美国经济节省60亿美元,这在当时绝对是巨大的收益。我们在第一章中看到,正是因为亚伯拉罕·布雷迪乌斯是研究维米尔画的专家,所以他的背书让人们把米格伦的拙劣赝品也当成了真迹。同样,费雪对烈酒的痛恨也削弱了他统计推理的严谨性,尽管他的数据不充分或不够准确,但也挡不住他要赶紧用数字为这一禁令背书的冲动。[5]

其三,钱。费雪很有钱,这不是沾他岳父的光,他不想让别人说他吃软饭,所以赚钱是费雪的尊严问题。他的《养生》一书给他赚取了不菲的版税。他还有些发明,最值得一提的是一种组织名片,也是台式卡片索引的前身。他把这项发明以66万美元的价格(以今天的价格计算是数百万美元)卖给了一家文具公司,同时还收获了这家公司的一个董事席位和一些股份。

费雪把他的学术研究变成一个名为"指数研究所"的营利机构。这个研究所将他的数据、分析和预测汇编成包——"欧文·费雪商业研究",出售给美国各地的报纸。有了数据,分析和预测是必然的。毕竟,我们想要了解我们生活其中的世界,并不纯属好奇,我们都多少带点世俗的目的在里面,希望能先人一步把握商机,大发其财。

有了这样一个平台,费雪得以宣扬自己的投资方式。简单来说,就是通过借钱去购买新兴工业企业的股票,押注美国经济增长。这种借贷通常被称为杠杆,因为它同时放大了利润和损失。

但在20世纪20年代,股市飞涨,股市投资者几乎不用担心有什么损失。任何在这一经济增长上进行杠杆押注的人都就觉得自己料事如神。费雪写信给儿时的老朋友,说他已经实现抱负:"我们大家都在发大财!"

1929年夏，欧文·费雪，畅销书作家、发明家、总统们的座上宾、企业家、养生专家、财团专栏作家、统计先驱、时代最伟大的经济学家、千万富翁，看着准备翻修的豪宅，自豪地向他的儿子自夸道，这次不需要他太太家出钱了，都是他自己掏腰包。

费雪对他能取得今天这种成就很自豪，可惜的是他的父亲不在了，没有看到他17岁的儿子成长为那个时代最受尊敬的人物之一。当费雪和儿子看着他们面前的这座豪宅被翻新时，我们可以体会他那句话中的骄傲，但那时的他却全然不知命运已经翻牌，一场金融危机即将悄然而至。

股票市场在1929年秋终于盛极而衰，开始暴跌。从9月初到11月底，道琼斯工业指数下跌了超过1/3。但让费雪万劫不复的不是股市的崩盘，至少当时没有马上让他倾家荡产。当然，这场金融危机是一场比2008年的银行业危机还要严重得多的金融灾难。随之而来的大萧条，是西方国家在和平时期遭遇的最大的经济滑坡。费雪的风险也比别人都高，因为他利用杠杆进行投资，赚或赔都被成倍放大。

毁掉费雪的不仅仅是金融危机期间他使用了杠杆，还有他的偏执。那场金融危机有其惊心动魄的一幕，比如像"黑色星期四"或"黑色星期一"这样的日子，股指飞流直下，但在更多的时间里它是慢慢下挫，其间偶尔出现短暂的反弹，道指就这样从1929年9月的380点一直跌到1932年夏的40多点。如果费雪在1929年底能割肉离场，他还可以保存实力，靠多年来著书立传和做生意赚的钱继续他体面奢侈的生活、他的学术研究及其他爱好。

可是费雪对自己的观点深信不疑。他确信市场会反弹，多次点

法则十　适时而变，识势而变

评说这场金融危机正在"从无序中走出来",这是股民的"恐慌踩踏事件",经济会马上复苏。但是,事实并非如此。

关键是,他不仅不割肉离场,反而因为对市场的判断过分自信,继续加了杠杆,对股票市场下了更大的赌注。费雪根据自己的"趋势点评",重仓了雷明顿兰德公司的股票。但是股价并没有让他如愿:崩盘前为 58 美元,几个月后跌到 28 美元。这时的费雪本应该知道杠杆的厉害了,但他执迷不悟,借了更多的钱继续买进,股价很快跌至 1 美元,他的投资血本无归。

我们先不要急于评判费雪,因为这是常有的事:人人都觉得自己聪明,自己看得准,不需要别人的指点,你我如此,费雪也如此。

欧文·费雪同时代的罗伯特·密立根和费雪一样杰出。然而,他的兴趣点略有不同:密立根研究的是物理。1923 年,当费雪的股票趋势点评被股民人手一本地仔细研究时,密立根正准备冲击诺贝尔奖。

尽管取得了诸多成就,但密立根最著名的是一个非常简单的,连小学生都可以做的实验——"油滴"实验。在这个实验中,从一个容器喷嘴中喷出的油滴由于与喷嘴摩擦而获得电荷,可以悬浮于两片金属电极之间。密立根可以调整电极之间的电压,直到油滴固定于电场中央。他通过测量油滴的直径,再计算出油滴的质量,最终精确地计算出抵消油滴重力的电荷。用这个方法,密立根可以算出单个电子的电荷。

我上学时,和许多学生一样,都做过这个实验。但是老实说,我怎么也得不出来密立根那样精确的结果,因为实验有很多细节上的精准要求,特别是要正确测量微小油滴的直径,如果你量错了,接下来的计算都不可能对。

我们现在知道，即使是密立根自己得出的数据，也没有像他声称的那样无懈可击。他选择性地摒弃了不符合计算结果的数据，将这些失败的数据结果藏了起来（他还贪图荣誉，想一人独揽实验功劳，忽视他的研究生哈维·弗莱彻在这项实验中的贡献）。史学家们对这种摘桃子的行为都十分不齿：无论是道义上，还是实践操作中，这种做法都有失公允。现在回头再看，如果当时密立根把所有的实验数据公开，那么人们也许就会质疑他的计算结果。这并不是坏事，因为他的计算结果的确有误，那个电荷数值太低了。[6]

20世纪70年代初，很多人的偶像、诺贝尔奖得主理查德·费曼说，由于后人有了更精准的测量方法，密立根的错误才被不断修正，但这也是个颇费周折的过程："新测出的电荷比密立根的数值大一点，后来再测又大了一点，再测更大，直到最后数值稳定在一个较高的数值，不再变动，这才是真正的单个油滴的电荷数值。但为什么科学家们当时没有发现这个错误呢？"[7]

原因是每当人们测得一个接近于密立根结果的数值时，就认为这理应是对的数值，就不去过多核查实验细节了。当一个实验结果和密立根的结果对不上时，人们就会怀疑是自己操作有误，就会用心检讨，拼命找出实验错误的原因。正如我们在第一章所看到的，我们的思维定式很可怕，它会帮我们自动过滤新信息，如果是符合我们认可的就接受，如果不是，就怀疑。

而且由于密立根测得的电荷值太低，所以很少有人测出比这更低的数值。反而是人们总是测出比他的高很多的值。但人们接受新的正确数值是个漫长而渐进的过程，尤其是密立根为了保住他的名望，采取了掩耳盗铃的方法，瞒报了一些测量数据。但我们知道，任何真相最后总会大白于天下。后来的一项研究发现，一些物理常数像阿伏伽德罗常数和普朗克常量①等也是大家逐渐统一认识的过程，这种现象纵贯20世纪五六十年代，甚至到70年代。[8]这有力地证明了，即使在实验中做测量和统计这样的基础工作时，科学家们也会削足适履般地挑选符合预期的数据。

这不是什么稀罕事。人不可能掌握所有的信息，大脑不得不依靠这些信息碎片去构建周围的完整世界。大脑会做出预判，然后根据少得可怜的数据坐实预测。这很像电话线路不清时的状况。我们在打电话时，如果线路不清，这没关系，因为即使有些东西没抓到，我们也可以脑补出缺失的内容，除非是真正的新信息，如电话号码或街道地址，这是联想不出来的。所以针对没有听清的熟悉内容，我们的大脑有自动填空的能力，会去捕捉预测的话，或预想的画面，就像密立根的后来人只捕捉他们预期的数据。只有当不熟悉的空白无法被填上时，我们才意识到刚刚进行的连线有多糟糕。

我们甚至能闻到我们想要闻到的味道。当科学家让人们闻一股气味，他们说的结果完全不同，这取决于科学家告诉他们"这是好闻的奶酪香味"，还是"这是腋窝的味道"。[9]（实验对象们说的既对也不对：他们闻到的气味是美妙的奶酪香味和难闻的体味混合在一起的味道。）

这种想什么就求证什么的现象很普遍。在奶酪实验中，我们的身体器官会如是我"闻"。在油墨实验和阿伏伽德罗常数的例子里，大脑会如自动筛选有利证据。在这两个例子中，它们都是无意识

---

① 我这里就不费劲给大家解释这些物理常数的概念了。我想说的重点是，要精确测量这些常数很不容易，每次测得精确的数值后，无一例外地又会因为和先前的公认数值不一致而遭到质疑。

行为。

但如果新信息让我们败兴，我们也会有意识地过滤掉这些信息。在第一章里，我提到过一些学生，他们甚至愿意花钱，就是不想让别人检测他们的血液中是否有疱疹病毒。还有炒股的人，在股市不好的时候，他们像鸵鸟一样把头埋起来，不再查看他们的股票账户。另一个例子是1967年发表的一项实验结果，该实验要求大学生听一段录音，并要求他们"判断这些初中生和高中生演讲的说服力和认真程度。每个演讲结束后，都会给你一张评分表，对演讲的说服力和认真程度打分"。

然而，这里设了一个陷阱。实验对象听到的磁带里有恼人的电流噪声，但是他们被告知："由于演讲是用小型便携录音机录制的，因此有很大的电流噪声。只要你按了放音键，然后再快速放开，就可以'消掉'干扰。把放音键这么按几次，就可以一定程度上减少磁带的噪声。"[10]

诚如你猜到的，这个实验设计是有用意的。这些参加实验的大学生，有一些是虔诚的基督徒，还有一些是死不悔改的吸烟者。他们听的演讲一个是关于老派无神论小册子的内容，一个是"权威专家否认吸烟与肺癌有关联"，第三个是权威专家肯定吸烟导致肺癌。

正如我们前面已经看到的，我们每个人都倾向于筛选能验证我们观点的信息，对相反的意见装聋作哑。在这个实验中，筛选动作真的是很明显的：就看人们按不按那个影响他们信息捕捉的按键，因为按一下按键可以消除磁带中的噼啪声和嘶嘶声。实验结果证明不是每个人每次都会去捣鼓按键以认真听清每一个演讲内容的。信基督的学生根本不屑去听无神论的叫嚣，而吸烟者反复按下按钮，就为了兴高采烈地听专家告诉他们吸烟和肺癌是风马牛不相及的事，而听吸烟有害健康内容的磁带时,他们恨不能让磁带的电流噪声盖过专家的声音。

不是我们不想面对现实,而是我们不想面对令我们不安的现实。当然,我们现在不需要捣鼓按键来选择面对谁和不面对谁。在社交媒体上,我们可以用关注或屏蔽来选择我们面对的内容,大量的有线频道、播客和视频也一样。我们的选择比以往更丰富了,我们当然要行使我们的选择权。

如果你不得不面对你不想正视的事实,不用担心,你的记忆也会悄悄地篡改它。这是巴鲁克·费斯科霍夫和露丝·贝丝的实验结论。这两位心理学家在1972年进行了一项设计精巧的实验。当时尼克松总统即将访问中国和苏联,他们要求男女学生预测尼克松和毛泽东见面的可能性有多大,中美建交的可能性有多大,美国和苏联是否会有太空合作计划。

费斯科霍夫和贝丝想通过这个实验了解人们后来是怎么回忆他们的预测的。他们把每个实验人员的每个预言都记下来。(通常我们在谈话中会对某样事物有个大概的预测,但不会认真拿笔记下来。)大家以为实验对象的预测会八九不离十,其实不然,但实验对象的记忆都无可救药地把自己勾勒成了神人。如果他们当时估计某事发生的可能性只有25%,然后事情真发生了,他们会把他们当时给的发生概率记成50%。如果一个事件没有发生,受试者就会把她当初给的60%的概率记成30%。费斯科霍夫和贝丝最后的实验论文题目就是《我早就知道这些事情会发生》。

所以,这就成了另一个令人印象深刻的例子,说明我们的情绪可以诱导我们自己撒出弥天大谎。这个实验中,记忆在事后会对我们不久前做出的预测(哪怕是白纸黑字地记下来)进行篡改。[11]某种程度上来说，这说明人的脑子有很强的灵活性，但另一方面，实验对象并不愿意承认自己预测有误，反而在修改自己的记忆，就是为了不去正视令他们不安的现实。正如我们在这个实验中所看到的：知错改错不是一件容易的事。

因此，如果欧文·费雪的预判一直是对的，他必然不会改变他对市场的看法。所以，也许他失败的真正原因不是没有随机应变，而是当危机来临时，他看走了眼。大家都希望第一次就走对了路，而不是走了弯路再绕回来，所谓从失败中吸取教训都是痛苦的事。但我们从预测实验得出的最有价值的研究是，第一次预测对也不见得是好事。

1987年，原籍加拿大的年轻心理学家菲利普·泰特洛克做了一项18年才得出结果的心理实验。泰特洛克在此之前参与过一项规模宏大的项目，项目希望社会学家就阻止美苏之间的核战争发挥一些作用。作为项目组成员，他采访过许多顶尖专家，主要问的是他们对苏联的看法，如苏联对里根总统的强硬政策可能会做出什么回应，后面会发生什么，以及为什么。

结果让他很沮丧：那些政界人士、苏联问题专家、历史学家和政策专家对未来的预判矛盾不一。有的专家面对能证明他们观点错误的事实也固执地不思悔改。有人预测错了，也会强词夺理，譬如有人预言了没有发生的灾难，但也能笑嘻嘻地给出合理的解释："如果不是戈尔巴乔夫上台，而是某个新的斯大林式的人物接管大权，我的预言肯定就应验了。""我虽然预判错了，但低估苏联的威胁的话，危害就大了，所以就不能低估危害性而言，我是没错的。"还有人预测股票市场要崩盘，建议大家抛售股票，但被现实证明是错的时，他们会狡辩："迟早的事，我就是预测的时间早了点，不信你等着瞧。"

泰特洛克设计的实验时间跨度更长，规模更大，也能更深刻地反映人们记忆的狡黠。他仿照费斯科霍夫和贝丝的实验，邀请了近 300 位专家，记录了他们 27500 个关于政治、地缘政治以及个别其他领域如经济等方面的预测。泰特洛克的问题都是非此即彼、没有中间选项的问题，这样专家们的预测到底准不准，一下子就能判断出来，不过就是等了 18 年才揭晓。

泰特洛克于 2005 年发表了他的实验结果——一本叫《专家们的政治眼光》的妙趣横生的著作。实验发现专家们愧对他们的称号。从表面上看，不仅仅专家的预测都落空了；从更深的层面上说，专家们对自己的学术边界没有自知之明。例如，预测加拿大未来不太可能有像叙利亚那么多的领土纠纷，但除了这样显而易见的常识预判，这些专家再也区别不出加拿大和叙利亚其他方面的不同了。泰特洛克实验中的专家和费斯科霍夫和贝丝实验中的普通人一样，也会美化自己预测的准确性，一直认为自己预测的就是对的那个，而忘了当时他们预测的实际是错的那个。[12]

这个实验更令专家们尴尬的是，名声越大的人预测得越糟糕。除此之外，无论这些专家持什么政治观点、从事什么职业或专业水平有多高，在对未来的设想方面，他们的水平半斤八两，都没有什么远见。

大多数人在听到泰特洛克的实验结果后，都会得出这样的结论，世界这么复杂多变，人怎么能预测未来，或者认为专家都是些欺世盗名的草包，抑或两者兼而有之。但有一个人始终坚信，即使是在宏观经济和地缘政治等不确定因素很多的棘手问题上，也可能找寻出某些规律用来预测未来。这个人就是泰特洛克本人。

2013年4月1日，我收到泰特洛克的一封电子邮件，邀请我加入他所说的"由美国情报局下设的'先进情报研究计划署'部分资助的一项重大研究项目"。

该计划自2011年开始实施，其核心是一系列可量化的预测，与泰特洛克的长期研究非常相似。这些预测涉及经济和地缘政治事件，"都是现实中情报界正密切关注的问题，比如希腊是否会债务违约、是否会对伊朗进行军事打击等"。这个项目采取比赛的形式，邀请了数千名参赛者，看谁预测得准。这个项目持续了4年，每年会有一个专门的时间开始比赛预测。

泰特洛克在邮件中还说："你只要登录一个网站，对你关注和了解的事情做个预测。如果后面你的想法变了，你也可以修改预测。等过一段时间后，现实会证明你的预测准确与否，你可以看看自己和别人谁的预测更准。"

我没有参加。我当时给自己找的理由是太忙了，没时间搞这个，还担心预测不准被人嘲笑，但最主要的原因是，我在很大程度上受泰特洛克上次实验结论的影响，认为人对未来的预测是无稽之谈。

尽管如此，还是有两万多人接受了这个挑战。有些人还挺有两把刷子的，是些在情报分析、智库或某个学术领域的高人，其他都是普通人。泰特洛克和另外两位心理学家——芭芭拉·梅勒斯（梅勒斯和泰特洛克是夫妻）和唐·摩尔在众多参赛者的配合下进行了实验。有些人接受了一些基本统计知识的培训（稍后详述这方面的内容）；有些人被组成小组；有些人被透露了其他人的预测；还有些人则是独自操作，没有任何帮助或合作。这个实验项目被命名为"神机妙算"，目的是找出预测未来的更好方法。

这个庞大的项目取得的成果引人深思，其中最引人注目的是，参赛者中有一群人，虽然他们的预测不是百分之百准确，但要明显高于一般人撞运气般的瞎猜。更重要的是，随着时间的推移，他们的预测越来越准，证明他们并非只是一时运气好。泰特洛克也吃惊地称他们为"超级预测者"。

这样看来，人类不可预测未来的定论下得有点早了。

超级预测者是咋来的？事实证明，这些人的神机妙算与他们的专业没关系：教授也不见得比见多识广的普通人预测得准；跟智商也无关，否则费雪应该不会输得那么惨。但超级预测者们身上的确有一些共同点。

第一，专门的培训确实可以有效提高预测的准确率，这一点让我们这些智商平平的人听了会很高兴。参赛者仅仅接受了一个小时的统计基础知识培训，然后再结合自己的推理判断，就将预测变成了准确率更高的概率预测，例如："未来十年里，美国选出一位女性总统的概率是25%"。提高预测准确率的关键在于引导他们注意一个叫"基准概率"的统计概念。[13]

那么基准概率又是什么呢？举个例子，你去参加一场婚礼，和新郎已经喝醉了的同学或新娘酸溜溜的前男友坐在一个不起眼的桌子边。台上的人还在走过场，你们桌上的谈话已经开始不怀好意了："台上这俩人真能白头偕老吗？你赌他俩过得下去还是肯定会离婚？"

这个问题直指台上的这对新婚夫妻，他们这会儿还沉浸在你侬我侬的婚庆喜悦中，这样问可是够尖刻的了。但既然问题已经问出来了，你会自然而然地联想这样的问题："他们看起来很情投意合，彼此满意是吗？""有人见过他们吵架吗？""他们是不是已经分手三次又和好的？"换句话说，我们以我们知道的一些事实为根据做预测。

但更高明的预测是抽身出来，不只针对这对夫妻，而是直接① 看一个统计数据：全国的离婚率是多少？这个数字就是"基准概率"。除非你知道基准概率是 5% 或者 50%，否则那位气呼呼的前男友给你的爆料还是让你不知道怎么预估百分比。

心理学家丹尼尔·卡尼曼提出了"外部视角和内部视角"概念，让大家了解了基准概率的意义。内部视角意味着审视你面前的具体案例：这对夫妇。外部视角要求你找出更普遍的"同类项"情况。在这里，同类项是所有结婚夫妇（外部视角不一定是统计数据，但通常是数字）。

理想状态下，决策者或预测者会将内部视角和外部视角结合起来，也就是统计数据加上个人经验。但最好从统计的观点，即外部视角开始，然后根据个案的具体情况进行判断，而不是反过来。如果你从内部视角开始，没有真正的参照系，也就没有尺度感，往往会得出相差 10 倍这样太大或太小的概率值。

第二，有据可查很重要。正如泰特洛克的前辈费斯科霍夫和贝

---

① 我说直接去看离婚率可能有点投机取巧之嫌。英国国家统计局的数据显示，1965 年结婚的夫妻，20 年后，也就是 1985 年，已有 22% 以离婚告终。这一数字在不断上升：到 2015 年，1995 年结婚的夫妻中 38% 也离婚了。虽然有证据表明离婚率近年有所下降，但现在的新婚夫妇能有多少对携手 20 年，现在预测为时过早。但既然我们现在是在猜这对夫妻的离婚概率，那就要有数据，或者是哪个基准概率与我们现在讨论的这对相关。以英国境内所有夫妇的率婚率为准，还是看近些年结婚的人的离婚率，还是看与这对夫妻年龄或教育程度相匹配的人的婚姻继存率？所以老实说，"直接"这一点也不简单。尽量让自己的预测有点科学依据总比随便瞎说一个数字更靠谱。

丝所证明的那样，即使是一些简单的事情，比如记住我们先前的预测是对是错，对很多人来说都挺难的。

第三，超级预测者们往往会随着新情况的发生而不吝修改他们的预测，这表明接受新的证据很重要。审时度势是预测准确的关键。超级预测者们比别人算得准，不仅仅因为他们有大把的时间，会广泛收集信息，还因为他们会见风使舵地不停修改他们的预测。即使比赛规则要求只有一次预测机会，超级预测者们也会比别人预测得准。

这就引出了第四个，也许是最关键的一个因素：超级预测者们灵活的思想、开放的心态。超级预测者们是心理学家所说的"与时俱进者"，他们不会拘泥于单一的方法，在新的证据面前，改弦更张对他们来说不是难事，他们会把接受他人的不同意见作为学习机会。泰特洛克在研究结束后写道："对于超级预测者们来说，事实才是检验真理的标准，人不能墨守成规……超级预测者们的特点不能逐一而论，但如果一定要给他们总结出一个特点，那就是不墨守成规。"[14]

如果觉得那句总结不够简洁，那与时俱进算是他们的写照吧。

倒霉的费雪也曾努力地改变自己的想法。不是每个人都遭遇了同样的困境。凯恩斯就和他形成了鲜明对比。尽管两人有许多相似之处，都是经济学界的巨匠，也都是畅销书作家、报纸专栏作家，还都是喜欢结交上层名流、侃侃而谈的演说家。（在听了凯恩斯的一次演讲后，加拿大外交官道格拉斯·莱潘激动地写下这样一番话："我服了。这是我听到的最棒的演讲，没有之一。世上怎么会有这样的人物啊？他是何方神圣啊？"）[15] 和费雪一样，凯恩斯在金融市场上也是长袖善舞，他创立了一家早期的对冲基金，进行外汇投机，并代表剑桥国王学院管理一个庞大的股票账户，在股市弄潮。然而，他的结局却与费雪迥然不同。这两个人之间的对比很有启发性。

费雪不得不靠自己一路打拼上来，凯恩斯则不同，他出身显赫，上的是伊顿公学，与英国第一任首相和其后19位首相上的是同一所学校。和他父亲一样，他也成为一名高级知识分子：国王学院——剑桥大学最著名学院的研究员。他在第一次世界大战期间代表大英帝国处理债务和货币问题，那时他才是个刚满30岁的青年才俊。他的社交圈很广，认识的都是些有头有脸的上层人士。他可以在首相耳边低语，对英国经济的一切都了如指掌。英国央行甚至会打电话给他，提前通知他利率变动的事。

这个英国权贵的子弟和美国的平民小子费雪是两个性情完全相反的人。凯恩斯喜欢美酒和美食，还是蒙特卡洛赌场的座上宾。他在私生活上更是个浪子，像是一个70年代的流行歌星，为人处世绝不像20世纪的经济学家：双性恋，多角恋，并最终抛弃了青梅竹马的恋人，和一个叫莉迪亚·洛波科娃的俄罗斯芭蕾舞演员结了婚，还请了他的一个前男友做他婚礼上的伴郎。

凯恩斯的这种不羁还表现在其他事情上。例如，1918年，他在英国财政部工作，那时第一次世界大战仍在激烈进行，德军已驻扎在巴黎郊外，正在攻打这座城市。但凯恩斯却得到小道消息说伟大的法国印象派艺术家埃德加·德加的大量藏品，都是法国19世纪最伟大的画家马奈、安格尔和德拉克罗伊的画作，准备拍卖了。[16]

于是凯恩斯的疯狂行为开始上演了。首先，他居然说动了英国财政部筹集了两万英镑（相当于今天的数百万英镑）准备去买这些艺术品，虽然那时英国已经打了四年到那时为止世界上最惨烈的战争，国库空虚。当然，那时是买方市场，可以少花钱，多办事，但首先你要有本事说服在战争中已经捉襟见肘的财政部挤出宝贵的资金来挥霍在19世纪的法国艺术品上。

然后，在驱逐舰和一艘银色飞艇的护卫下，凯恩斯和英国国家美术馆馆长穿过英吉利海峡前往法国，馆长戴着假胡子，这样就没有人能认出他来。伴随着德国大炮的轰鸣，他们出现在拍卖会上，将德加的藏品一扫而光。英国国家美术馆以最低价买到了27件名作。凯恩斯趁机也为自己购进了几幅画。

巴黎之行让他们满载而归，也让凯恩斯筋疲力尽。当他有惊无险地回到英国后，一天，他出现在他的朋友瓦妮莎·贝尔的门口，告诉她他在外面的院子里有一幅塞尚的画，问能不能找个人帮着把画搬进来。（贝尔是作家弗吉尼亚·伍尔夫的妹妹，也是凯恩斯前男友邓肯·格兰特的情人，尽管她嫁的是另外一个人。凯恩斯的社交圈子够乱的）。凯恩斯真是捡了个便宜：现在一幅塞尚作品比英国国家美术馆在那次拍卖会上买到的其他画都值钱。但换了费雪，他会不会有那么大的魄力，我很怀疑。

战争结束时，凯恩斯代表英国财政部参加了在凡尔赛举行的和平会议（他因对德国赔款问题的意见未被接受而愤然辞职回国，随后的事件证明了他是对的）。随后，随着汇率自由浮动和波动，凯恩斯建立了一个对冲基金，一些历史学家把它称为第一个投机汇率走势的基金。他从有钱的朋友和自己父亲那里筹集资金，并对他父亲说了一句让人很不放心的话："不管是赔是赚，这个赌注很大，够刺激，我喜欢！"

一开始，凯恩斯很快就赚到了钱，而且是大钱——25000多英镑，这比他怂恿财政部出资买艺术品的钱还要多。他主要赌的是法国、意大利和德国的货币将在战后的通货膨胀中严重贬值。大体上他判断的是正确的。然而，有一句老话，据说是凯恩斯本人说的（没有证据）：市场的曙光就要来了，但你的钱已经耗尽了，你倒在了黎明前。1920年，市场对德国前景的短暂乐观反应让凯恩斯的基金全部归零。但他毫无愧色，回到投资者那里，他说："我已经把老本输进去了，没钱再投资了。"但这不妨碍凯恩斯成功蛊惑其他人继续给他投资，而他的基金在1922年扭亏为盈了。

凯恩斯有好几个投资项目，其中之一是代表剑桥国王学院进行的股票投资。这所已有500年历史的大学追求长期稳定的投资策略，所以主要投资在农业的土地租金、铁路债券和政府金边债券这样非常保守的领域。1921年，一向能说会道的凯恩斯成功地让学院为他让步，允许他自由决定如何投资学院股票账户中相当大的一部分。

凯恩斯的投资策略是从宏观到微观的方式。他会先预判英国和其他国家的经济是繁荣还是衰退，并相应地投资股票或者大宗商品，然后再根据宏观经济走势，在不同行业和国家之间进行投资。

这样的方式似乎很有道理。凯恩斯是英国经济理论学家的领军人物，可以从英格兰银行得到相关消息。如果说有人可以对英国经济呼风唤雨，那这个人就是凯恩斯。

不过一切都是一厢情愿。

凯恩斯和费雪一样，没有料到1929年的大萧条。不过，与费雪不同的是，他很快就东山再起了。凯恩斯去世时，还是个身家百万的富翁，人们被他的经济头脑所折服。原因很简单：凯恩斯和费雪不同，他与时俱进，适时调整了投资策略。

与费雪相比，凯恩斯更占优势：他在股票市场上的业绩好坏参半。诚然，他在1918年的艺术品拍卖会上取得了非凡的成就，并在1922年的货币市场上发了一笔小财。但他在1920年做的投资血本无归，他看似聪明的投资方法也没给国王学院赚多少钱。20世纪20年代，凯恩斯试图预测商业周期，总体收益却比市场低了约20%。这些败绩说明他不是投资场上的常胜将军。

虽然凯恩斯没有预料到1929年的大崩溃，但他吃过亏，知道如何在险境中保全自己。他意识到既然自己对金融市场无法料事如神，那不如改弦更张，顺势而为，金融危机来了就来了，他随机应变。

到20世纪30年代初，凯恩斯已经完全放弃对商业周期的预测，这位世界上最伟大的经济学家承认他无法揣摩市场的动向。一个如此自负的人又可以如此谦卑，足以说明他没有为盛名所累。但是凯恩斯已经认清事实，然后做了一件大家意想不到的事：改变投资策略。

他转向了一种不需要预测宏观经济走势的投资策略。他解释说："我现在越来越相信，正确的投资方法是把资金重点投到自己了解并认可其管理层的企业。"不用管经济的好坏，只要找到经营好的公司，买它们的股票，它们自然会给你带来企业成长的良好收益，而你再也不用费尽心机地去关注市场动向。这种投资策略听起来是不是很耳熟，因为这是现在很多人投资时奉行的圭臬。其中最著名的莫过于沃伦·巴菲特，他是世界投资界的首富，对凯恩斯的投资观点笃信不疑。

现在看来，凯恩斯是个成功的投资者。在国王学院，他从早年的投资失败中及时清醒过来。最近两位金融经济学家——戴维·钱伯斯和埃尔罗伊·戴姆森，研究了凯恩斯在国王学院时的投资业绩，发现他做得还是很不错的。凯恩斯以适度的风险获得了较高的回报，并在25年的时间里以平均每年6个百分点的收益率超过整个股市的表现。这就是识时务者为俊杰的典型事例。[17]

这听起来是很简单的事：一个人如果撞了南墙，就会回头，但为什么欧文·费雪就那么难回头呢？

问题就在于，费雪之前没有撞过南墙，他一直都是屡战屡胜。到 20 世纪 20 年代末，他已经很有钱了，是股市上的常胜将军。他成功预测了 20 世纪 20 年代的经济繁荣，预判股市将飙升，并大胆用杠杆押注，获得了丰厚的回报。所以费雪与凯恩斯不同的是，他很少有失败的经历，也就很难体会金融绞杀的厉害，他总是习惯性地把它当成市场的又一次非理性波动，但这一次"东风不与周郎便"了。

相比之下，凯恩斯失败过，吃过亏，他知道市场崩溃时的厉害。他就像一个被预警说罗伯特·密立根实验有缺陷的物理学家，所以会对他的测量值保持警惕；或者像一个实验对象在被告知"这可能是奶酪的味道，也可能是腋窝的臭味，闻好了再说"后，他会谨慎地嗅着试管。

另外，费雪也有不得已的原因：他经常发表他自己的投资理念，宣扬市场会一直上涨，已经被视为股市的死多头。其实，在市场预测中，很多预测都是模棱两可的，不把话说死倒也是一种令人钦佩的诚实，而把预测说得太具体容易被现实打脸。其实问题也不在于预测的具体性。正如我们所看到的，超级预测者们会仔细记录他们的预测，然后不断根据事实矫正他们的预测错误，从而使预测越来越趋近事实。但费雪为什么就做不到呢？因为他以往造就的多头公众形象已经让他骑虎难下了。

1955 年，心理学家莫顿·德伊奇和哈罗德·杰拉德做了一项实验，要求大学生们对线条的长度进行估计，那是我们第六章描绘过的所罗门·阿什曾做的改进实验。有些学生没有用笔记下他们的答案，有些学生则把自己的答案记在一个可涂改的便笺簿上，还有一些学生用无法涂改的记号笔写下他们的答案。随着新信息的出现，那些答案不太好改的学生也成了最固执己见的那拨人。[18]

"库尔特·勒温在20世纪30年代就注意到这种现象了，"菲利普·泰特洛克说，他说的库尔特·勒温是现代心理学的创始人之一，"这有点像'君子一言，驷马难追'。说错话，做错事当然很傻，但再反悔就让你显得更傻了。所以，有错必改不是件容易的事。"[19]

费雪就是这个典型。据《纽约时报》报道，在华尔街股市崩盘前两周，他曾说："股市已经达到高位水平，不会再下来了。"费雪说得太绝对了，已经没有多少回转余地。

费雪的第三个问题，也许是最大的问题，是他相信，人类终归是可以预知未来的。他曾写道："睿智的商人总能先人一步，看到别人还没有看到的东西。"也许吧。

这与凯恩斯关于长期预测的著名论调正好相反。凯恩斯说："没有科学依据证明我们可以计算出某些事物将出现的概率，至少我没听说过。"

相反，费雪是个连走路姿势都要精确到某个角度，用"克罗"为衣服衡量舒适度，计算国家的禁酒令能产生多少经济效益的人。他坚信只要有足够的统计数据，任何问题都会有个科学的解释。统计数据的功能的确强大，不过，至少现在你们应该已经知道，不是所有问题都能用数字解决。

可怜的费雪自认为是一个有逻辑和讲道理的人。他倡导教育改革，宣传素食主义的好处，钻研"生财之道"。然而他却成了美国最有名的破产者。

他不断反思，对大萧条如此严重的原因做出了精辟的解释，包括计算债务对经济的影响，但可惜，反思不等于反省。所以，尽管他的经济理论今天仍受到尊重，但他本人却光环不再。他晚景凄凉，太太过世，孤独一人，欠着国家巨额的税和经纪人大量的债，生活窘迫，经常被骗，因为他总是想在金融市场再赌一局大的来重振他的辉煌。那座豪宅早被卖了，之所以没有被扫地出门和免于坐牢，都是因为他的妻妹为他偿还了价值数千万美元的债务。这种好意对于骄傲的费雪教授来说却是最大的羞辱。

经济史学家西尔维亚·纳萨尔在谈到费雪时说："他的乐观、过度自信和固执害了他。"[20] 凯恩斯则不同，他有过辉煌战绩，但他也惨败过，他从失败中明白了一个道理，那就是世界上有些事不是逻辑能解释得清的。现在再回想一下他向他父亲借钱去投资金融市场时说的话"这个赌注很大，够刺激，我喜欢"，这无不证明他压根就觉得投资就是赌博。蒙特卡洛的赌徒一直都知道，押注是很刺激，但本质还是个游戏，色子掷坏了也没关系，不用太在意，接着玩就是了。所以当他早年投资失败时，他就是这种不行了就再试试别的路的心态。凯恩斯从善如流，费雪却做不到左右逢源。

第二次世界大战结束后不久，费雪和凯恩斯就相继辞世了。那时，费雪已经基本上退出历史舞台，而凯恩斯却依然在金融圈里混得风生水起：在1944年的布雷顿森林会议上，世界银行、国际货币基金组织及全球金融体系的成立都有他的功劳，他的名字在经济学界是神一样的存在。

凯恩斯晚年回忆道："我这辈子唯一的遗憾就是香槟还没喝够。"当然，人们对他的回忆更多的是他做的事而不是他说的话。但他还是有一些经典语录的，比如这一句："我是变色龙，看你能

法则十 适时而变，识势而变

拿我怎么办？"

要是他能教会费雪就好了。

费雪和凯恩斯都是业界大腕，他们手头有大量现成的信息，也会认真地收集更多数据。正如亚伯拉罕·布雷迪乌斯这位艺术鉴赏大师被伪造者米格伦骗得晕头转向一样，费雪和布雷迪乌斯落得如此下场不是因为他们专业不够精深，而是因为他们被感觉冲昏了头。

本书的出发点是，数据的收集和分析是能够帮我们了解世界本真的。但我也同时指出，我们经常搞错，不是因为没有数据，而是因为我们拒绝接受数据给我们呈现的东西。对费雪和其他许多人来说，拒绝接受这些数据的原因是他们拒绝承认世界已经变了模样，时代已经往前走了，而他们还留在原地。

费雪的竞争对手之一，一位叫罗杰·巴布森的经济预言家不无惋惜地评论费雪为"当今世界最伟大的经济学家之一，也是贡献最大、最无私的公民"，但作为预言家，他失败了，"因为他认为世界整体是理性的，不是感性的"。[21]

我希望本书已经让你明白了世界既理性，也感性。

黄金法则
保持好奇心

> 我想不出有什么是观众看不懂的东西,唯一要做的是让他们感兴趣。一旦他们感兴趣,他们什么都会搞懂。
>
> ——奥森·威尔斯[1]

我在本书中列出了辨别数据的 10 个方法。

第一,我们应该学会在看到数据结果时,稍稍停顿一下,观察自己的情绪反应,看会不会因受情绪摆布而接受或拒绝数据结果。

第二,我们应该从个人经验出发,对数据的解读,应将"鸟瞰"的广角视角与"蠕虫"的聚焦视角结合起来。

第三,我们应该看看自己是否能理解数据标签上的内涵和外延。

第四,我们要把数据放到应有的背景中去看,并学会对比着看数字的含义。

第五,我们应该看看统计数据后面是否还有故事,是不是哪些数据已经被筛掉了。

第六,我们应该问一下统计样本是否全面,是否已将某些对象排除在外,如果将其包括进来,统计结论是否会有所不同。

第七,我们不应该无条件信任大数据和算法,我们要明白无论大数据还是算法,没有透明性,信任度就要打折扣。

第八,我们应该多多关注官方统计机构,要保护那些捍卫统计公正性的英勇的统计学家。

第九，任何美丽的图表或信息图都良莠不齐，我们要睁大眼睛。

第十，我们是否能保持开放心态，问问自己会犯什么错，情况是否已经发生了变化。

我意识到谈十诫好像是老掉牙的做法。事实上，与其说是戒律，不如说是经验法则，或者说是我从经验教训中养成的思维习惯。当你遇到对你很重要的统计数据时，不妨用这些方法试一下。当然，你用不着对照这十个核查方法，把你在媒体上看到的每一个统计数据都去核对一遍，也没谁会有那么多空闲时间。但是，对你的新闻来源做个初评它们还是有用的：记者有没有把术语解释清楚？有没有提供数据背景？有没有评估数据来源的可靠性？如果这些思维习惯你还没有养成，就容易上假数据的当。

十条经验之谈对一些人来说还是太多了，记不住，所以也许我应该化繁为简。我找出了这些建议的核心思想，最后总结出一个你可以称之为"黄金法则"的法则。

保持好奇心。

不能只看表面，还要学会问问题。有很多问题可问，希望你别觉得太难。在本书的开头，我真切希望大家还是要相信统计数据，它们可以用来帮我们了解世界的真相，不能像达莱尔·哈夫那样因噎废食。我相信我们可以信任，并且应该信任数字可以帮我们找到重要问题的答案。我和《或多或少》节目的同事都会对节目中要讨论的数据做大量调研，让听众心服口服，但我们还是希望听众有好奇心，对我们的结论不一定照单全收，也可以对我们提出质疑。有拉丁名言云："不要轻信。"所以我们也不应该不问问题就轻易接受别人的观点。

奥诺拉·奥尼尔曾宣称:"信任不是白给的,它源于积极的核实。"[2] 此言不假。如果我们想要相信周围的世界,我们至少要用问题一探虚实。这些问题不必太深奥,也不必太专业,有思想、想探究的人都能问出问题。尽管现代世界纷繁复杂,但找寻这些问题的答案不会太难。

不要小瞧了好奇心,好奇心能成大事。

大约十年前,一位耶鲁大学研究员丹·卡汉给学生看了一段耶鲁大学校外抗议者的无声录像,然后跟一些学生说这是一个堕胎诊所外的反堕胎示威,跟另一些学生说这是一场在征兵办公室外举行的同性恋权益示威。然后问了学生们一些关于录像的问题。比如:这是和平抗议吗?抗议者有没有骚扰到路人?他们是咆哮还是喊口号?他们有没有堵大楼的门?

结果是学生们给出的答案因不同的政治立场而不同。认为他们看到的是反对堕胎的示威的保守派学生认为这是和平示威,没有谩骂,没有暴力,没有阻碍交通。认为他们看到的是一场同性恋权益示威的激进派学生也认为抗议者应该是表现得很有尊严和克制的。

但认为看到的是一场同性恋权益示威的保守派学生们却不这样看,他们的结论和认为自己在观看反堕胎抗议活动的激进派学生观点一样:这些抗议者都有暴力倾向,他们恐吓了路人,并阻碍了交通。[3]

卡汉研究的是我们在第一章中里提到的同一个问题:我们希望和志同道合、能说到一起的人在一起,我们的政治和文化理念决定了我们看问题的角度。所以,让人沮丧的局面就出现了:在解读气候变化等复杂的统计数据时,我们也会罔顾事实,得出只符合自己立场的结论。①

而且，正如我们前面所看到的，专业知识并不能摒除这种动机推理：在气候变化问题上，受教育水平高的共和党和民主党人的差距要比那些没有受过多少教育的人还大。从核能利用到枪支控制再到页岩气开采，也是这种立场决定意见的模式。知识水平越高的人，意见分歧也越厉害。对数据的解读也是如此。卡汉指出，越是专业背景深的人，叫起板来越固执。[4]

这种阵营意识影响人的公正性，卡汉在苦寻对策无果之后，也变得无可奈何。[5] 然而几年前，卡汉和他的同事们意外地发现有些人身上却有某种特质，这种特质能帮助他们做到置身事外地看问题，而其他人也能培养这种特质，可以阻止我们偏听偏信。尤其是在派系严重的政治议题上，智力和教育水平都不能消除一个人的偏见，但这种特质可以。

如果你非常渴望知道究竟是什么特质，那么恭喜你，你可能已经具备这种特质了。

好奇心能让人突破阵营的藩篱。具体来说，卡汉将它定义为"科学好奇心"。这与科学素养不同，虽然这两种品质是相关联的，但有时有些有好奇心的人不一定受过教育，而受过高等教育的人也不一定有很强的好奇心。

在那些看法分化严重的议题上，受过教育且有好奇心的共和党人与民主党人的分歧不会太极端。就算有分歧，分歧也不大。我们

---

① 这项研究的题目是"他们眼里的一场抗议"，这与1954年的一篇经典心理学论文《他们眼里的一场比赛》遥相呼应。在"比赛"论文中，看了一场火药味极浓的足球比赛录像后，不同球队的球迷都开始不约而同地攻讦对方球队出格犯规。

不必在此夸大好奇心的神奇力量。有好奇心的共和党人和民主党人在气候变化等问题上仍然存在分歧，但他们的好奇心越强，就越可能在以事实为依据的观点上达成共识。或者换句话说，我们越好奇，就越不容易受到阵营意识的干扰。（科学好奇心和政治派别之间几乎没有联系。令人高兴的是，政坛上有很多有好奇心的人。）

尽管这一发现令卡汉感到惊讶，但想想这是有道理的。正如我们所看到的，人之所以固执，不愿改变看法，是因为人善于过滤或忽略自己不喜欢的信息。然而，一个有好奇心的人喜欢意外，渴望反转。他不会过滤掉令自己惊讶的信息，因为新信息是个学习的机会。

卡汉团队的研究最初是通过简单的问题确认那些有科学好奇心的人的，这些问题被隐藏在一项市场调查中，这样人们就不会意识到这些问题其实是衡量他们的好奇心是否重。例如，一个问题是"你多久看一次科普书"。对科学好奇的人更喜欢看有关太空旅行或企鹅的纪录片，而不是看篮球赛或名人八卦节目。他们不仅回答调查问题的方式与平常人不同，在心理学实验室里做出的选择也不同。在一个实验中，实验人员向参与者展示了一系列关于气候变化的不同标题的文章，然后参与者可以挑选"最有趣"的文章阅读。四篇文章，四个标题：两个标题提出了气候变暖怀疑论，两个没有；两个标题设计的是让人愕然的那种，另两个则不是。

1. "科学家发现了更多的证据表明，全球变暖在过去十年中实际上有所减缓"（怀疑态度，不抓眼球）

2. "科学家发现了令人惊讶的证据：北极冰层融化的速度超过预期速度"（抓人眼球，但非怀疑态度）

3."科学家发现了令人惊讶的证据：南极的冰层正在增厚，不是目前导致海平面上升的原因"（既是怀疑态度，也抓人眼球）

4."科学家发现更多全球变暖与极端天气有关的证据"（既不抓人眼球，也非怀疑态度）

一般来说，人们会选择和他们意见一致的文章：民主党派倾向于选择力证全球变暖的文章，而共和党派则喜欢怀疑这一趋势的文章。有科学好奇心的人，无论是共和党人还是民主党人，他们的选择标准则与众不同。他们不排斥看一篇与他们的观点相反的文章，只要这篇文章看起来有新意。一旦他们真正开始阅读这篇文章，就能从中学到点东西。

我们之所以会对某个统计结果感到惊讶，一定是因为它挑战了我们现有的世界观。它可能会激起我们的一种情绪反应，甚至是感到畏惧的反应。神经学研究表明，当我们意识到某些事实与我们已有的认知相悖时，我们的大脑会产生焦虑反应，这种反应与我们在户外遇到老虎、狮子时的焦虑反应大致相同。[6]然而，对于一个好奇心重的人来说，他的反应正好相反，他不一定会焦虑，对他而言，惊奇可能意味着有趣和解密。

至此，一个有好奇心的人可能已经开始有问题要问了，这同我遇到丹·卡汉时脑海中最迫切的问题应该是一样的：好奇心可以培养吗？我们如何变得更好奇？我们能激发别人的好奇心吗？

应该说这些问题的答案都是肯定的。卡汉说，其中一个理由是他在衡量人们的好奇心时发现，好奇心是可以一点点加重的。他并没有发现人群在好奇心上分成截然不同的两种人,即一群人凡事好奇,另一群凡事没兴趣。相反,有好奇心的人在人口图上是呈正态分布的一条曲线,大多数人处于中间状态,有些许好奇心,但有时也没兴趣。这条曲线也许并不能证明好奇心是可以培养出来的,这种正态分布说明有些人是天生兴趣寡淡,但它带来了一些希望,如果我们不要求人人都有好奇心,我们至少可以把有好奇心的人朝着这条曲线的那一端再推进一点。

第二个理由是好奇心往往由场景决定。只要在时间、地点都合适的场景,好奇心就会自然萌发。[1]事实上,卡汉发现一个人的科学好奇可以经久不衰,这让一些心理学家感到惊讶。心理学家曾推断说,世上没有好奇的人,只有激发好奇心的场景。但其实有人天生喜欢打破砂锅问到底,有人天生不问世事。但除此之外,好奇心也可以被场景激发或抑制。我们每个人在不同的时间对不同的事物都会产生好奇心或无所谓。

人的舌头会忍不住去舔口腔里的牙洞,同理,人之所以好奇,是因为我们忍不住要填补某个知识上的缺口。行为经济学家乔治·洛文斯坦用"信息缺口"理论来描述人们产生好奇心的原因。正如洛文斯坦所说,当"我们知道的和我们想知道的"之间存在缺口时,好奇心就会开始萌生。好奇心产生于一个微妙的点:如果我们什么都不懂,我们也问不出来问题;如果我们什么都懂,我们也不会问问题。一旦我们知道一些事情,同时知道还有一些事情是我

---

[1] 喷子、民粹主义者、煽风点火者和矛盾制造者,一般会挑拨离间,让人们情绪激动地吵起来,这样人们就没办法好好利用理性去探寻事情的真相了。有时即使是有探索精神和求知欲的人也会让讨论变成泼妇骂街,这对培养探究真相的精神有害无益,是我们要警惕的。

们不知道的，好奇心就会被激发出来。[7]

不过，太多时候我们甚至不去思考还有哪些事情是我们不知道的。心理学家莱昂尼德·罗森布莱特和弗兰克·基尔做了一个验证人们缺乏好奇心的小实验。他们给实验对象一个简单的任务：先看一张日常用品清单，如抽水马桶、拉链和自行车等，并让他们对每件物品按 1~7 的了解程度打分。[8]

在实验对象打完分后，研究人员使出了撒手锏。他们会给受试者一支笔和一张纸，要求他们尽可能详细地写下他们对抽水马桶等各方面的了解，并且务必画出图表。

实验证明这项任务并不像人们想象的那么容易。人们犹犹豫豫、结结巴巴地努力解释这些日常物件的工作机理。他们原以为这些细节很快就会浮现在脑海里，但事实并非如此。值得称道的是，大多数实验对象从实验中顿悟到他们平时太自以为是了。他们认为自己肯定知道拉链和马桶是怎么工作的，但被要求详述时，才意识到自己其实根本不懂。当实验对象被问及是否重新考虑他们之前的 1~7 分的打分时，他们把自己的分数都降了下来，承认自己的知识没有想象的那么丰富。

罗森布莱特和基尔把这种现象称为"自以为是"。自以为是是好奇心的对立面，并且很容易让人吃亏上当。因为如果人们认为自己已经了解了一个东西，就不会再去深究这个东西，更不用说提问题了。现在我们发现，要打击这种自以为是的自信心是十分容易的事，只要让他们发现自己知识上的空白就好。正如洛文斯坦所说，知识上的缺口会激发好奇心。

还有一个实验，测试内容比拉链这样的物件更厉害。菲利普·范巴赫和史蒂芬·斯洛曼是《知识的错觉》一书的作者，他俩领导了一个研究小组，沿用了冲水马桶的提问模式，但询问的是碳排放限额与交易体系、统一税或对伊朗实施单边制裁等政策问题。重要的是，研究人员没有问实验对象是否赞成或反对这些政策，也没有问他们为什么赞成或反对，因为之前有大量的证据表明，这样的提问反而会导致人们对这些问题深究下去。相反，范巴赫和他的同事同样只是要求他们先做简单的事：请用 1~7 的分数来评价你对这个问题的理解。然后，同样的绝招：请详细说明单方面制裁是什么、统一税是如何运作的。情景再现了：实验对象一说都会，一做都错。他们发现自己其实不是很懂那些问题。[9]

更引人注目的是，当人们认识到自己的知识空白时，他们在政见上就不会那么极端了。那些以前会本能地把自己的政治对手描述成坏蛋的人，或想尽一切办法捍卫自己观点的人，当被迫承认自己并不完全了解自己如此热衷的事物时，往往就不那么尖锐了。这项实验不仅影响了实验对象的言，也影响了他们的行。研究人员发现，实验之后，这些人对捐钱给曾经支持的组织或游说团体的意愿也下降了。[10]

这个发现令人鼓舞。这个世界上有太多思想极端的人，你可以通过要求他们解释细节来打击他们的过度自信和纠正他们的政治立场。下次当你和某人就一个政治问题争执不下时，你可以试一试，让对方不用为自己的观点辩护，只需要简单地解释他理解的政策是什么就好。他希望制定一个全民基本收入，或执行统一税收，或以积分为基础的移民制度，或"全民医保"。好的，没问题。那看看他到底是怎么阐述这些理念的。他在解释的过程中可能也会领悟到一些东西，可能你也会。到最后你们可能会发现，其实自己对这个问题的见地没那么深，两者的分歧也没那么大。

弄清楚抽水马桶的工作原理，或者了解碳排放限额与交易体系的真正含义，需要人们下一番功夫。促使人们下这个功夫的方法很简单，只要假装真诚地邀请那些自负过头的人，然后用上述方法打击一下他们的自信就可以了。更善意的方法是吸引他们的兴趣。正如奥森·威尔斯所说，一旦人们感兴趣了，他们什么都会弄懂。

如何激发人们的兴趣，这既不是一个新问题，也不是一个棘手的问题。自古以来，这是小说家、编剧和喜剧演员一直都在琢磨的事情。他们知道人们喜欢悬念，同情可怜人，喜欢一波三折的故事，所以他们会绞尽脑汁寻找这样的材料。科学证据表明，奥森·威尔斯的话一点没错。例如，有一个实验，让人们读了故事类和非故事类两种文章，他们读故事的速度是非故事类文章的两倍，但回忆起文章的内容时，故事类的是非故事类的两倍。[11]

至于幽默形式，喜剧演员斯蒂芬·科尔伯特的"公民课"是个绝佳的例子。在担任现在的《深夜秀》节目主持人之前，他在名为《科尔伯特报告》的节目中假扮一个爱吹牛的右翼评论员。[①] 2011年3月，科尔伯特在节目中设计了一个剧目，探讨钱在美国政治中是如何发挥作用的。在剧目中，科尔伯特觉得既然他要竞选美国总统，他需要成立一个以筹集资金为目的的政治行动委员会。他假装在电话中向一位关系比较好的专家咨询："我必须有一个政治行动委员会，但我不知道那玩意是干什么用的。"

在接下来的几周里，别人就给科尔伯特科普了什么是政治行动

---

① 我曾是《科尔伯特报告》的嘉宾。斯蒂芬是个很体贴周到的主持人，他会提前跟嘉宾解释节目是怎么进行的。在休息室里，他跟我说了这期节目中他要怎么做："节目里我要扮演一个笨蛋，等我进入角色后，我会向你大声咆哮，一副要把你吃了的样子，你可别怕哦！"

拼凑真相　　244

委员会，以及超级政治行动委员会和501（c）(4)这类筹款机构都是干什么的。譬如，它们可以从什么渠道接受捐款，捐款上限是多少，对捐赠者信息有什么披露要求，这些捐款花在什么地方。科尔伯特发现，只要这种筹款方式用对了，它可以用于任何项目，筹到任何数额的资金，而且还很隐秘。他思忖着："这真是让我开了眼界，我居然不知道有（c）(4)这样的机构，它们可以让大量的钱神不知鬼不觉地涌进来，然后悄悄渗透到下次选举时候选人的每个毛孔里。我居然没有搞一个，真是个白痴。"

科尔伯特后来还学会了如何解散他的筹款机构，白赚筹来的钱，还不用缴税。科尔伯特在节目中，以角色的口吻让观众知道他最关心的是如何为自己捞钱，他要求身边的助手给他出谋划策，看怎么可以钻空子，绕过竞选资金使用限制。科尔伯特通过这个节目给观众上了深刻的一课，让他们在哈哈大笑中对竞选资金的了解比任何新闻报道都深入得多。

这个节目提高观众对这个问题的认识了吗？看样子是的。凯萨琳·霍尔·贾米森参与了丹·卡汉的"科学好奇心"项目，他们又做了一个研究，沿用科尔伯特的剧场手段来调查人们在笑声中学到了多少东西。他们发现，观众对政治行动委员会和501（c）(4)类筹款机构的了解，譬如，它们如何运作、是否合法等知识，绝对与看《科尔伯特报告》有关系。虽然读类似话题的报纸或听广播谈话节目也有效果，但《科尔伯特报告》的效果要好得多。例如，每周看一天科尔伯特的节目，人们从中获得的竞选资金知识和一周看四天报纸，或者五年的学校教育一样多。

当然，这种节目可能对人们的知识增长只是锦上添花。因为可能有些观众本来就知道超级政治行动委员会，他们看这个节目就是想知道科尔伯特是怎么调侃这些机构的，或纯为欣赏科尔伯特的妙语连珠。但我还是认为这个节目让观众在这方面的知识上受益匪浅，而很多观众一直追着他的节目，就是因为他的节目风趣。[12]

科尔伯特在美国是最受欢迎的喜剧演员之一，你不一定像他那样口吐莲花才能吸引观众。美国国家公共广播电台有一个播客节目叫《金钱本色》，这个节目曾经通过设计、制造和进口数千件T恤衫，揭示了全球经济的细节，从头到尾讲述了一个完整的商业故事：棉花种植，的纺织业的自动化，非洲人如何用美国捐赠的T恤衫制造了新时尚，航运业的物流，以及一些奇怪的细节，例如孟加拉国生产的男式衬衫会被征收16.5%的关税，而哥伦比亚制造的女式衬衫则是免关税的。[13]

这些例子可以成为宣传的榜样，因为它们成功地激发了人们的好奇心。类似于"金钱如何影响政治"的题目不一定会吸引观众，但"如果我竞选总统，我将如何瞒天过海，赚上一笔？"则一定会让人好奇。

我们这些从事媒体的人不仅仅要揭露事件或数据的真伪。事实固然重要，辨别真伪也重要，但如果要让人们深入理解复杂的问题，我们需要激发他们的好奇心。一旦人们有了好奇心，他们就会搞懂问题。①

我自己在做BBC的《或多或少》节目时对此深有感触。虽然听众亲切地称我们的节目为神话终结者，但我觉得我们节目最大的贡献不在于揭穿一连串的谎言，而是带领听众用正确的统计数

---

① 如果人们对什么东西不好奇，没兴趣，他们就懒得去探究。大家还记得前面提到的关于人们收入不平等加剧的那个电视节目吗？节目组显然自己都没有足够的好奇心去探究节目话题是否正确。

拼凑真相　　246

据探索世界的真相。揭穿假的固然有趣，但了解真的更有意义。

在2016年的英国全民公决中，英国公民最终决定脱欧。此后，经济学界进行了反省。大多数专家认为，脱欧的决定是错误的，因为代价太高，过程复杂，牵扯又多，脱欧的红利不一定兑现，而英国最紧迫的诸多问题也不见得能缓解，但是英国民众做出了和专家意见相反的选择。诚然，正如有人曾叫嚣的，"我们的人民已经受够了专家"①，也的确很少有人在乎经济学家在脱欧这个问题上的意见，所以，是经济学家开始反思的时候了，反思为什么我们没能说服民众，以及今后应该如何做才能更好地向民众宣传自己的观点。

后来，在一次关于"专业观点与民众思想"的研讨会上，英国经济学界的精英们深入探讨了这个问题，并提出了解决办法。[14] 其中之一是提议在推特这样更平易近人的社交媒体上与网民多互动。经济学家们首先要放下身段，用贴近民众的语言，邀请更多民众参与，拉近与民众的距离。只有这样，才有可能让民众接受自己的观点。这个提议不无道理。

我的观点略有不同。我认为现在的人们在政治观点上分化严重，我们提出的任何意见都会受到异党人士的攻讦，而经济学家应对的问题又都是非常有争议性的，如收入不平等、税收、公共支出、气候变化、贸易、移民，当然还有英国脱欧。在这样一些非常容易引起纷争的热点问题上，把问题阐述清楚不足以起到宣传自己观点的作用。要让民众真正拨云见日，我们需要激发人们的好奇心，让他

---

① 当支持英国脱欧的活动家迈克尔·戈夫说这句话时，他指的是国际货币基金组织等国际组织的专家，然而，话一出口，被传成什么样子已经不是他能控制的事了。

们自己去一探究竟。就像史蒂芬·霍金和戴维·阿滕伯勒这样的大师一样，伟大的科学传播者不是靠话术简单吸引人们，他们只是欲擒故纵，让人们欲罢不能。所以，经济学家也应该这样做。

这种方法不仅适用于经济学家，也适用于科学家、社会学家、史学家、统计学家或任何学问家。无论要讨论的问题是科学类的，比如黑洞的演化，还是社会类的，比如"黑人的命也是命"运动的出现，无论是抽象的，比如人类是否有预感，还是具体的，比如大学预注册的必要性，把握好细节，用对方法，效果会很惊人。

我经常告诫我那些书呆子气重的同事：授人以鱼，不如授人以渔。凡事讲究方法，唤醒人们的好奇心，用讲故事这种屡试不爽的方法勾起人们的好奇心，用角色、用悬念、用幽默给好奇心煽风点火，人们就会一路找到真相的源头。但人们探究世界的心不一定要靠记者、科学家和公知来激发，人们自己也可以培养好奇的习惯。俗话说，"无趣的人对什么都无趣"。我们只有对这个世界积极探索，才会发现它的美妙之处。

常言道，"无聊的解药是好奇心，而好奇心却无药可解"。[15] 的确如此：一旦我们开始明白不知为不知，开始探究问题，并步步深入，就会发现好奇心已经成为一种习惯。

我们有时需要借鉴一下达莱尔·哈夫的思考方式，因为生活中难免有需要让我们警觉的东西，我们要学会问：这是什么？为什么这个浑蛋对我撒谎？所以，面对一个让人意外的统计结果，如果你认为"我觉得不可信"，[16] 然后开始刨根问底，那么恭喜你，你已经学到了；如果你只是一句"我不信"，便再无下文，你的懒惰只会让你一无所获。

我希望你不要成为后者。我希望你会好奇地睁大双眼，带着锲而不舍的精神，按"数"索骥，直到真相大白，一如希尔和多尔当年探索香烟和肺癌的关系一样。

如果我们想还原真相，就要以开放的心态，问那些有的放矢的问题。只要我们开始问真正的问题了，我们就会愉快地发现，探索的脚步已经无法停下来了。

致　谢

15年前，尼古拉·梅里克突然给我发了一封邮件，问我愿不愿意参与BBC一个关于数据统计的节目。就这样，我和《或多或少》节目结缘了，并有幸认识了众多节目成员。本书记录了我在这个节目大家庭中一路成长的点滴，所以非常感谢尼古拉给了我这样一个机会开启我的成长经历。

我要感谢这个节目组的全体工作人员，从数据调研、策划、文案到剪辑，每个人都尽职尽责，通力协作，尽力让我在节目中把最好的东西呈现出来，他们都是幕后英雄。我粗略地算了一下，参与这个节目的前前后后有100人左右，但是我尤为感谢理查德·芬顿·史密斯和丽兹·麦克尼尔，他们分别负责了"婴儿早产"和"枪支暴力"数据背后的故事，这些在本书第三章有详述。我要感谢的人还有任劳任怨的编辑理查德·瓦登，和一群超赞的策划，尤其是露丝·亚历山大、因内斯·鲍恩、理查德·奈特和夏洛特·麦克唐纳。安德鲁·迪尔诺和迈克尔·布拉斯特兰是节目制作人，每当我有问题时，安德鲁总是不吝赐教，是我的良师益友。

还有和田·沙阿，他执掌的皇家统计学会为我提供了至关重要的专业指导，是我节目的定海神针。学会的两位大咖丹尼斯·利维斯利和大卫·史匹格哈特在我撰写此书时提供了巨大的帮助。

我长长的感谢名单里还包括戴维·博丹尼斯、保罗·克伦佩雷尔和比尔·利，他们对我的初稿提供了毫无保留的宝贵意见，布鲁诺·朱萨尼还帮我找出初稿中的一个明显错误。在普希金播客公司，我和朱莉娅·巴顿、瑞安·迪利、米娅·洛贝尔和雅各布·韦斯伯格合作愉快。在第十章里，我用到一个播客内容，他们对脚本的改进给我的书增色不少。安德鲁·怀特是我的文字编辑，他一遍又一遍悉心修改，为我的书点石成金，是我功不可没的挚友。

我还要感谢那些我采访、发邮件或参考过文章的学者和作家，他们给我的书助了一臂之力，尤其是安贾娜·阿胡贾、迈克尔·布拉斯特兰、阿尔贝托·开罗、安迪·科特格雷夫、凯特·克劳福德、安德鲁·迪尔诺、安妮·恩伯顿、巴鲁克·费斯科霍夫、沃尔特·弗里德曼、汉娜·弗莱、冯启思、丹·加德纳、安德鲁·盖尔曼、本·戈达克、丽贝卡·戈尔丁、戴维·汉德、丹·卡汉、丹尼尔·卡尼曼、艾琳·马格纳洛、维克多·迈尔·勋伯格、林恩·麦克唐纳、戴维·麦克雷尼、芭芭拉·梅勒斯、埃罗尔·莫里斯、威尔·莫伊、特里·莫里、西尔维亚·纳萨尔、凯西·奥尼尔、奥诺拉·奥尼尔、卡洛琳·佩雷兹、罗伯特·普罗克特、杰森·雷弗勒、亚历克斯·莱因哈特、安娜·罗斯林、朗伦德、马克斯·罗斯尔、汉斯·罗斯林、本杰明·谢比恩、珍妮尔·谢恩、休·斯莫尔、露西·史密斯、菲利普·泰特洛克、爱德华·塔夫特、帕特里克·沃尔夫、戴维·伍顿、弗兰克·韦恩、埃德·扬和杰森·茨威格。

因新冠疫情暴发，我要修改书里的不少内容，感谢布朗出版社的蒂姆·怀廷和尼提亚·雷对我的理解和包容。对于编辑丹·巴拉多和霍莉·哈雷和美国河源图书公司（Riverhead Books）的责任编辑杰克·莫里西来说，这本书也同样是他们劳动的结晶。当然，还要感谢不可或缺的萨莉·霍洛威、佐伊·帕格纳曼塔，以及费利西蒂隽言文化集团（Felicity Bryan Associates）的每一个同事。

同时感谢英国《金融时报》宅心仁厚的编辑，尤其是艾丽丝·菲什伯恩、布鲁克·马斯特斯和亚历克·拉塞尔，没有你们的支持和成全，就没有这本书的出版。我爱《金融时报》，爱你们每一个人。

最后还要感谢我的孩子们——斯泰拉、阿非利加和赫比，谢谢你们出现在我的生命中。而弗兰·蒙克斯，你对我的重要性，我无法用言语表达，那是一本书都写不完的感恩。

注 释

前言

1 Umberto Eco, *Serendipities: Language and Lunacy*, London: Hachette, 2015.
2 Robert Matthews, 'Storks Deliver Babies (p = 0.008)', *Teaching Statistics*, 22(2), June 2000, 36–8, http://dx.doi.org/10.1111/1467-9639.00013. 文科论文喜欢拿数据说事，本来两个事物无关联，但作者观察了二者 20 次事件中发生过 1 次关联，就会记录 P 值为 0.05，遂得出结论：二者有很强的关联性。鹳鸟论文的数据是 p=0.008，即这种事 125 个例子中可以观察到 1 例。数据统计运用到这个程度是统计的悲哀，原因在此不做讨论。
3 Conrad Keating, *Smoking Kills*, Oxford: Signal Books, 2009, p.xv.
4 Science Museum, Sir Austin Bradford Hill, http://broughttolife.sciencemuseum.org.uk/broughttolife/people/austinhill; Peter Armitage, 'Obituary: Sir Austin Bradford Hill, 1897–1991', *Journal of the Royal Statistical Society*, Series A (Statistics in Society), 154(3), 1991, 482–4, www.jstor.org/ stable/2983156
5 Keating, *Smoking Kills*, pp.85–90.
6 Ibid., p.113.
7 John P.A. Ioannidis, 'A fiasco in the making?' *Stat*, 17 March 2020, https:// www.statnews.com/2020/03/17/a-fiasco-in-the-making-as-the-coronavirus-pandemic-takes-hold-we-are-making-decisions-without-reliable-data/
8 Demetri Sevastopulo and Hannah Kuchler, 'Donald Trump's chaotic coronavirus crisis', *Financial Times*, 27 March 2020, https://www.ft.com/content/80aa0b58-7010-11ea-9bca-bf503995cd6f
9 David Card, 'Origins of the Unemployment Rate: The Lasting Legacy of Measurement without Theory', UC Berkeley and NBER Working Paper, February 2011, http://

davidcard.berkeley.edu/papers/origins-of-unemployment.pdf
10. Naomi Oreskes and Eric Conway, *Merchants of Doubt*, London: Bloomsbury, 2010, Chapter 1; and Robert Proctor, *Golden Holocaust*, Berkeley and Los Angeles: University of California Press, 2011.
11. Smoking And Health Proposal, Brown and Williamson internal memo, 1969 https://www.industrydocuments.ucsf.edu/tobacco/docs/#id=psdw0147.
12. Kari Edwards and Edward Smith, 'A Disconfirmation Bias in the Evaluation of Arguments', *Journal of Personality and Social Psychology*, 71(1), 1996, 5–24.
13. Oreskes and Conway, *Merchants of Doubt*.
14. Michael Lewis, 'Has Anyone Seen the President?', Bloomberg, 9 February 2018, https://www.bloomberg.com/opinion/articles/2018-02-09/ has-anyone-seen-the-president.
15. Brendan Nyhan, 'Why Fears of Fake News Are Overhyped', *Medium*, 4 February 2019; and Gillian Tett, 'The Kids Are Alright: The Truth About Fake News', *Financial Times*, 6 February 2019, https://www.ft.com/content/ d8f43574-29a1-11e9-a5ab-ff8ef2b976c7?desktop=true&segmentId=7c8f09b9-9b61-4fbb-9430-9208a9e233c8
16. CQ Quarterly: https://library.cqpress.com/cqalmanac/document. php?id=cqal65-1259268; and Alex Reinhart, 'Huff and Puff', *Significance*, 11 (4), 2014.
17. Andrew Gelman, 'Statistics for Cigarette Sellers', *Chance*, 25(3), 2012; Reinhart, 'Huff and Puff'.
18. *How to Lie with Smoking Statistics* is stored in the Tobacco Industry Documents library. Alex Reinhart pieced together the manuscript and various documents pertaining to the project: Reinhart, 'The History of "How To Lie With Smoking Statistics"', https://www.refsmmat.com/articles/smoking-statistics. html
19. Suzana Herculano-Houzel, 'What is so special about the human brain?', talk at TED.com given in 2013: https://www.ted.com/talks/suzana_herculano_houzel_what_is_so_special_about_the_human_brain/transcript?ga_source=embed&ga_medium=embed&ga_campaign=embedT
20. On Galileo's telescope: https://thonyc.wordpress.com/2012/08/23/ refusing-to-look/; and https://www.wired.com/2008/10/ how-the-telesco/; and https://thekindlyones.org/2010/10/13/ refusing-to-look-through-galileos-telescope/

法则一　不乱于心，不困于情

1. Also known as *Star Wars: Episode V*; screenplay by Leigh Brackett and Lawrence Kasdan.
2. The van Meegeren case is described in John Godley, *The Master Forger*, London: Home and Van Thal, 1951; and *Van Meegeren: A Case History*, London: Nelson, 1967; Noah Charney, *The Art of Forgery: The Minds, Motives and Methods of Master Forgers*, London: Phaidon, 2015; Frank Wynne, *I Was Vermeer*, London: Bloomsbury,

2007; the BBC TV programme *Fake or Fortune* (Series 1, Programme 3, 2011); a series of blog posts by Errol Morris titled 'Bamboozling Ourselves' starting on the *New York Times* website, 20 May 2009; the Boijmans Museum film *Van Meegeren's Fake Vermeers* (2010, available on YouTube at https://www.youtube.com/ watch?v= NnnkuOz08GQ); and particularly Jonathan Lopez, *The Man Who Made Vermeers*, London: Houghton Mifflin, 2009.

3 米格伦是如何供罪的有不同的说法。其中之一是他直接自诩荷兰的维米尔，他说："戈林手上的那幅画不是出自维米尔之手，而是我画的。"原文摘自弗兰克·韦恩的书《我画了维米尔的画》。

4 Ziva Kunda, 'Motivated Inference: Self-Serving Generation and Evaluation of Causal Theories', *Journal of Personality and Social Psychology*, 53(4), 1987, 636–47.

5 Stephen Jay Gould, 'The median isn't the message', *Discover* 6 June 1985, 40–2.

6 This experiment was described on NPR's 'The Hidden Brain' podcast: *You 2.0: The Ostrich Effect*, 6 August 2018, https://www.npr.org/templates/transcript/transcript.php?storyId=636133086.

7 Nachum Sicherman, George Loewenstein, Duane J. Seppi, Stephen P. Utkus, 'Financial Attention', *Review of Financial Studies*, 29(4), 1 April 2016, 863–97, https://doi.org/10.1093/rfs/hhv073.

8 'Viral post about someone's uncle's coronavirus advice is not all it's cracked up to be', *Full Fact,* 5 March 2020, https://fullfact.org/online/coronavirus-claims-symptoms-viral/

9 Guy Mayraz, 'Wishful Thinking', 25 October 2011, http://dx.doi.org/ 10.2139/ssrn.1955644.

10 Linda Babcock and George Loewenstein, 'Explaining Bargaining Impasse: The Role of Self-Serving Biases', *Journal of Economic Perspectives*, 11(1), 1997, 109–26, https://pubs.aeaweb.org/doi/pdfplus/10.1257/jep.11.1.109.

11 A good summary is Dan Kahan's blog post, *What is Motivated Reasoning? How Does It Work?*, http://blogs.discovermagazine.com/intersection/2011/05/05/what-is-motivated-reasoning-how-does-it-work-dan-kahan-answers/#.WN5zJ_nyuUm. An excellent survey is Ziva Kunda, 'The case for motivated reasoning', *Psychological Bulletin*, 108(3), 1990, 480–98, http://dx.doi.org/10.1037/0033-2909.108.3.480.

12 S. C. Kalichman, L. Eaton, C. Cherry, '"There is no proof that HIV causes AIDS": AIDS denialism beliefs among people living with HIV/AIDS', *Journal of Behavioral Medicine*, 33(6), 2010, 432–40, https://doi.org/10.1007/s10865- 010-9275-7; and A. B. Hutchinson, E. B. Begley, P. Sullivan, H. A. Clark, B. C. Boyett, S. E. Kellerman, 'Conspiracy beliefs and trust in information about HIV/AIDS among minority men who have sex with men', *Journal of Acquired Immune Deficiency Syndrome*, 45(5), 15 August 2007, 603–5.

13 Tim Harford, 'Why it's too tempting to believe the Oxford study', *Financial Times,* 27 March 2020, https://www.ft.com/content/14df8908-6f47-11ea-9bca-bf503995cd6f

14 Keith E. Stanovich, Richard F. West and Maggie E. Toplak, 'Myside Bias, Rational

Thinking, and Intelligence', *Current Directions in Psychological Science* 22(4), August 2013, 259–64, https://doi.org/10.1177/0963721413480174

15 Charles S. Taber and Milton Lodge, 'Motivated Skepticism in the Evaluation of Political Beliefs', *American Journal of Political Science*, 50(3), July 2006, 755–69, http://www.jstor.org/stable/3694247

16 Kevin Quealy, 'The More Education Republicans Have, the Less They Tend to Believe in Climate Change', *New York Times*, 14 November 2017, https://www.nytimes.com/interactive/2017/11/14/upshot/climate-change-by-education.html

17 Caitlin Drummond and Baruch Fischhoff, 'Individuals with greater science literacy and education have more polarized beliefs on controversial science topics', *PNAS*, 21 August 2017, http://www.pnas.org/content/early/2017/08/15/1704882114

18 Charles Lord, L. Ross and M. R. Lepper, 'Biased assimilation and attitude polarization: The effects of prior theories on subsequently considered evidence', *Journal of Personality and Social Psychology*, 37(11), 1979, 2098–2109.

19 Nicholas Epley and Thomas Gilovich, 'The Mechanics of Motivated Reasoning', *Journal of Economic Perspectives*, 30(3), 2016, 133–40, https:// pubs.aeaweb.org/doi/pdfplus/10.1257/jep.30.3.133

20 Ari LeVaux, 'Climate change threatens Montana's barley farmers – and possibly your beer', Food and Environment Research Network, 13 December 2017, https://thefern.org/2017/12/ climate-change-threatens-montanas-barley-farmers-possibly-beer/

21 Author correspondence with Kris De Meyer, 27 October 2018.

22 Gordon Pennycook, Ziv Epstein, Mohsen Mosleh, Antonio A. Arechar, Dean Eckles and David G. Rand. 'Understanding and Reducing the Spread of Misinformation Online.' PsyArXiv. 13 November 2019. https://doi.org/10.31234/osf.io/3n9u8; see also Oliver Burkeman, 'How to stop the spread of fake news? Pause for a moment', *Guardian,* 7 February 2020, https://www.theguardian.com/lifeandstyle/2020/feb/07/how-to-stop-spread-of-fake-news-oliver-burkeman

23 G. Pennycook and D. G. Rand, 'Lazy, not biased: Susceptibility to partisan fake news is better explained by lack of reasoning than by motivated reasoning', *Cognition*, 2018, https://doi.org/10.1016/j.cognition.2018.06.011

24 Shane Frederick, 'Cognitive Reflection and Decision Making', *Journal of Economic Perspectives*, 19(4),2005, 25–42, https://doi.org/10.1257/ 089533005775196732

25 Diane Wolf, *Beyond Anne Frank: Hidden Children and Postwar Families in Holland*, Berkeley: University of California Press, 2007, Table 1, citing Raul Hilberg, *The Destruction of the European Jews* (1985).

法则二 对标个人经验

1 Muhammad Yunus interviewed by Steven Covey, http://socialbusinesspedia.com/wiki/

details/248
2 Transport for London, *Travel In London: Report 11*, http://content.tfl.gov.uk/ travel-in-london-report-11.pdf, figure 10.8, p.202.
3 These numbers were revealed in a freedom of information request – https:// www.whatdotheyknow.com/request/journey_demand_and_service_suppl – and they are nicely summarised here: https://www.ianvisits.co.uk/blog/2016/08/05/london-tube-train-capacities/
4 Transport for London, *Travel In London: Report 4*, http://content.tfl.gov.uk/travel-in-london-report-4.pdf, p.5.
5 Author interview with Lauren Sager Weinstein and Dale Campbell of TfL, 9 July 2019.
6 Ipsos MORI, *Perils of Perception 2017*, https://www.ipsos.com/ipsos-mori/ en-uk/perils-perception-2017
7 '"No link between MMR and autism", major study finds', *NHS News*, Tuesday, 5 March 2019, https://www.nhs.uk/news/medication/no-link-between-mmr-and-autism-major-study-finds/
8 'When do children usually show symptoms of autism?', *National Institute of Child Health and Clinical Development*, https://www.nichd.nih.gov/health/topics/autism/conditioninfo/symptoms-appear
9 David McRaney, 'You Are Not So Smart Episode 62: Naïve Realism', https:// youarenotsosmart.com/2015/11/09/yanss-062-why-you-often-believe-people-who-see-the-world-differently-are-wrong/; and Tom Gilovich and Lee Ross, *The Wisest One in the Room*, New York: Free Press, 2016.
10 Ipsos MORI, *Perils of Perception 2017*, https://www.ipsos.com/ipsos-mori/ en-uk/perils-perception-2017
11 David Dranove, Daniel Kessler, Mark McClellan and Mark Satterthwaite, 'Is More Information Better? The Effects of "Report Cards" on Health Care Providers', National Bureau of Economic Research Working Paper 8697 (2002), http://www.nber.org/papers/w8697
12 Charles Goodhart, 'Problems of Monetary Management: The U.K. Experience', in Anthony S. Courakis (ed.), *Inflation, Depression, and Economic Policy in the West*, London: Mansell, 1981, pp.111–46. The original paper was presented at a conference in 1975.
13 Donald T. Campbell, 'Assessing the impact of planned social change', *Evaluation and Program Planning*, 2(1), 1979 – an earlier version was published in 1976 and a conference paper existed in 1974.
14 Abhijit Vinayak Banerjee, Dean S. Karlan and Jonathan Zinman, 'Six randomized evaluations of microcredit: Introduction and further steps', 2015; and Rachel Meager, 'Understanding the average effect of microcredit', https://voxdev.org/topic/methods-measurement/ understanding-average-effect-microcredit

15 Anna Rosling Rönnlund, 'See how the rest of the world lives, organized by income', TED 2017, anna_rosling_ronnlund_see_how_the_rest_of_the_ world_lives_organized_by_income

法则三　看清楚统计的数据是如何定义的

1. Dr Lucy Smith was interviewed by me and my colleague Richard Fenton-Smith for an episode of *More or Less* broadcast on BBC Radio 4 on 8 June 2018, https://www.bbc.co.uk/programmes/p069jd0p. The account here is based on our broadcast interview, on discussions over email, and on a phone interview I conducted with Dr Smith on 12 August 2019. Dr Smith's interviews with people who had lost a baby between twenty and twenty- four weeks of pregnancy are at https://www.healthtalk.org/20-24
2. See Merian F. MacDorman et al, 'International Comparisons of Infant Mortality and Related Factors: United States and Europe, 2010', *National Vital Statistics Reports*, 24 September 2014.
3. Denis Campbell, 'Concern at rising infant mortality rate in England and Wales', *Guardian*, 15 March 2018, https://www.theguardian.com/society/2018/mar/15/concern-at-rising-infant-mortality-rate-in-england-and-wales
4. Peter Davis et al, 'Rising infant mortality rates in England and Wales – we need to understand gestation specific mortality', *BMJ* 361, 8 May 2018, https://doi.org/10.1136/bmj.k1936
5. BBC *More or Less,* 8 April 2020, https://www.bbc.co.uk/programmes/ m000h6cb
6. Author interview with Rebecca Goldin, 12 December 2017.
7. Paul J. C. Adachi and Teena Willoughby, 'The Effect of Video Game Competition and Violence on Aggressive Behavior: Which Characteristic Has the Greatest Influence?', *Psychology of Violence*, 1(4), 2011, 259–74, https://doi.org/10.1037/a0024908
8. 'Immigration post-Brexit', Leave Means Leave research paper, http:// www.leavemeansleave.eu/research/immigration-post-brexit-fair-flexible-forward-thinking-immigration-policy/
9. Jonathan Portes, 'Who Are You Calling Low-Skilled?', *UK in a Changing Europe*, 12 April 2017, https://ukandeu.ac.uk/ who-are-you-calling-low-skilled/
10. Robert Wright, 'Brexit visa changes to hit sectors in need of low-skilled labour', *Financial Times,* 18 February 2020, https://www.ft.com/ content/890e84ce-5268-11ea-90ad-25e377c0ee1f
11. https://www.theguardian.com/society/2018/nov/22/concern-over-rise-in-suicide-attempts-among-young-women
12. NHS Digital, *Mental Health of Children and Young People in England, 2017*, 22 November 2018, https://digital.nhs.uk/data-and-information/publications/ statistical/mental-health-of-children-and-young-people-in-england/2017/2017

13 https://www.nhs.uk/conditions/self-harm/
14 Email correspondence with the NatCen press office, 29 November 2018.
15 Data from official sources such as the Office for National Statistics: https://www.ons.gov.uk/peoplepopulationandcommunity/birthsdeathsandmarriages/deaths/bulletins/suicidesintheunitedkingdom/2017registrations#suicide-patterns-by-age
16 https://www.theguardian.com/business/2014/jan/20/oxfam-85-richest-people-half-of-the-world
17 https://oxfamblogs.org/fp2p/anatomy-of-a-killer-fact-the-worlds-85-richest-people-own-as-much-as-poorest-3-5-billion/; and for the BBC interview with Mr Fuentes see https://www.bbc.com/news/magazine-26613682
18 The underlying data come from the *Global Wealth Report*, which is published each year by Credit Suisse. The 2013 version supplied the data for Oxfam's original 'killer fact' and it is available online here: https://publications.credit-suisse.com/tasks/render/file/?fileID=BCDB1364-A105-0560-1332EC9100FF5C83
19 'Social protection for older persons: Policy trends and statistics 2017–19', International Labour Office, Social Protection Department, Geneva, 2018; available at https://www.ilo.org/wcmsp5/groups/public/---ed_protect/---soc_sec/documents/publication/wcms_645692.pdf
20 For the UK, the Institute for Fiscal Studies *Review of Living Standards, Poverty and Inequality in the UK*. For global top incomes, the *World Inequality Report*. Another good source is *Our World In Data*. More specific references are provided in the notes below.

法则四　欲穷千里目，更上一层楼

1 For more reporting on this issue, listen to the 8 June 2018 episode of *More or Less*, presented by me and researched by my colleagues Richard Fenton-Smith and Richard Vadon: https://www.bbc.co.uk/programmes/p069jd0p
2 Johan Galtung and Mari Holmboe Ruge, 'The structure of foreign news: The presentation of the Congo, Cuba and Cyprus crises in four Norwegian newspapers', *Journal of Peace Research*, 2(1), 1965, 64–90.
3 Max Roser, 'Stop Saying that 2016 Was the Worst Year', *Washington Post*, 29 December 2016, https://www.washingtonpost.com/posteverything/wp/2016/12/29/stop-saying-that-2016-was-the-worst-year/?utm_term=. bad894bad69a; see also NPR's *Planet Money*, 'The Fifty Year Newspaper', 29 December 2017, https://www.npr.org/templates/transcript/transcript.php?storyId=574662798
4 C. P. Morice, J. J. Kennedy, N. A. Rayner and P. D. Jones, 'Quantifying uncertainties in global and regional temperature change using an ensemble of observational estimates: The HadCRUT4 dataset', *Journal of Geophysical Research*, 117(D8), 2012, https://

doi.org/10.1029/2011JD017187, describing data from the Met Office Hadley Centre. The data are charted by and downloadable from 'Our World in Data', https://ourworldindata.org/co2-and-other-greenhouse-gas-emissions. 20 世纪 60 年代到 90 年代，全球气温比 60 年代升高了 0.1°C 左右。到 21 世纪，平均气温升高值是 0.6°C 左右，最近又测得超过 0.7°C，即在过去 50 年里，气温升高值为 0.7~0.8°C。

5 Max Roser, 'The short history of global living conditions and why it matters that we know it', 2018, published online at OurWorldInData.org, retrieved from https://ourworldindata.org/a-history-of-global-living-conditions-in-5-charts; for Child Mortality, Roser cites data from Gapminder and the World Bank.

6 See Figure E4 in the Executive Summary of the 2018 World Inequality Report: https://wir2018.wid.world/files/download/wir2018-summary-english.pdf

7 An excellent source is the Institute for Fiscal Studies review of Living Standards, Poverty and Inequality in the UK. I've used the 2018 edition, the most recent available at the time of writing: https://www.ifs.org.uk/uploads/R145%20for%20web.pdf

8 A good summary article on inequality around the world is on the Our World in Data website, written by Joe Hasell, an authority on the subject: https://ourworldindata.org/income-inequality-since-1990

9 Author calculations, based on Natsal-3, the third National Survey of Sexual Attitudes and Lifestyles: http://timharford.com/2018/09/is-twitter-more-unequal-than-life-sex-or-happiness/

10 Michael Blastland and Andrew Dilnot, *The Tiger That Isn't*, London: Profile Books, 2008.

11 Andrew C. A. Elliott, *Is That a Big Number?*, Oxford: Oxford University Press, 2018.

12 Tali Sharot, 'The Optimism Bias', TED Talk, 2012: https://www.ted.com/talks/tali_sharot_the_optimism_bias/transcript#t-18026

13 Daniel Kahneman, *Thinking, Fast and Slow*, New York: Farrar, Straus and Giroux, 2010.

14 Ross A. Miller & Karen Albert, 'If It Leads, It Bleeds (and If It Bleeds, It Leads): Media Coverage and Fatalities in Militarized Interstate Disputes' *Political Communication* 2015, 32(1), 61–82, https://doi.org/10.1080/10584609.2014.880976; Barbara Combs & Paul Slovic, 'Newspaper Coverage of Causes of Death', *Journalism Quarterly*, 56(4), 837–43, 849.

15 https://www.cdc.gov/tobacco/data_statistics/fact_sheets/fast_facts/ – there are 1300 deaths a day from smoking-related diseases, about 40,000 a month; almost 3000 people were killed by the 11 September attacks.

16 https://www.ted.com/talks/the_ted_interview_steven_pinker_on_why_our_pessimism_about_the_world_is_wrong/transcript?language=en

17 Steven Pinker mentions in the endnotes of *Enlightenment Now* (New York: Penguin, 2018),that this correspondence took place in 1982.

18 Quoted in the *Guardian*, 12 May 2015, https://www.theguardian.com/society/2015/

may/12/stroke-association-warns-of-alarming-rise-in-number-of-victims; see also *More or Less*, 17 May 2015, with the analysis of this claim: https://www.bbc.co.uk/programmes/b05tpz78

19　Oxfam press release, 22 September 2016, http://oxfamapps.org/media/ ppdwr

20　A useful survey of various relevant graphs is Max Roser and Mohamed Nagdy, 'Optimism & Pessimism', 2018, published online at OurWorldInData.org, retrieved from https://ourworldindata.org/optimism-pessimism–particularly Section I.1 with graphs from Eurobarometer and Ipsos MORI.

21　Martyn Lewis, 'Not My Idea of Good News', *Independent*, 26 April 1993, https://www.independent.co.uk/voices/not-my-idea-of-good-news-at-the-end-of-a-week-of-horrifying-events-martyn-lewis-bbc-presenter-argues-1457539.html

22　Max Roser, https://ourworldindata.org/a-history-of-global-living-conditions-in-5-charts – underlying data from the World Bank and from F. Bourguignon and C. Morrisson, 'Inequality Among World Citizens: 1820–1992', *American Economic Review*, 92(4), 2002, 727–48. 1993 年，19.4 亿人生活在极度贫困中；到 2015 年，这个数字已经下降至 7 亿（准确为 7.0555 亿）。平均到每一天，就是大概每天有 153600 人脱贫。

23　Samantha Vanderslott, Bernadeta Dadonaite and Max Roser, ' Vaccination', 2020. Published online at OurWorldInData.org. Retrieved from: https://ourworldindata.org/vaccination

24　Anna Rosling Rönnlund, Hans Rosling and Ola Rosling, *Factfulness*, London: Sceptre, 2018.

25　Gillian Tett, 'Silos and Silences', *Banque de France Financial Stability Review* No. 14 – Derivatives – Financial innovation and stability, July 2010, https://core.ac.uk/download/pdf/6612179.pdf

26　Rolf Dobelli, 'News is bad for you – and giving up reading it will make you happier', *Guardian*, 12 April 2013, https://www.theguardian.com/media/2013/apr/12/news-is-bad-rolf-dobelli

27　Nassim Nicholas Taleb, *The Bed of Procrustes,* London: Penguin Books, 2010.

28　Bill Hanage, Mark Lipsitch, 'How to Report on the COVID-19 Outbreak Responsibly', *Scientific American,* 23 February 2020, https://blogs.scientificamerican.com/observations/ how-to-report-on-the-covid-19-outbreak-responsibly/

法则五　看看硬币的另一面

1　Sheena Iyengar and Mark Lepper, 'When Choice is Demotivating: Can One Desire Too Much of a Good Thing?', *Journal of Personality and Social Psychology*, 79, 2000.

2　Author interview with Benjamin Scheibehenne, October 2009. (I'd like to claim I was

ahead of the curve on this one.)
3   B. Scheibehenne, R. Greifeneder and P. M. Todd, 'Can There Ever Be Too Many Options? A Meta-Analytic Review of Choice Overload', *Journal of Consumer Research*, 37, 2010, 409–25, http://scheibehenne.de/ScheibehenneGreifenederTodd 2010.pdf
4   'Ten Kickstarter Products that Raised the Most Money': https://www.marketwatch.com/story/10-kickstarter-products-that-raised-the-most-money-2017-06-22-10883052
5   The story is well told in Jordan Ellenberg's book *How Not to Be Wrong* (New York: Penguin Press, 2014), with the relevant extract here: https://medium.com/@penguinpress/an-excerpt-from-how-not-to-be-wrong-by-jordan-ellenberg-664e708cfc3d
6   A technical summary (along with some grumbling about how the story has been exaggerated) is in Bill Casselman, 'The Legend of Abraham Wald', American Mathematical Society, http://www.ams.org/publicoutreach/feature-column/fc-2016-06
7   An excellent account of the controversy is Daniel Engber, 'Daryl Bem Proved ESP Is Real Which Means Science Is Broken', *Slate*, 17 May 2017, https://slate.com/health-and-science/2017/06/daryl-bem-proved-esp-is-real-showed-science-is-broken.html
8   Chris French, 'Precognition studies and the curse of the failed replications', *Guardian*, 15 March 2012, https://www.theguardian.com/science/2012/mar/15/precognition-studies-curse-failed-replications
9   Nosek was speaking to the *Planet Money* podcast, episode 677: https://www.npr.org/sections/money/2018/03/07/591213302/episode-677-the-experiment-experiment
10 Brian Nosek has given useful interviews to several podcasts, including *You Are Not So Smart* (episode 100), https://youarenotsosmart.com/2017/07/19/yanss-100-the-replication-crisis/; *Planet Money* (episode 677), https:// www.npr.org/sections/money/2018/03/07/591213302/episode-677-the-experiment-experiment; *EconTalk* (16 November 2015), http://www. econtalk.org/brian-nosek-on-the-reproducibility-project/; *The Hidden Brain* (episode 32), https://www.npr.org/templates/transcript/transcript.php?storyId=477921050; as well as BBC *Analysis*, 'The Replication Crisis', 12 November 2018, https://www.bbc.co.uk/programmes/m00013p9
11 39 这个数字是做复制实验的研究人员给的结论。但是 39 个复制成功的实验就一定能背书原实验结果的正确性吗？读者可以自己判断一下。要验证复制实验是否可靠，一种方法是看复制实验的数据是否到达"统计意义"。可惜的是，相较原实验 97 例，复制实验只有 36 例达到具有统计数据意义标准。See 'Estimating the reproducibility of psychological science' by the Open Science Collaboration, published in *Science*, 28 August 2015, 349(6251), https://doi.org/10.1126/ science. aac4716.
12 Brief film on YouTube here: https://www.youtube.com/ watch?v=n1SJ-Tn3bcQ
13 *Planet Money*, episode 677: https://www.npr.org/sections/ money/2018/03/07/591213302/episode-677-the-experiment-experiment
14 F. J. Anscombe, 'Fixed-Sample-Size Analysis of Sequential Observations', *Biometrics*,

10(1), 1954, 89–100, www.jstor.org/stable/3001665; and Andrew Gelman, *Statistical Inference, Modelling and Social Science*, blog post 2 May 2018, https://statmodeling.stat.columbia.edu/2018/05/02/continuously-increased-number-animals-statistical-significance-reached-support-conclusions-think-not-bad-actually/

15 David J. Hand, *Dark Data*, Princeton: Princeton University Press, 2020.
16 Andrew Gelman and Eric Loken, 'The garden of forking paths: Why multiple comparisons can be a problem, even when there is no "fishing expedition" or "p-hacking" and the research hypothesis was posited ahead of time', working paper, 14 November 2013, http://www.stat.columbia. edu/~gelman/research/unpublished/p_hacking.pdf
17 J. P. Simmons, L. D. Nelson & U. Simonsohn, 'False-Positive Psychology: Undisclosed Flexibility in Data Collection and Analysis Allows Presenting Anything as Significant', *Psychological Science*, 22(11), 2011, 1359–66, https:// doi.org/10.1177/0956797611417632
18 Kai Kupferschmidt, 'More and more scientists are preregistering their studies. Should you?', *Science*, 21 September 2018.
19 Anjana Ahuja, 'Scientists strike back against statistical tyranny', *Financial Times*, 27 March 2019, https://www.ft.com/ content/36f9374c-5075-11e9-8f44-fe4a86c48b33
20 Darrell Huff, *How to Lie with Statistics*, New York: W. W. Norton, 1993, p.40.
21 John Ioannidis, 'Why Most Published Research Findings Are False', *PLoS Medicine*, 2(8), August 2005, e124, https://doi.org/10.1371/journal. pmed.0020124
22 R. F. Baumeister, E. Bratslavsky, M. Muraven and D. M. Tice, 'Ego depletion: Is the active self a limited resource?', *Journal of Personality and Social Psychology*, 74(5), 1998, 1252–65, http://dx.doi.org/10.1037/0022-3514.74.5.1252; and 'The End of Ego Depletion Theory?', *Neuroskeptic* blog, 31 July 2016, http://blogs.discovermagazine.com/neuroskeptic/2016/07/31/end-of-ego-depletion/#.XGGyflz7SUk
23 Amy Cuddy, 'Your Body Language May Shape Who You Are', TED Talk, 2012, https://www.ted.com/talks/amy_cuddy_your_body_language_shapes_who_you_are/transcript?language=en
24 Kahneman, *Thinking, Fast and Slow*, pp.53–7.
25 Ed Yong, 'Nobel laureate challenges psychologists to clean up their act', *Nature News*, 3 October 2012, https://www.nature.com/news/nobel-laureate-challenges-psychologists-to-clean-up-their-act-1.11535
26 Ben Goldacre, 'Backwards Step on Looking into the Future', *Guardian*, 23 April 2011, https://www.theguardian.com/commentisfree/2011/apr/23/ben-goldacre-bad-science
27 Robin Wrigglesworth, 'How a herd of cows trampled on human stockpickers', *Financial Times*, 21 January 2020, https://www.ft.com/content/563d61dc-3b70-11ea-a01a-bae547046735?
28 Burton Malkiel, 'Returns from Investing in Equity Funds', working paper, Princeton University, 1994.

29 Eric Balchunas, 'How the Vanguard Effect adds up to $1 trillion', Bloomberg.com, 30 August 2016, https://www.bloomberg.com/opinion/ articles/2016-08-30/how-much-has-vanguard-saved-investors-try-1-trillion
30 For an accessible overview, see Ben Goldacre, 'What doctors don't know about the drugs they prescribe', TED Talk, 2012, https://www.ted.com/talks/ben_goldacre_what_ doctors_don_t_know_about_the_drugs_they_prescribe/ footnotes?language=en
31 Erick Turner et al, 'Selective Publication of Antidepressant Trials and Its Influence on Apparent Efficacy', *New England Journal of Medicine*, 17 January 2008, https://www.nejm.org/doi/full/10.1056/NEJMsa065779
32 Ben Goldacre, 'Transparency, Beyond Publication Bias', talk given to the International Journal of Epidemiology Conference, 2016; available at https://www.badscience.net/2016/10/transparency-beyond-publication-bias-a-video-of-my-super-speedy-talk-at-ije/
33 Ben Goldacre, Henry Drysdale, Aaron Dale, Ioan Milosevic, Eirion Slade, Philip Hartley, Cicely Marston, Anna Powell-Smith, Carl Heneghan and Kamal R. Mahtani, 'COMPare: a prospective cohort study correcting and monitoring 58 misreported trials in real time', *Trials*, 20(118), 2019, https:// doi.org/10.1186/s13063-019-3173-2.
34 Goldacre, 'Transparency, Beyond Publication Bias' , https://www. badscience.net/2016/10/transparency-beyond-publication-bias-a-video-of-my-super-speedy-talk-at-ije/
35 Amy Sippett, 'Does the Backfire Effect exist?', *Full Fact*, 20 March 2019, https://fullfact.org/blog/2019/mar/does-backfire-effect-exist/; Brendan Nyhan tweet, 20 March 2019, https://twitter.com/BrendanNyhan/ status/1108377656414879744
36 Author interview with Richard Thaler, 17 July 2019.
37 BBC *Analysis*, 'The Replication Crisis', 12 November 2018, https://www. bbc.co.uk/programmes/m00013p9
38 Antonio Granado, 'Slaves to journals, serfs to the web: The use of the internet in newsgathering among European science journalists', *Journalism*, 12(7), 2011, 794–813.
39 A. L. Cochrane, 'Sickness in Salonica: My first, worst, and most successful clinical trial', *British Medical Journal (Clin Res Ed)*, 289(6460), 1984, 1726–7, https://doi.org/10.1136/bmj.289.6460.1726
40 'A Brief History of Cochrane', https://community.cochrane.org/handbook-sri/chapter-1-introduction/11-cochrane/112-brief-history-cochrane
41 https://www.webmd.com/urinary-incontinence-oab/news/20180522/yoga-may-be-right-move-versus-urinary-incontinence#1
42 https://www.dailymail.co.uk/health/article-2626209/Could-yoga-cure-INCONTINENCE-Exercise-strengthens-pelvic-floor-muscles-reducing-leakage.html
43 https://www.hcd.com/incontinence/yoga-incontinence/
44 https://www.ncbi.nlm.nih.gov/pmc/articles/PMC4310548/

45 L. S. Wieland, N. Shrestha, Z. S. Lassi, S. Panda, D. Chiaramonte and N. Skoetz, 'Yoga for treating urinary incontinence in women', *Cochrane Database of Systematic Reviews 2019*, 2, Art. No.: CD012668, https://doi. org/10.1002/14651858.CD012668. pub2.

法则六　查看统计样本是否覆盖全面

1 R. Bond and P. B. Smith, 'Culture and conformity: A meta-analysis of studies using Asch's (1952b, 1956) line judgment task', *Psychological Bulletin*, 119(1), 1996, 111–37, http://dx.doi.org/10.1037/0033-2909.119.1.111
2 Tim Harford, 'The Truth About Our Norm-Core', *Financial Times*, 12 June 2015, http://timharford.com/2015/06/the-truth-about-our-norm-core/
3 Bond and Smith, 'Culture and conformity'; and Natalie Frier, Colin Fisher, Cindy Firman and Zachary Bigaouette, 'The Effects of Group Conformity Based on Sex', 2016, Celebrating Scholarship & Creativity Day, Paper 83, http://digitalcommons.csbsju.edu/elce_cscday/83
4 Tim Harford, 'Trump, Brexit and How Politics Loses the Capacity to Shock', *Financial Times*, 16 November 2018, https://www.ft.com/content/ b730c95c-e82e-11e8-8a85-04b8afea6ea3
5 Caroline Criado Perez, *Invisible Women*, London: Chatto and Windus, 2019; the interview was broadcast on BBC Radio 4 on 17 May 2019 and is available on the *More or Less* website: https://www.bbc.co.uk/programmes/ m00050rd
6 Peter Hofland, 'Reversal of Fortune', *Onco'Zine*, 30 November 2013, https://oncozine.com/reversal-of-fortune-how-a-vilified-drug-became-a-life-saving-agent-in-the-war-against-cancer/
7 R. Dmitrovic, A. R. Kunselman, R. S. Legro, 'Sildenafil citrate in the treatment of pain in primary dysmenorrhea: a randomized controlled trial', *Human Reproduction*, 28(11), November 2013, 2958–65, https://doi. org/10.1093/humrep/det324
8 BBC *More or Less*, 31 March 2020, https://www.bbc.co.uk/sounds/play/m000h7st
9 Mayra Buvinic and Ruth Levine, 'Closing the gender data gap', *Significance*, 8 April 2016, https://doi.org/10.1111/j.1740-9713.2016.00899.x; and Charlotte McDonald, 'Is There a Sexist Data Crisis?', BBC News, 18 May 2016, https://www.bbc.co.uk/news/ magazine-36314061
10 Shelly Lundberg, Robert Pollak and Terence J. Wales, 'Do Husbands and Wives Pool Their Resources? Evidence from the United Kingdom Child Benefit', 32(3), 1997, 463–80, https://econpapers.repec.org/article/uwpjhriss/v_3a32_3ay_3a1997_3ai_3a3_3ap_3a463-480.htm
11 Buvinic and Levine, 'Closing the gender data gap', https://doi. org/10.1111/j.1740-9713.2016.00899.x

12 Suzannah Brecknell, 'Interview: Full Fact's Will Moy on lobbyist "nonsense", official corrections and why we know more about golf than crime stats', *Civil Service World*, 5 May 2016, https:// www.civilserviceworld.com/articles/interview/interview-full-fact%E2%80%99s-will-moy-lobbyist-%E2%80%9Cnonsense%E2%80%9D-official-corrections-and-why

13 Maurice C. Bryson, 'The Literary Digest Poll: Making of a Statistical Myth', *American Statistician*, 30(4), 1976, 184–5, https://doi.org/ 10.1080/00031305.1976.10479173; and Peverill Squire, 'Why the 1936 Literary Digest Poll Failed', *Public Opinion Quarterly*, 52(1), 1988, 125–33, www.jstor.org/stable/2749114

14 P. Whiteley, 'Why Did the Polls Get It Wrong in the 2015 General Election? Evaluating the Inquiry into Pre-Election Polls', *Political Quarterly*, 87, 2016, 437–42, https://doi.org/10.1111/1467-923X.12274

15 John Curtice, 'Revealed: Why the Polls Got It So Wrong in the British General Election', *The Conversation*, 14 January 2016, https:// theconversation.com/revealed-why-the-polls-got-it-so-wrong-in-the-british-general-election-53138

16 Nate Cohn, 'A 2016 Review: Why Key State Polls Were Wrong About Trump', *New York Times*, 31 May 2017, https://www.nytimes. com/2017/05/31/upshot/a-2016-review-why-key-state-polls-were-wrong-about-trump.html; and Andrew Mercer, Claudia Deane and Kyley McGeeney, 'Why 2016 election polls missed their mark', Pew Research Fact Tank blog, 9 November 2015, http://www.pewresearch.org/fact-tank/2016/11/09/why-2016-election-polls-missed-their-mark/

17 https://www.ons.gov.uk/peoplepopulationandcommunity/populationandmigration/populationestimates/methodologies/2011censusstatisticsforenglandandwalesmarch2011qmi

18 Author interview with Viktor Mayer-Schönberger, March 2014.

19 Pew Research Center Social Media Factsheet, research conducted January 2018, https://www.pewinternet.org/fact-sheet/social-media/

20 Kate Crawford, 'The Hidden Biases in Big Data', *Harvard Business Review*, 1 April 2013, https://hbr.org/2013/04/the-hidden-biases-in-big-data

21 Leon Kelion, 'Coronavirus: Covid-19 detecting apps face teething problems', *BBC News*, 8 April 2020, https://www.bbc.co.uk/news/ technology-52215290

22 Kate Crawford, 'Artificial Intelligence's White Guy Problem', *New York Times*, 25 June 2016, https://www.nytimes.com/2016/06/26/opinion/ sunday/artificial-intelligences-white-guy-problem.html

法则七　要求用算法统计透明

1 Jeremy Ginsberg, Matthew H. Mohebbi, Rajan S. Patel, Lynnette Brammer, Mark S. Smolinski, Larry Brilliant, 'Detecting influenza epidemics using search engine

query data', *Nature*, 457 (7232), 19 February 2009, 1012-14, https://doi.org/10.1038/nature07634
2. Parts of this chapter are closely based on my *Financial Times* magazine article 'Big Data: Are We Making a Big Mistake?' (*FT*, 28 March 2014, https://www.ft.com/content/21a6e7d8-b479-11e3-a09a-00144feabdc0). I interviewed David Hand, Kaiser Fung, Viktor Mayer-Schönberger, David Spiegelhalter and Patrick Wolfe in early 2014 for the piece.
3. David Lazer and Ryan Kennedy, 'What We Can Learn from the Epic Failure of Google Flu Trends', *Wired*, https://www.wired.com/2015/10/can-learn-epic-failure-google-flu-trends/; and Declan Butler, 'What Google Flu Got Wrong', *Nature*, https://www.nature.com/news/when-google-got-flu-wrong-1.12413
4. https://www.google.org/flutrends/about/
5. D. Lazer, R. Kennedy, G. King and A. Vespignani, 'The Parable of Google Flu: Traps in Big Data Analysis', *Science* 343(6176), March 2014, 1203-5.
6. S. Cook, C. Conrad, A. L. Fowlkes, M. H. Mohebbi, 'Assessing Google Flu Trends Performance in the United States during the 2009 Influenza Virus A (H1N1) Pandemic', *PLoS ONE* 6(8), 2011, e23610, https://doi.org/10.1371/journal.pone.0023610
7. Janelle Shane, *You Look Like a Thing and I Love You*, New York: Little, Brown, 2019.
8. For comprehensive reporting of this affair, see the *Observer/ Guardian* website: https://www.theguardian.com/news/series/cambridge-analytica-files
9. Charles Duhigg, 'How Companies Learn Your Secrets', *New York Times* magazine, 19 February 2012, https://www.nytimes.com/2012/02/19/magazine/shopping-habits.html
10. Hannah Fry, *Hello World: Being Human in ihe Age of Computers*, London: W. W. Norton, 2018.
11. Cathy O'Neil, *Weapons of Math Destruction*, London: Allen Lane, 2016.
12. *Freakonomics* radio episode 268: Bad Medicine Pt 1, 16 August 2017, http://freakonomics.com/podcast/bad-medicine-part-1-story-rebroadcast/
13. P. A. Mackowiak, S. S. Wasserman, M. M. Levine, 'A Critical Appraisal of 98.6 °F, the Upper Limit of the Normal Body Temperature, and Other Legacies of Carl Reinhold August Wunderlich', *JAMA*, 268(12), 1992, 1578-80, https://doi.org/10.1001/jama.1992.03490120092034
14. Jeffrey Dastin, 'Amazon scraps secret AI recruiting tool that showed bias against women', Reuters, 10 October 2018, https://www.reuters.com/article/us-amazon-com-jobs-automation-insight/amazon-scraps-secret-ai-recruiting-tool-that-showed-bias-against-women-idUSKCN1MK08G
15. Gerd Gigerenzer and Stephanie Kurzenhaeuser, 'Fast and frugal heuristics in medical decision making', *Science and Medicine in Dialogue: Thinking through particulars and universals*, 2005, 3-15.
16. Paul Meehl, *Clinical vs. Statistical Prediction*, Minneapolis: University of Minnesota Press, 1954.

17 Fry, *Hello World*.
18 Mandeep K. Dhami and Peter Ayton, 'Bailing and jailing the fast and frugal way', *Journal of Behavioral Decision Making*, 14(2), 2001, https://doi.org/10.1002/bdm.371
19 Jon Kleinberg, Himabindu Lakkaraju, Jure Leskovec, Jens Ludwig, Sendhil Mullainathan, 'Human Decisions and Machine Predictions', *Quarterly Journal of Economics*, 133(1), February 2018, 237–93, https://doi.org/10.1093/qje/qjx032; see also Cass R. Sunstein, 'Algorithms, Correcting Biases', working paper, 12 December 2018.
20 David Jackson and Gary Marx, 'Data mining program designed to predict child abuse proves unreliable, DCFS says', *Chicago Tribune*, 6 December 2017; and Dan Hurley, 'Can an Algorithm Tell When Kids Are in Danger?', *New York Times* magazine, 2 January 2018, https://www.nytimes.com/2018/01/02/magazine/can-an-algorithm-tell-when-kids-are-in-danger.html
21 Hurley, 'Can an Algorithm Tell When Kids Are in Danger?'
22 Andrew Gelman, 'Flaws in stupid horrible algorithm revealed because it made numerical predictions', *Statistical Modeling, Causal Inference, and Social Science* blog, 3 July 2018, https://statmodeling.stat.columbia.edu/2018/07/03/flaws-stupid-horrible-algorithm-revealed-made-numerical-predictions/
23 Sabine Hossenfelder, 'Blaise Pascal, Florin Périer, and the Puy de Dôme experiment', http://backreaction.blogspot.com/2007/11/blaise-pascal-florin-p-and-puy-de-d.html; and David Wootton, *The Invention of Science: A New History of the Scientific Revolution*, London: Allen Lane, 2015, Chapter 8.
24 See, for example, Louis Trenchard More, 'Boyle as Alchemist', *Journal of the History of Ideas*, 2(1), January 1941, 61–76; and 'The Strange, Secret History of Isaac Newton's Papers', a Q&A with Sarah Dry, https://www.wired.com/2014/05/newton-papers-q-and-a/
25 Wootton, *The Invention of Science*, p.340.
26 James Burke, *Connections*, Boston: Little, Brown, 1978; reprint with new introduction 1995, p.74.
27 Wootton, *The Invention of Science*, p.357.
28 https://www.propublica.org/article/how-we-analyzed-the-compas-recidivism-algorithm
29 Sam Corbett-Davies, Emma Pierson, Avi Feller, Sharad Goel, Aziz Huq, 'Algorithmic decision making and the cost of fairness', arXiv:1701.08230; and Sam Corbett-Davies, Emma Pierson, Avi Feller and Sharad Goel, 'A computer program used for bail and sentencing decisions was labeled biased against blacks. It's actually not that clear', *Washington Post*, 17 October 2016, https://www.washingtonpost.com/news/monkey-cage/wp/2016/10/17/can-an-algorithm-be-racist-our-analysis-is-more-cautious-than-propublicas/
30 Ed Yong, 'A Popular Algorithm Is No Better at Predicting Crimes than Random

People', *The Atlantic*, 17 January 2018, https://www.theatlantic.com/technology/archive/2018/01/equivant-compas-algorithm/550646/
31 Ibid.
32 Julia Dressel and Hany Farid, 'The Accuracy, Fairness and Limits of Predicting Recidivism', *Science Advances 2018*, http://advances.sciencemag.org/content/4/1/eaao5580
33 Onora O'Neill's Reith Lectures on Trust (http://www.bbc.co.uk/radio4/reith2002/) and her TED talk (https://www.ted.com/speakers/onora_o_neill) are both well worth listening to. Themes of intelligent openness are explored in depth in the Royal Society report 'Science as an Open Enterprise', 2012, of which O'Neill was an author. In his book *The Art of Statistics* (London: Penguin, 2019), David Spiegelhalter shows how O'Neill's principles can be applied to evaluating algorithms.
34 Email interview with Cathy O'Neil, 29 August 2019.
35 Jack Nicas, 'How YouTube Drives Viewers to the Internet's Darkest Corners', *Wall Street Journal*, 7 February 2018, https://www.wsj.com/articles/how-youtube-drives-viewers-to-the-internets-darkest-corners-1518020478; and Zeynep Tufekci, 'YouTube, the Great Radicalizer', *New York Times*, 10 March 2018, https://www.nytimes.com/2018/03/10/opinion/sunday/youtube-politics-radical.html. But see in contrast Mark Ledwich and Anna Zaitsev, 'Algorithmic Extremism: Examining YouTube's Rabbit Hole of Radicalization', https://arxiv.org/abs/1912.11211
36 Ryan Singal, 'Netflix spilled your Brokeback Mountain secret, Lawsuit Claims', *Wired*, 17 December 2009, https://www.wired.com/2009/12/netflix-privacy-lawsuit/; and Blake Hallinan and Ted Striphas, 'Recommended for you: The Netflix Prize and the production of algorithmic culture', *New Media and Society*, 2016, https://journals.sagepub.com/doi/pdf/10.1177/1461444814538646

法则八　统计数据来之不易

1 This is a translation of a Danish TV interview, discussed here: https://www.thelocal.se/20150905/hans-rosling-you-cant-trust-the-media
2 Laura Smith, 'In 1974, a stripper known as the "Tidal Basin Bombshell" took down the most powerful man in Washington', *Timeline*, 18 September 2017, https://timeline.com/wilbur-mills-tidal-basin-3c29a8b47ad1; Stephen Green and Margot Hornblower, 'Mills Admits Being Present During Tidal Basin Scuffle', *Washington Post*, 11 October 1974.
3 'The Stripper and the Congressman: Fanne Foxe's Story', The Rialto Report Podcast, Episode 82, https://www.therialtoreport.com/2018/07/15/fanne-foxe/
4 Alice M. Rivlin, 'The 40th Anniversary of the Congressional Budget Office', *Brookings: On the Record*, 2 March 2015, https://www.brookings.edu/on-the-record/

40th-anniversary-of-the-congressional-budget-office/
5. Philip Joyce, 'The Congressional Budget Office at Middle Age', *Hutchins Center at Brookings*, Working Paper #9, 17 February 2015.
6. Quoted in Nancy D. Kates, *Starting from Scratch: Alice Rivlin and the Congressional Budget Office*, Cambridge: John F. Kennedy School of Government, Harvard University, 1989.
7. Elaine Povich, 'Alice Rivlin, budget maestro who "helped save Washington" in fiscal crisis, dies at 88', *Washington Post*, 14 May 2019, https://www.washingtonpost.com/local/obituaries/alice-rivlin-budget-maestro-who-helped-save-washington-in-fiscal-crisis-dies-at-88/2019/05/14/c141c996-0ff9-11e7-ab07-07d9f521f6b5_story.html
8. Andrew Prokop, 'The Congressional Budget Office, explained', Vox, 26 June 2017, https://www.vox.com/policy-and-politics/2017/3/13/14860856/ congressional-budget-office-cbo-explained
9. John Frendreis and Raymond Tatalovich, 'Accuracy and Bias in Macroeconomic Forecasting by the Administration, the CBO, and the Federal Reserve Board', *Polity* 32(4), 2000, 623–32, accessed 17 January 2020, https://doi.org/10.2307/3235295; Holly Battelle, *CBO's Economic Forecasting Record*, Washington DC: Congressional Budget Office, 2010; Committee for a Responsible Federal Budget, 'Hindsight is 2020: A look back at CBO's economic forecasting', January 2013, https://www.crfb.org/ blogs/hindsight-2020-look-back-cbos-economic-forecasting
10. *Forecast Evaluation Report 2019*, Office for Budget Responsibility, December 2019, https://obr.uk/docs/dlm_uploads/ Forecast_evaluation_report_December_2019-1.pdf
11. Malcolm Bull, 'Can the Poor Think?', *London Review of Books*, 41(13), 4 July 2019.
12. Bourree Lam, 'After a Good Jobs Report, Trump Now Believes Economic Data', *The Atlantic*, 10 March 2017, https://www.theatlantic.com/business/ archive/2017/03/trump-spicer-jobs-report/519273/
13. Esther King, 'Germany records lowest crime rate since 1992', *Politico*, 8 May 2017, https://www.politico.eu/article/germany-crime-rate-lowest-since-1992/
14. For discussion and the full Trump tweets, see Matthew Yglesias, 'Trump just tweeted that "crime in Germany is way up." It's actually at its lowest level since 1992', Vox, 18 June 2018; and Christopher F. Schuetze and Michael Wolgelenter, 'Fact Check: Trump's False and Misleading Claims about Germany's Crime and Immigration', *New York Times*, 18 June 2018.
15. Diane Coyle, *GDP: A Brief But Affectionate History*, Oxford: Princeton University Press, 2014, pp.3–4.
16. 'Report on Greek government deficit and debt statistics', European Commission, 8 January 2010.
17. Beat Balzli, 'Greek Debt Crisis: How Goldman Sachs Helped Greece to Mask its True Debt', *Der Spiegel*, 8 February 2010, https://www.spiegel.de/international/europe/greek-debt-crisis-how-goldman-sachs-helped-greece-to-mask-its-true-debt-a-676634.

html
18 The International Statistical Institute has a chronological account of the sorry tale – last updated by G. O'Hanlon and H. Snorrason, July 2018: https://isi-web.org/images/news/2018-07_Court-proceedings-against-Andreas-Georgiou.pdf
19 'Commendation of Andreas Georgiou' – Press Release: International Statistical Association, 18 September 2018, https://www.isi-web.org/images/2018/Press%20release%20Commendation%20for%20Andreas%20 Georgiou%20Aug%202018.pdf
20 R. Langkjær-Bain, 'Trials of a statistician', *Significance*, 14, 2017, 14–19, https://doi.org/10.1111/j.1740-9713.2017.01052.x; 'An Augean Stable', *The Economist*, 13 February 2016, https://www.economist.com/the-americas/2016/02/13/an-augean-stable; 'The Price of Cooking the Books', *The Economist*, 25 February 2012, https://www.economist.com/the-americas/2012/02/25/the-price-of-cooking-the-books
21 Langkjær-Bain, 'Trials of a statistician'.
22 Author interview with Denise Lievesley, 2 July 2018.
23 'Tanzania law punishing critics of statistics "deeply concerning": World Bank', Reuters, 3 October 2018, https://www.reuters.com/article/us-tanzania-worldbank/tanzania-law-punishing-critics-of-statistics-deeply-concerning-world-bank-idUSKCN-1MD17P
24 Amy Kamzin, 'Dodgy data makes it hard to judge Modi's job promises', *Financial Times*, 8 October 2018, https://www.ft.com/content/1a008ebe-cad4-11e8-9fe5-24ad351828ab
25 Steven Chase and Tavia Grant, 'Statistics Canada chief falls on sword over census', *Globe and Mail*, 21 July 2010, https://www.theglobeandmail.com/news/politics/statistics-canada-chief-falls-on-sword-over-census/article1320915/
26 Langkjær-Bain, 'Trials of a statistician'.
27 Nicole Acevedo, 'Puerto Rico faces lawsuits over hurricane death count data', NBC News, 1 June 2018; and Joshua Barajas, 'Hurricane Maria's official death toll is 46 times higher than it was almost a year ago. Here's why', PBS Newshour, 30 August 2018, https://www.pbs.org/newshour/nation/hurricane-marias-official-death-toll-is-46-times-higher-than-it-was-almost-a-year-ago-heres-why
28 '2011 Census Benefits Evaluation Report', https://www.ons.gov.uk/census/ 2011census/2011censusbenefits/2011censusbenefitsevaluationreport #unquantified-benefits; Ian Cope, 'The Value of Census Statistics', https:// www.ukdataservice.ac.uk/media/455474/cope.pdf
29 Carl Bakker, *Valuing the Census*, 2014, https://www.stats.govt.nz/assets/ Research/Valuing-the-Census/valuing-the-census.pdf
30 Mónica I. Feliú-Mójer, 'Why Is Puerto Rico Dismantling Its Institute of Statistics?', *Scientific American: Voices*, 1 February 2018.
31 https://www.cbo.gov/publication/54965
32 Ellen Hughes-Cromwick and Julia Coronado, 'The Value of US Government Data

to US Business Decisions', *Journal of Economic Perspectives*, 33(1), 2019, 131–46, https://doi.org/10.1257/jep.33.1.131.
33 Milton and Rose Friedman, *Two Lucky People* (1998), quoted in Neil Monnery, 'Hong Kong's postwar transformation shows how fewer data can sometimes boost growth', https://blogs.lse.ac.uk/businessreview/2017/06/30/hong-kongs-postwar-transformation-shows-how-fewer-data-can-sometimes-boost-growth/
34 James C. Scott, *Seeing Like a State: How Certain Schemes to Improve the Human Condition Have Failed*, New Haven: Yale University Press, 1998.
35 Adam Tooze, *Statistics and the German State, 1900-1945*, Cambridge: Cambridge University Press, 2001, p.257.
36 Author interview with Denise Lievesley, 11 March 2019.
37 Hetan Shah, 'How to save statistics from the threat of populism', *Financial Times*, 21 October 2018, https://www.ft.com/content/ca491f18-d383-11e8-9a3c-5d5eac8f1ab4
38 Nicholas Eberstadt, Ryan Nunn, Diane Whitmore Schanzenbach, Michael R. Strain, '"In Order That They Might Rest Their Arguments on Facts": The Vital Role of Government-Collected Data', AEI/Hamilton Project report, March 2017.
39 For more on the Rayner Review, see G. Hoinville and T. M. F. Smith, 'The Rayner Review of Government Statistical Services', *Journal of the Royal Statistical Society*, Series A (General) 145(2),1982, 195–207, https://doi.org/10.2307/2981534; and John Kay, 'A Better Way to Restore Faith in Official Statistics', 25 July 2006, https://www.johnkay.com/2006/07/25/a-better-way-to-restore-faith-in-official-statistics/
40 Hughes-Cromwick and Coronado, 'The Value of US Government Data to US Business Decisions', https://doi.org/10.1257/jep.33.1.131
41 Jackie Mansky, 'W.E.B. Du Bois' Visionary Infographics Come Together for the First Time in Full Color', *Smithsonian Magazine*, 15 November 2018, https://www.smithsonianmag.com/history/first-time-together-and-color-book-displays-web-du-bois-visionary-infographics-180970826/; and Mona Chalabi, 'WEB Du Bois: retracing his attempt to challenge racism with data', *Guardian*, 14 February 2017, https://www.theguardian.com/world/2017/feb/14/web-du-bois-racism-data-paris-african-americans-jobs
42 Eric J. Evans, *Thatcher and Thatcherism*, London: Psychology Press, 2004, p.30.
43 Ian Simpson, *Public Confidence in Official Statistics – 2016*, London: NatCEN social research, 2017, https://natcen.ac.uk/media/1361381/ natcen_public-confidence-in-official-statistics_web_v2.pdf
44 The Cabinet Office, *Review of Pre-Release Access to Official Statistics*, https:// assets.publishing.service.gov.uk/government/uploads/system/uploads/ attachment_data/file/62084/pre-release-stats.pdf
45 Mike Bird, 'Lucky, Good or Tipped Off? The Curious Case of Government Data and the Pound', *Wall Street Journal*, 26 April 2017; and 'New Data Suggest U.K. Government Figures Are Getting Released Early', *Wall Street Journal*, 13 March 2017.

法则九　不要被漂亮的信息图迷了眼

1. For more information about the life and statistical contribution of Florence Nightingale, see Mark Bostridge, *Florence Nightingale: The Woman and Her Legend*, London: Penguin, 2009; Lynn McDonald (ed.), *The Collected Works of Florence Nightingale*, Waterloo, Ont: Wilfrid Laurier University Press, 2009-10, and 'Florence Nightingale: Passionate Statistician', *Journal of Holistic Nursing*, 28(1), March 2010; Hugh Small, 'Did Nightingale's "Rose Diagram" save millions of lives?', seminar paper, Royal Statistical Society, 7 October 2010; Cohen, I. Bernard. 'Florence Nightingale', *Scientific American*, 250(3), 1984, 128–37, www.jstor.org/stable/24969329, accessed 13 Mar. 2020; Eileen Magnello, 'Florence Nightingale: A Victorian Statistician', *Mathematics in School*, May 2010, and 'The statistical thinking and ideas of Florence Nightingale and Victorian politicians', *Radical Statistics*, 102.
2. Draft from John Sutherland (presumed on behalf of Florence Nightingale) to William Farr, March 1861.
3. These quotes from Nightingale are in Marion Diamond and Mervyn Stone, 'Nightingale on Quetelet', *Journal of the Royal Statistical Society*, 1, 1981, 66–79.
4. Alberto Cairo, *The Functional Art*, Berkeley, CA: Peachpit Press, 2013.
5. Robert Venturi, Denise Scott Brown, Steven Izenour, *Learning from Las Vegas: The Forgotten Symbolism of Architectural Form*, Cambridge, MA: MIT Press, 1977; see also https://99percentinvisible.org/article/lessons-sin-city-architecture-ducks-versus-decorated-sheds/; and Edward Tufte, *The Visual Display of Quantitative Information*, Cheshire, CT: Graphics Press, 1983, 2001, pp.106–121.
6. Scott Bateman, Regan L. Mandryk, Carl Gutwin, Aaron Genest, David McDine, Christopher Brooks, 'Useful Junk? The Effects of Visual Embellishment on Comprehension and Memorability of Charts', *ACM Conference on Human Factors in Computing Systems (CHI)*, 2010.
7. Linda Rodriguez McRobbie, 'When the British wanted to camouflage their warships, they made them dazzle', *Smithsonian Magazine*, 7 April 2016, https://www.smithsonianmag.com/history/when-british-wanted-camouflage-their-warships-they-made-them-dazzle-180958657/
8. David McCandless, *Debtris US*, 30 December 2010, https://www.youtube.com/watch?v=K7Pahd2X-eE
9. https://informationisbeautiful.net/visualizations/the-billion-pound-o-gram
10. Brian Brettschneider, 'Lessons from posting a fake map', Forbes.com, 23 November 2018, https://www.forbes.com/sites/brianbrettschneider/2018/11/23/lessons-from-posting-a-fake-map/#5138b31959ec
11. Florence Nightingale, 'Notes on the Health of the British Army', quoted in Lynn McDonald (ed.), *The Collected Works of Florence Nightingale*, vol. 14, p.37.
12. McDonald (ed.), *The Collected Works of Florence Nightingale*, vol. 14, p.551.

13 Letter from Florence Nightingale to Sidney Herbert, 19 August 1857.
14 Alberto Cairo, *How Charts Lie*, New York: W. W. Norton, 2019, p.47.
15 William Cleveland, *The Elements of Graphing Data*, Wadsworth: Monterey, 1994; Gene Zelazny, *Say it with Charts*, New York: McGraw-Hill, 1985; Naomi Robbins, *Creating More Effective Graphs*, New Jersey: Wiley, 2005.
16 Edward Tufte, *Envisioning Information*, Cheshire CT: Graphics Press, 1990.
17 Larry Buchanan, 'Idea of the Week: Inequality and New York's Subway', *New Yorker*, 15 April 2013, https://www.newyorker.com/news/news-desk/idea-of-the-week-inequality-and-new-yorks-subway
18 Simon Scarr, 'Iraq's Bloody Toll', *South China Morning Post*, https://www.scmp.com/infographics/article/1284683/iraqs-bloody-toll
19 Andy Cotgreave, 'Lies, Damned Lies and Statistics', *InfoWorld*, https://www.infoworld.com/article/3088166/why-how-to-lie-with-statistics-did-us-a-disservice.html
20 Letter from William Farr to Florence Nightingale, 24 November 1863, quoted in John M. Eyler, *Victorian Social Medicine: The Ideas and Methods of William Farr*, London: Johns Hopkins Press, 1979, p.175.
21 https://www.sciencemuseum.org.uk/objects-and-stories/florence-nightingale-pioneer-statistician

法则十 适时而变，识势而变

1 Leon Festinger, Henry Riecken and Stanley Schachter, *When Prophecy Fails*, New York: Harper-Torchbooks, 1956.
2 Walter A. Friedman, *Fortune Tellers: The Story of America's First Economic Forecasters*, Princeton: Princeton University Press, 2013; and Sylvia Nasar, *Grand Pursuit*, London: Fourth Estate, 2011.
3 Friedman, *Fortune Tellers*.
4 Irving Fisher, *How to Live*, New York: Funk and Wagnalls, 21st edition, 1946.
5 Mark Thornton, *The Economics of Prohibition*, Salt Lake City: University of Utah Press, 1991.
6 Esther Ingliss-Arkell, 'Did a case of scientific misconduct win the Nobel prize for physics?', https://io9.gizmodo.com/did-a-case-of-scientific-misconduct-win-the-nobel-prize-1565949589
7 Richard Feynman, 'Cargo Cult Science', speech at Caltech, 1974: http://calteches.library.caltech.edu/51/2/CargoCult.htm
8 M. Henrion and B. Fischhoff, 'Assessing Uncertainty in Physical Constants', *American Journal of Physics*, 54, 1986, 791–8, https://doi.org/10.1119/1.14447
9 Author interview with Jonas Olofsson, 22 January 2020.
10 T. C. Brock and J. L. Balloun, 'Behavioral receptivity to dissonant information',

Journal of Personality and Social Psychology, 6(4, Pt.1), 1967, 413– 28, https://doi.org/10.1037/h0021225
11 B. Fischhoff and R. Beyth, '"I knew it would happen": Remembered probabilities of once-future things', *Organizational Behavior & Human Performance*, 13(1), 1975, 1–16, https://doi. org/10.1016/0030-5073(75)90002-1
12 Philip Tetlock, *Expert Political Judgement*, Princeton: Princeton University Press, 2005; Philip Tetlock and Dan Gardner, *Superforecasting: The Art and Science of Prediction*, New York: Crown, 2015, p.184.
13 Welton Chang, Eva Chen, Barbara Mellers, Philip Tetlock, 'Developing expert political judgment: The impact of training and practice on judgmental accuracy in geopolitical forecasting tournaments', *Judgment and Decision Making*, 11(5), September 2016, 509–26.
14 Tetlock and Gardner, *Superforecasting*, p.127.
15 Nasar, *Grand Pursuit*; and John Wasik, *Keynes's Way to Wealth*, New York: McGraw-Hill, 2013.
16 Anne Emberton, 'Keynes and the Degas Sale', *History Today*, 46(1), January 1996; Jason Zweig, 'When Keynes Played Art Buyer', *Wall Street Journal*, 30 March 2018; 'The Curious Tale of the Economist and the Cezanne in the Hedge', 3 May 2014, https://www.bbc.co.uk/news/magazine-27226104
17 David Chambers and Elroy Dimson, 'Retrospectives: John Maynard Keynes, Investment Innovator', *Journal of Economic Perspectives*, 27(3), 2013, 213-28, https://doi.org/10.1257/jep.27.3.213
18 M. Deutsch and H. B. Gerard, 'A study of normative and informational social influences upon individual judgment', *Journal of Abnormal and Social Psychology*, 51(3), 1955, 629–36, https://doi.org/10.1037/h0046408
19 Philip Tetlock, Twitter, 6 January 2020, https://twitter.com/PTetlock/ status/1214202229156016128.
20 Nasar, *Grand Pursuit*, p.314.
21 Friedman, *Fortune Tellers*.

黄金法则　保持好奇心

1 Orson Welles, remarks to students at the University of California Los Angeles, 1941.
2 Onora O'Neill, Reith Lectures 2002, Lecture 4: 'Trust and transparency', http://downloads.bbc.co.uk/rmhttp/radio4/transcripts/20020427_reith.pdf
3 Dan M. Kahan, David A. Hoffman, Donald Braman, Danieli Evans Peterman and Jeffrey John Rachlinski, '"They Saw a Protest": Cognitive Illiberalism and the Speech-Conduct Distinction', 5 February 2011, Cultural Cognition Project Working Paper no. 63; *Stanford Law Review*, 64, 2012; Temple University Legal Studies

Research Paper no. 2011–17, available at: https://ssrn.com/abstract=1755706
4 Dan Kahan, 'Why Smart People Are Vulnerable to Putting Tribe Before Truth', *Scientific American: Observations*, 3 December 2018, https:// blogs.scientificamerican.com/observations/why-smart-people-are-vulnerable-to-putting-tribe-before-truth/; Brian Resnick, 'There may be an antidote to politically motivated reasoning. And it's wonderfully simple', Vox.com, 7 February 2017, https://www.vox.com/science-and-health/2017/2/1/14392290/partisan-bias-dan-kahan-curiosity; D. M. Kahan, A. Landrum, K. Carpenter, L. Helft and K. Hall Jamieson, 'Science Curiosity and Political Information Processing', *Political Psychology*, 38, 2017, 179–99, https://doi.org/10.1111/pops.12396
5 Author interview with Dan Kahan, 24 November 2017.
6 J. Kaplan, S. Gimbel and S. Harris, 'Neural correlates of maintaining one's political beliefs in the face of counterevidence', *Scientific Reports*, 6(39589), 2016, https://doi.org/10.1038/srep39589
7 G. Loewenstein, 'The psychology of curiosity: A review and reinterpretation', *Psychological Bulletin*, 116(1), 1994, 75–98, https://doi.org/10.1037/0033-2909.116.1.75
8 L. Rozenblit and F. Keil, 'The misunderstood limits of folk science: an illusion of explanatory depth', *Cognitive Science*, 26, 2002, 521–62, https:// doi.org/ 10.1207/s15516709cog2605_1
9 P. M. Fernbach, T. Rogers, C. R. Fox and S. A. Sloman, 'Political Extremism Is Supported by an Illusion of Understanding', *Psychological Science*, 24(6), 2013, 939–46, https://doi.org/10.1177/0956797612464058
10 Steven Sloman and Philip M. Fernbach, 'Asked to explain, we become less partisan', *New York Times*, 21 October 2012.
11 Michael F. Dahlstrom, 'Storytelling in science', *Proceedings of the National Academy of Sciences*, 111 (Supplement 4), September 2014, 13614–20, https:// doi.org/ 10.1073/pnas.1320645111
12 Bruce W. Hardy, Jeffrey A. Gottfried, Kenneth M. Winneg and Kathleen Hall Jamieson, 'Stephen Colbert's Civics Lesson: How Colbert Super PAC Taught Viewers About Campaign Finance, Mass Communication and Society', *Mass Communication and Society* 17(3), 2014, 329–53, https://doi. org/ 10.1080/15205436.2014.891138
13 'The Planet Money T-Shirt': https://www.npr.org/series/262481306/planet-money-t-shirt-project-series?t=1580750014093
14 *Economics: The Profession and the Public*, seminar held at the Treasury in London, 5 May 2017.
15 Quote Investigator: https://quoteinvestigator.com/2015/11/01/cure/
16 'Why is this lying bastard lying to me?' – this sentiment courtesy of the renowned British reporter Louis Herren.